LA NAISSANCE DE LA TRAGÉDIE

Paru dans Le Livre de Poche :

AINSI PARLAIT ZARATHOUSTRA
LE GAI SAVOIR
LA GÉNÉALOGIE DE LA MORALE
HUMAIN, TROP HUMAIN
PAR-DELÀ LE BIEN ET LE MAL
LA VOLONTÉ DE PUISSANCE

FRIEDRICH NIETZSCHE

La Naissance de la tragédie

ou Hellénisme et pessimisme

TRADUCTION DE JEAN MARNOLD ET JACQUES MORLAND,
REVUE PAR ANGÈLE KREMER-MARIETTI
INTRODUCTION ET NOTES D'ANGÈLE KREMER-MARIETTI

LE LIVRE DE POCHE
Classiques de la philosophie

Angèle Kremer-Marietti, docteur ès Lettres et Sciences humaines, enseigne la philosophie à l'Université d'Amiens. Elle a publié *Nietzsche et la rhétorique* en 1992 aux P.U.F., *Les Apories de l'action. Essai d'une épistémologie de l'action morale et politique* en 1993 chez Kimé et *La Philosophie cognitive* aux P.U.F. (Que sais-je?) en 1994.

© Librairie Générale Française, 1994,
pour la révision de la traduction, l'introduction et les notes.
ISBN : 978-2-253-06706-1 – 1re publication – LGF

INTRODUCTION

La Naissance de la tragédie trace la voie de la vérité radicale

1. *Échec de* La Naissance de la tragédie

Dans une lettre à Erwin Rohde, du 15 février 1870, Nietzsche fait le point de la situation. A côté d'un intérêt grandissant pour la Grèce et la pensée grecque, se pose pour lui le problème de sa vocation de philologue : « je me demande si je pourrai jamais devenir un bon philologue »[1]. Il aspire à une libre expression des pensées dans lesquelles spontanément l'art, la science et la philosophie naissent intimement imbriquées. Il a déjà, malgré l'apparente réussite de Bâle, le sentiment « d'une existence perdue, d'une tâche non remplie, d'un idéal

---

1. *Nietzsches Briefe*, III, p. 27, Beck, 1934-1940.

non réalisé »[1]. Il a commencé d'ailleurs à déserter les voies académiques de la philologie par la conférence qu'il a faite le 1er février 1870 et dont il écrit à Rohde qu'elle a provoqué la méprise et l'effroi[2]. A Paul Deussen aussi, il s'est ouvert sur ce sujet[3]. Cette étude, qui a été « comprise comme un enchaînement de paradoxes », marque assurément un tournant décisif dans cette voie vers la vérité radicale en même temps qu'elle atteste son attachement pour l'hellénisme. Après un intermède comme ambulancier volontaire à la guerre de 70 — à laquelle il s'était engagé, alors qu'il avait renoncé à sa nationalité pour enseigner en Suisse —, il reprend son enseignement à l'université de Bâle. Il a déjà traité en hiver 1869 de l'histoire des philosophies pré-platoniciennes et des *Travaux et des Jours* d'Hésiode, ainsi que du *Drame musical grec* (conférence du 18 janvier 1870); ses deux cours de l'hiver 1870-1871 portent sur Hésiode et sur *Métrique et Rythmique grecques*[4]. Durant le semestre d'été 1871, il fait une *Introduction à l'étude de la philologie classique*. Au semestre d'hiver 1871-72, c'est l'*Introduction à l'étude de Platon* ainsi que l'épigraphie latine[5]. A la même époque il met la dernière main à l'ouvrage auquel il travaille depuis l'été 1870; en fait, dans une lettre du 7 novembre 1870, il annonce qu'il a passé l'été à méditer sur la conception dionysiaque du monde; un an plus tard, il a trouvé le titre de son essai : *La Naissance de la tragédie*.

Il ne destinait pas ces pages à la publication : « ce sont des études que je fais d'abord pour moi seul »[6]. En novembre 1871, il songe à l'édition du manuscrit, encore inachevé, à Leipzig chez Fritzsch, à qui il envoie

---

1. Fameuse citation, cf. Guyau, dans *La Morale sans obligation ni sanction*, passage souligné par Nietzsche dans son édition de 1885 (1re éd.).
2. *Nietzsches Briefe*, III, p. 28, lettre du 15 février 1870 à Erwin Rohde.
3. *Id.*, III, p. 31, lettre de février 1870 à Paul Deussen.
4. *Id.*, III, p. 84, lettre du 7 novembre 1870 à Carl von Gersdorff.
5. *Id.*, III, p. 162, lettre du 18 novembre 1871 à Carl von Gersdorff.
6. *Id.*, III, p. 84, lettre du 7 novembre 1870 à Carl von Gersdorff.

une partie de l'ouvrage ; le reste a dû être adressé entre le 27 novembre et le 3 décembre 1871. Le travail de correction des épreuves était fort avancé à la date du 23 décembre ; à partir du 29, Nietzsche attendait le « paquet », qui n'arriva que le 2 janvier 1872. Aussitôt, il écrivit à Erwin Rohde pour lui dire qu'il avait vécu une minute poignante, à Richard Wagner pour lui témoigner sa reconnaissance. Il avait le sentiment d'avoir communié avec le même idéal que Wagner. Il était fier de son œuvre.

Sur cette œuvre plusieurs perspectives s'ouvrent, en effet. Il ne faut pas s'étonner que *La Naissance de la tragédie* ait fait l'objet, de la part de Nietzsche lui-même, de multiples commentaires et réflexions jusque dans les dernières années de sa vie. Ce portique de toute son œuvre peut être considéré comme une grille grâce à laquelle peut s'interpréter l'ensemble des écrits de Nietzsche, mais encore surtout comme le modèle du labyrinthe de l'âme. Parvenir à la comprendre, c'est accomplir une opération radicale dans le sens de la généalogie de la raison moderne. Au moins deux voies donnent l'accès à la compréhension de l'œuvre, elles sont indiquées par les sous-titres différents en 1872 et en 1886 (date d'une nouvelle édition sous le titre modifié : *La Naissance de la tragédie ou Hellénisme et Pessimisme*). Le premier titre : *La Naissance de la tragédie issue de l'Esprit de la musique (Die Geburt der Tragödie aus dem Geiste der Musik)* nous oriente vers cette interprétation justifiée de l'œuvre que son propos est de faire découvrir dans le chœur le noyau de l'art tragique.

La Naissance de la tragédie est une apologie implicite de la musique wagnérienne, aussi de nombreuses idées ne sont qu'ébauchées. Nietzsche y reprend tout ou partie de deux conférences qu'il fit en 1870 à Bâle : *Le Drame musical grec* et *Socrate et la tragédie*. Le plan de l'ouvrage a été étudié au cours de l'année 1870. De février à avril 1871, il rédige l'ensemble, sauf les cinq derniers chapitres qui furent écrits en novembre et décembre, mois auquel parut le texte, avec le millésime de 1872. Le titre complet était : *La Naissance de la tragédie issue de l'Esprit de la musique.* Dans l'édition de 1886, si Nietzsche modifia le titre (*La Naissance de la tragédie ou Hellénisme et Pessimisme*), cette modification peut s'expliquer par rapport à Wagner : ce n'est plus sur l'esprit de la musique que Nietzsche veut attirer l'attention, mais sur le pessimisme des Grecs. En 1886, Nietzsche veut que le lecteur oublie certaines choses, en particulier la *wagnèrerie*. D'ailleurs, maintenant, ce livre lui paraît traîter un autre thème, la façon dont les Grecs ont vaincu le pessimisme : justement par la tragédie. C'est en face des murs de Metz qu'il a médité ces problèmes « par de froides nuits de septembre ».

L'idée du contraste apollinien et dionysien est transposée sur le plan métaphysique : la tragédie fait la synthèse de ces deux termes antithétiques et complémentaires ; ce contraste est métaphysique parce qu'il éclaire des choses qui n'avaient jamais été mises en confrontation : l'opéra et la révolution. En effet un fragment posthume précise ce qu'est le dionysiaque (*Nietzsches Werke*, Kröner, Leipzig, 1911, XVI, pp. 386-387) : « le mot "dionysiaque" exprime un besoin d'unité, un dépassement de la personne, de la banalité quotidienne, de la société, de la réalité, franchissant l'abîme de l'éphémère ; l'épanchement d'une âme passionnée et douloureusement débordante en des états de conscience plus indistincts, plus pleins et plus légers ; un acquiescement extasié à la propriété générale qu'a la Vie d'être la même sous tous changements, également puissante, également enivrante ; la grande sympathie panthéiste de joie et de souffrance, qui approuve et sanctifie jusqu'aux caractères les plus redoutables et les plus déconcertants de la Vie ; l'éternelle volonté de génération, de fécondation, de Retour ; le sentiment d'unité embrassant la nécessité et celle de la destruction » (traduction Quinot). Cette interprétation du phénomène dionysiaque chez les Grecs est, d'après Nietzsche en 1888, la première nouveauté de *La Naissance de la tragédie*. L'autre nouveauté est son interprétation du socratisme, Socrate étant « le décadent typique ». Le christianisme représente un nihilisme radical pour Nietzsche, c'est pourquoi il n'en parle pas dans *La Naissance de la tragédie* : il est ce qu'il y a de plus éloigné de l'approbation universelle représentée par le symbole dionysiaque.

Les œuvres qui ont formé la substance de *La Naissance de la tragédie*[1], nous les voyons s'aligner en suivant les sujets des cours de Nietzsche à Bâle. Ce sont, outre les deux conférences de 1870, deux manuscrits, *La Conception dionysiaque du monde* et *La Tragédie et les Esprits libres*. Le cours de l'été de 1870 sur l'*Œdipe roi* de Sophocle introduit amplement les problèmes philologiques et esthétiques de *La Naissance de la tragédie*. Il faut ajouter, en juin 1871, la publication de *Socrate et la Tragédie grecque* (*Socrates und die griechische Tragödie*) — texte presque intégralement reproduit dans les chapitres VIII et XV de *La Naissance de la tragédie* et la rédaction de *l'État grec*, et *Origine et But de la tragédie*, la même année.

Du moins quant au contenu, la conférence sur *Socrate et la Tragédie* avait déjà été un essai peu engageant. L'accueil du livre ne pouvait pas être bien différent. En avril 1872, en effet, aucune revue n'a encore publié le moindre compte-rendu. Au mois de mai, la première revue à mentionner l'ouvrage est une revue italienne la *Rivista Europea*. Le 26 mai, Erwin Rohde fait paraître un article dans le supplément hebdomadaire de la *Norddeutsche Allgemeine Zeitung*. Le vieux professeur Rirschl ne réagit pas, si ce n'est qu'il déclara, par la suite, ne plus s'intéresser aux nouvelles voies de l'esprit. Le philologue Ulrich von Wilamowitz-Möllendorf (1848-1931) composa à propos du livre un pamphlet qu'il intitula ironiquement *Philologie de l'Avenir*, et que Nietzsche lut en juin 1872. « Je ne suis ni aussi ignorant que me présente l'auteur, ni aussi dépourvu de l'amour de la vérité... En plus il m'a mal lu, car il ne me comprend ni dans l'ensemble ni dans le détail »[2]. Erwin

---

1. *La Naissance de la tragédie*, trad. Geneviève Bianquis, Gallimard, Paris, 1949, cf. pp. 148-235. De même, cf. les t. 1 et 2 de la *Nouvelle Édition des Œuvres complètes de Nietzsche*, Gallimard, Paris, 1975.
2. *Nietzsches Briefe*, III, p. 247, lettre du 8 juin 1872 à Erwin Rohde.

Rohde, à qui Nietzsche commenta l'événement, répondit publiquement à Wilamowitz, mais le 15 octobre. Overbleck suivit avec intérêt la polémique de ces derniers, il y participa en trouvant le titre de la réponse de Rohde [1] : *Afterphilologie*. Les amis de Nietzsche le soutienent et semblent comprendre sa pensée profonde.

Avec Wagner, Nietzsche a la conviction d'avoir conclu une alliance [2]. Son admiration pour Wagner n'a pas encore faibli : les *Nibelungen* lui paraissent incroyablement gigantesques et uniques [3]. Erwin Rohde est son correspondant le plus assidu à cette époque, Carl von Gersdorff lui écrit souvent aussi. Des témoignages de sympathie viennent de Franz Liszt, d'un ami de jeunesse, Gustav Krug, de la comtesse Krokov, amie de Liszt et de Wagner, d'une autre amie de Wagner, Mathilde Meier, également de Paul Deussen. Hans von Bülow, premier mari de Cosima Liszt, avait un tel enthousiasme pour *la Naissance de la tragédie* qu'il emportait toujours avec lui un certain nombre d'exemplaires, afin de les distribuer. Une nouvelle amie wagnérienne l'encourage ; il lui dédie un poème touchant à l'idée de vérité :

« Tu te tiens immobile au lieu saint
et tu aimerais bien les interroger.
A la fin c'est un seul mot
qu'ils te disent tous.
Ce mot est "Vérité" [4]. »

Peu après, c'est à la même Malwida von Meysenburg qu'il avoue l'échec officiel de sa première œuvre : « Avec ma *Naissance de la tragédie* je suis arrivé à être le plus scabreux philologue du jour ». En vérité, l'unanimité des philologues s'explique par le fait qu'il

---

1. *Id.*, III, p. 260, lettre du 16 juillet 1872 à Erwin Rohde. En 1902, on rééditait à Tübingen le texte de Rohde : *Friedrich Nietzsche's « Die Geburt der Tragödie aus dem Geiste der Musik »* (Verlag von J. C. B. Mohr — Paul Siebeck).
2. *Id.*, III, p. 199, lettre du 28 janvier 1872 à Erwin Rohde.
3. *Id.*, III, p. 224, lettre du 11 avril 1872 à Erwin Rohde.
4. *Id.*, III, p. 271, lettre du 24 juillet 1872 à Malwida von Meysenburg.

n'y a rien dans ce livre à leur intention, aussi prononcent-ils leur sentence parce qu'ils ne comprennent pas. Nietzsche désire cependant poursuivre sa route en se gardant du découragement : « Je subis bien des choses qu'on ne peut supporter qu'en étant bien cuirassé »[1], écrit-il à Gersdorff. Comme stoïcien, il se détermine à la fois à la souffrance et à la solitude. Mais cette détermination est-elle seulement et entièrement due à cet échec, prévisible d'ailleurs ? En effet, depuis deux ans il s'y préparait : en février 1870, il affirmait éprouver le besoin d'une consolation dans l'art, une aspiration au silence également[2]. Il s'adressait à Paul Deussen : « Comment supportes-tu la solitude ? — La vie n'a rien à voir du tout avec la philosophie : mais on aimera et choisira probablement la philosophie qui nous expliquera le mieux notre nature »[3]. A bon escient, il allait résolument au-devant du scandale et s'apprêtait à en subir les conséquences, désireux, dans l'expression de ses conceptions, de se faire « aussi rigide que l'antique vertu romaine » (*starr wie die alte Römertugend*)[4]. La vérité radicale exigeait la solitude. Seuls les wagnériens participaient de cette vérité non encore *définie* ; l'eût-elle été, elle eût perdu ce qu'elle détenait : les profondeurs abyssales d'un inconnu, reconnu seulement pour être suspect aux yeux des non-initiés.

2. *La pensée labyrinthique*

Nietzsche a tracé la voie qui mène de *La Naissance de la tragédie* au *Gai savoir* comme étant un itinéraire significatif. Cette voie n'est d'ailleurs pas rectiligne, en ce sens qu'elle est aussi un tour, un retour et un détour de la « pensée labyrinthique »[5] : en la nommant ou non, Nietzsche y reviendra nécessairement. C'est pourquoi,

---

1. *Id.*, III, p. 333, lettre du 12 décembre 1872 à Carl von Gersdorff.
2. *Id.*, III, p. 31, lettre de février 1870 à Paul Deussen.
3. *Id.*, III, p. 33.
4. *Id.*, III, p. 32.
5. Expression de Eckhard Heftrich, dans *Nietzsches Philosophie : Identität und Nichts*, Vittorio Klostermann, Francfort, 1962.

malgré l'évolution de Nietzsche à l'égard de Wagner et de Schopenhauer, l'essentiel reste valable.

Quant à la vérité prise comme mensonge, illusion et mythe, *La Naissance de la tragédie* indique encore la voie à suivre. Le rêve et l'ivresse, deux états de l'inconscience, sont à la fois propices à la vérité, au mensonge, à l'illusion et au mythe. Nietzsche rappelle une affirmation de Lucrèce : les dieux se sont présentés aux hommes durant leurs rêves ; de cette façon, le sculpteur a aperçu « les proportions ravissantes d'êtres surhumains ». Le rêve parle au poète, au peintre, au sculpteur, à « l'homme doué d'une sensibilité artistique » (*der künstlerisch erregbare Mensch*), qu'il fait accéder à une « vérité supérieure », à la « perfection » (Kröner I[1], pp. 20-22), dans la sobriété du contour en vertu du principe d'individuation incarné par Apollon. Pour Nietzsche les dieux olympiens sont apolliniens en ce sens qu'ils divinisent tout le réel, bon ou mauvais, et qu'ils constituent de la part des Grecs une création de rêve due à leur « état naïf », fait de chimères énergiques et d'« illusions heureuses ». Ainsi le rêve apporte-t-il à la fois vérité supérieure et illusion heureuse : il n'y a pas là d'incompatibilité, comme on serait tenté de le croire, car il s'agit d'une projection adoucissante des conflits de la vie, dans le rêve, se transformant en mythe médiateur entre la sensibilité et la nature. « Le but vrai est caché par une image illusoire » (*Das wahre Ziel wird durch ein Wahnbild verdeckt*) : entre l'homme et la nature, l'illusion adoucit la vie humaine, ce qui est le but de l'art. Chez les Grecs, la volonté voulait se contempler elle-même « dans la transfiguration du génie et du monde de l'art » (Kröner I, pp. 32-33) : c'est-à-dire que cette contemplation intuitive de soi, propre à la volonté, marque une étape importante, celle de la conscience de soi dans la projection et la sublimation des tendances préconscientes.

La conscience veut se voir elle-même, transfigurée ou déguisée, en tout cas libérée, et cela, comme le remarque

---

1. *Nietzsches Werke*, I, *Die Geburt der Tragödie*, Alfred Kröner Verlag in Leipzig, 1917.

Nietzsche, sans reproche et sans impératif : « C'est la sphère de la beauté dans laquelle ils apercevaient les dieux olympiens, faits à leur image » (Kröner I, p. 33). Certes, ce rêve est collectif et par là même il est mythe, mais on peut rapprocher de cette interprétation de la « sphère de la beauté » la définition que donne du rêve Freud : « un substitut de tout le contenu sentimental et intellectuel des associations d'idées auxquelles l'analyse m'a fait parvenir »[1]. Pour Nietzsche, cet état de naïveté des Grecs simplifie prodigieusement l'analyse, car l'homme est ici au moment de cette « séparation d'avec sa nature instinctive », dont parle Jung[2] ; séparation qui « conduit immanquablement l'homme civilisé à un conflit entre le conscient et l'inconscient, l'esprit et la nature, le savoir et la croyance ». Pour Nietzsche, l'apparence, que nous sommes, reflète le fond contradictoire de la nature, et notre rêve reflète notre apparence, c'est pourquoi il est apparence de l'apparence (Kröner I, p. 35). Aussi Jung ne fait-il que reprendre une idée de *La Naissance de la tragédie* quand il affirme, dans *Présent et Avenir* que l'art a toujours été fécondé par le mythe, « c'est-à-dire par ce processus symbolique inconscient, qui se perpétue à travers les éternités »[3].

Si Apollon permet la délivrance (*Erlösung*) par l'apparence de l'apparence, Dionysos propose la dissolution de l'apparence, apporte la fin de l'individuation grâce à l'appel de jubilation (*Jubelruf*), qui opère comme le charme inverse de celui d'Apollon. L'état de l'ivresse peut être soit l'effet d'un breuvage, soit l'effet du printemps sur la nature entière, soit l'effet d'une extase spirituelle, il est non pas une sublimation mais une régression, d'abord en deçà de l'apparence de l'apparence, ensuite en deçà de l'apparence elle-même, c'est-à-dire en deçà de l'individu, et vers un fonds commun indifférencié de tous les êtres. Cette régression est opérée

---

[1]. Cf. S. Freud, *Le Rêve et son interprétation*, trad. H. Legros, Paris, 1925, p. 32.
[2]. Cf. C. G. Jung, *Présent et avenir*, trad. Dr. R. Cohen, Paris, 1962.
[3]. *Id.*, p. 184.

sous l'effet de l'enthousiasme. Certes, du point de vue de la religion grecque Nietzsche abrège beaucoup mais, si l'on en croit Jane Harrison, helléniste contemporaine de Nietzsche, il est vrai que Dionysos, dieu immigrant et tard venu à la Grèce, apporte cette croyance que l'ivresse permet à l'homme de passer de l'humain au divin [1]. Du point de vue de la psyché, en outre, Nietzsche montre les deux éléments dynamiques et antithétiques, que sont le rêve et l'ivresse comme des pôles de l'activité inconsciente. Tandis que le rêve est médiateur, en maintenant les limites de ce qui est autre ou différent, l'ivresse est réconciliatrice par l'abolition des limites : l'homme et la nature, l'homme et l'homme, alors, fraternisent et s'unissent. Avec l'ivresse et la régression (*Rückschritt*) qu'elle implique, deux éléments nouveaux interviennent, ce sont l'existence du mal, perçu à travers l'infraction, et le besoin de le purger : la faute et le châtiment. L'ivresse est la libération par l'annihilation de l'individu (Kröner I, p. 25). En quoi consiste précisément cette ivresse ? Nietzsche évoque l'existence de fêtes dionysiaques qui se déroulaient dans un débordement d'énergie sexuelle « dont les vagues s'attaquaient à la famille et à ses principes respectables ». L'ivresse est donc aussi sexualité, mais encore volupté et cruauté : « Les douleurs éveillent le plaisir, la joie arrache à leur poitrine des cris de torture ». Cette régression de l'homme au tigre et au singe est un « déchaînement total de toutes les forces symboliques » (Kröner I, pp. 27-29), car l'homme totalement dépouillé de son être subjectif ne s'exprime plus que par les forces cosmiques de ce qui était le moi.

Tandis que le poète épique, le rêveur apollinien est personnifié par Homère, au contraire c'est Archiloque, le poète lyrique, qui incarne le dionysisme. Le premier ne se confond pas dans l'apparence de l'apparence : Achille furieux n'est pour lui qu'une image ; le second au contraire s'identifie à ses images, il a conscience qu'elles sont des projections du moi qui se sont réalisées

---

[1]. Cf. J. Harrison, *Prolegomena to the Study of Greek Religion*, Cambridge University Press, 1903, pp. 425, 449-453.

dans l'espace. Quand il dit « je », il n'est pas un rêveur éveillé mais il affirme « le seul être-je vraiment existant et éternel, celui qui repose au fond même des choses » (Kröner I, p. 42). En somme, avec ce que Nietzsche appelle le rêve, nous sommes dans ce que Freud nomme « préconscient », ou peut-être dans un inconscient moyen ; mais avec l'ivresse, nous sommes dans le ça (*es*). Le dionysisme, c'est l'accès au *ça* et à sa libération collective à travers le Soi (*Selbst*). L'apollinisme n'est qu'une élaboration compensatrice provisoire, située entre le préconscient et le sur-moi (*Über-Ich*) ou l'Autre (Lacan).

La profondeur et la signification universelle du dionysisme est incontestable, il ouvre le cœur de l'Être concret, il donne accès à ce que Nietzsche appelle la mère des choses ou, d'autres, la Grande Mère asianique : qu'on lise à ce sujet, de Clémence Ramnoux, *Mythologie, ou la Famille olympienne* (A. Colin, 1962). D'ailleurs, Nietzsche a vu que l'oubli fermait l'accès à cette réalité profonde :

> L'extase de l'état dionysiaque avec son abolition des barrières et des frontières habituelles de l'existence, contient, pendant sa durée, un élément *léthargique* dans lequel s'enfonce tout ce qui a été personnellement vécu dans le passé. Par cet abîme d'oubli, se sépare le monde de la réalité quotidienne et le monde de la réalité dionysiaque » (Kröner I, p. 55).

L'oubli, toutefois, est interprété dans le sens inverse où, de nos jours, la psychanalyse le considère : non pas à partir de la réalité superficielle quotidienne, mais à partir de la réalité profonde dionysiaque ou de la vérité radicale. Suivant cette orientation, quand nous atteignons la région de l'être profond, nous oublions le monde empirique, nous tombons dans un état léthargique, nous nous situons dans l'aliénation proprement dite par rapport au monde empirique. Fait notable : toutes les barrières sont abolies, toutes les censures, tous les interdits s'évanouissent, mais également les limites qui séparent un individu d'un autre, puisque le principe d'individuation est alors sans effet. Vu du monde empirique, l'extase dionysiaque nous apparaît donc comme un accès privilégié à l'*inconscient collectif* : « l'être humain s'extériorise en tant que membre d'une communauté supérieure » (Kröner I, p. 24). D'ailleurs, l'émotion dionysiaque communique à une masse cette impression même de se voir « environnée d'une multitude d'esprits auxquels elle se sait intimement unie » (Kröner I, p. 60). L'extase dionysiaque comporte la connaissance vraie et surtout la conscience d'une vérité. Ensuite le retour au monde empirique s'accompagne de *dégoût* ; or, seul l'art « peut faire dévier ce dégoût pour l'horreur et l'absurdité de l'existence en images avec lesquelles on peut accepter de vivre ». Le dégoût vient essentiellement du contraste entre la vérité naturelle authentique (*Kontrast dieser eigentlichen Naturwahrheit*) et le mensonge de la civilisation (*Kulturlüge*) ; il peut se résoudre dans la sphère de la poésie, comme « expression non fardée de la vérité » (Kröner I, pp. 56-58).

Il ne faut donc pas prendre *La Naissance de la tragédie* pour une œuvre philologique pure et simple. Il faut l'estimer pour ce qu'elle apporte, quant à la vérité radicale, quant à une nouvelle connaissance de l'homme, quant à la psychologie et à la métaphysique de l'art et de l'artiste. En effet, cette œuvre est une méditation vers les données religieuses et esthétiques de base de notre civilisation, les archétypes de la civilisation occidentale. Ce serait commettre une méprise que de se placer sur le terrain purement philologique pour discuter de *La Naissance de la tragédie*. En vérité, cette œuvre est, par excellence, la psychanalyse de l'art en tant que réalité originelle de l'homme.

Comme Nietzsche l'a affirmé, c'est une « métaphysique » de l'artiste, mais si nous suivons Jung, par qui une modification s'impose, nous devons un moment remplacer le terme de « métaphysique » par celui d'« inconscient »[1], pour obtenir cette affirmation que *La*

---

1. Cf. C. G. Jung, *Types psychologiques*, tr. Y. Le Play, Genève, 1958, p. 138.

Naissance de la tragédie est l'inconscient de l'artiste. Si l'on ne perd pas de vue que les deux éléments dominants de cette étude sont l'apollinisme et le dionysisme, comparés respectivement à l'état de rêve et à l'état d'ivresse, nous devons reconnaître que ces éléments sont en relation avec l'inconscient et n'ont rien de métaphysique dans le sens classique du terme. Ils ne se situent pas dans un monde abstrait conçu au-delà de l'artiste, mais bien dans son infrastructure et dans son intériorité la plus profonde. Wilamowitz lui-même enseigne que la tragédie attique est représentée dans le sanctuaire de Dionysos comme partie intégrante du culte ; aussi Nietzsche n'a-t-il pas tort de mêler Dionysos à la tragédie. Mais, comme le propos de Nietzsche n'est qu'apparemment philologique ou historique, et qu'il est réellement esthétique et même anthropologique, au lieu d'être simplement religieux ainsi qu'il le devrait avec l'évocation de Dionysos, nous pouvons nous demander ce qu'est l'art finalement pour Nietzsche, et comment il se fait que l'art fasse accéder à la vérité radicale de l'homme. De quelle vérité et de quelle connaissance s'agit-il ?

Jung n'exagère pas quand il pense que Nietzsche se décrit lui-même [1] ; il est certain que Nietzsche parle d'une vérité qu'il a *éprouvée*, d'une connaissance qu'il a *vécue* ; et ce qui est significatif c'est qu'immédiatement après l'expérience de *La Naissance de la tragédie* vient, comme après l'extase dionysiaque, le *dégoût*, ainsi que l'atteste la première *Considération inactuelle*. Du point de vue phénoménologique, l'importance de l'art est déclarée à la première page de *La Naissance de la tragédie*: « Ces deux instincts si différents marchent l'un à côté de l'autre, la plupart du temps en désunion ouverte l'un avec l'autre et s'excitant mutuellement à des naissances toujours nouvelles et plus fortes, pour perpétuer en elles le conflit de ces contrastes que le terme qui leur est commun, "art" ne relie qu'apparemment » (Kröner I, p. 19). L'art est le terrain commun à l'apollinisme et au dionysisme et cette communauté

---

1. *Id.*, pp. 132-142.

dissimule un conflit que vit l'artiste lorsqu'il voit des formes belles dans ses rêves, et quand il se laisse entraîner vers les régions obscures de son âme confondue avec l'inconscient collectif auquel elle est unie.

Le dionysisme et l'apollinisme sont des énergies d'art mais restent des énergies naturelles brutes, tant qu'elles ne sont pas appréhendées par l'artiste ; alors seulement « en proie à l'ivresse dionysiaque et à l'absorption mystique de la personnalité », il voit son propre état « dans un rêve parabolique » (Kröner I, p. 25). L'art dionysiaque seul proclame la vérité radicale et ce qu'il révèle de la vérité, c'est la démesure (Kröner I, p. 37). Le véritable artiste est le *medium* à travers lequel le seul sujet vraiment existant (non pas le *cogito*) célèbre sa rédemption dans l'apparence ; ainsi l'art n'a-t-il pas la fin futile d'occuper notre ennui ou simplement de nous intéresser. L'artiste lui-même n'est pas le véritable créateur du monde de l'art. En tant qu'apparence, nous sortons du domaine brut de la nature, et bénéficions d'un statut privilégié, de l'ordre de l'imaginaire : « nous sommes déjà les images et les projections artistiques du véritable créateur de ce monde d'art ». Dans cette expérience, nous parvenons à la conviction que l'art justifie l'existence et le monde. Nous sommes, comme l'existence et le monde, un phénomène esthétique et cette connaissance esthétique de nous-mêmes est illusion, elle ne nous permet pas de nous identifier à l'Être créateur d'art. Ainsi apparaît l'importance de l'acte de création esthétique, puisque par cet acte « le génie se fond avec l'artiste originel de l'univers, il pressent quelque chose de ce qui est l'essence éternelle de l'art » ; il peut tourner ses yeux en dedans comme cette figure légendaire, évoquée par Nietzsche, et il devient « *sujet et objet, poète, acteur et spectateur à la fois* » (Kröner I, p. 45). L'art sans la création n'est donc rien, n'existe pas ; ce qui compte, c'est la création artistique, car elle replace l'homme à sa source la plus intime et la plus universelle. On comprend, d'ailleurs, que l'ivresse dionysiaque seule soit par elle-même pernicieuse, si l'art n'existait pas comme activité créatrice permise à l'homme. Or, le fait premier et général de l'être imaginaire c'est, nous dit Nietzsche, la *musique* et, en ce qui concerne la chanson populaire, c'est la mélodie. La musique, comme fait premier imaginaire, atteste que cette ouverture vers le sein de l'Être s'est opérée. Prenant la tragédie comme un exemple remarquable d'art, Nietzsche y reconnaît les deux « instincts », apollinien et dionysien, ainsi que la musique dont elle est issue, celle du chœur satyrique du dithyrambe. Le satyre a une signification anthropologique profonde, il est le symbole du *Soi* mis à nu : ici, l'illusion de la civilisation est effacée de l'image originelle de l'homme, ici se dévoile l'homme vrai, le satyre barbu qui exulte en l'honneur de son dieu ; devant lui, l'homme civilisé se réduit à une caricature mensongère. Les connaissances sont communiquées (Kröner I, pp. 56-58) par un sortilège qui métamorphose l'enthousiaste dionysien en satyre ; et si l'origine de la tragédie grecque est un labyrinthe, c'est que Nietzsche s'est donné pour tâche « de scruter jusqu'au fond de ce chœur tragique » (Kröner I, p. 50) : l'interprétation qu'il en donne est une analyse généalogique, non pas une simple filiation historique. Ainsi le chœur est-il « une réflexion de soi-même de l'homme dionysiaque ». Car Nietzsche touche à ce ressort imaginaire déréalisant-réalisant du drame, la métamorphose, l'enchantement : « L'enchantement est la condition préalable de tout art dramatique » (Kröner I, pp. 59-61).

Ainsi, le drame n'est constitué que lorsque l'enthousiaste dionysiaque (le possédé de Dionysos) est métamorphosé en satyre, « dans sa métamorphose il aperçoit hors de lui une vision nouvelle » (*er sieht in seiner Verwandlung eine neue Vision ausser sich*). Cette vision est un accomplissement de la pulsion apollinienne, mais c'est aussi une projection objectivée de son état dionysiaque propre. Le chœur dionysiaque « se décharge en se renouvelant sans cesse dans un monde d'images apolliniennes ». Nietzsche précise le mécanisme et le dynamisme de ce véritable sociodrame[1]. Le fonds primitif de la tragédie irradie dans le drame cette vision,

---

1. Le sociodrame de Moreno est une thérapeutique analogue.

qui est un véritable phénomène onirique et, pour autant, de nature épique, mais qui, d'autre part, en tant qu'objectivation d'un état dionysiaque, représente, non la rédemption apollinienne par l'apparence, mais au contraire la défaite de l'individu et son intégration lyrique et orgiastique dans l'Être originel (Kröner I, pp. 61-62). Cette combinaison de l'ivresse et du rêve entraîne à sa suite la métamorphose, mais l'objectivation de la vision n'est pas simple reflet, car la métamorphose se poursuit avec la dissolution de l'individu. Le processus complexe « apollinien-dionysien » ne produit pas, comme l'apollinien seul, une sublimation par substitution d'apparence, il produit nettement une régression par une véritable métamorphose symbolique du sujet même ; et, dès que commence cette métamorphose, elle tend aussitôt irrésistiblement à s'achever dans la disparition complète du sujet, dont le moi se dissout au sein du cosmos réintégré dans l'imaginaire. Le moi a donc atteint un certain centre de lui-même, qui n'est autre que la négation du moi empirique. Mais cette négation progressive s'opère au profit d'une réalité transcendante et cosmique reconquise par l'homme. C'est là que se situe l'Un-primordial : au centre du moi qui se nie comme sujet individuel pour n'être plus que le sujet cosmique de la démesure, le seul existant et éternel (Kröner I, p. 44).

Chez l'individu les deux instincts de la mesure et de la démesure s'équilibrent donc en se contrastant, le premier conduit à l'illusion, le second à la *vérité naturelle* ; l'illusion peut être aussi appelée *vérité supérieure*, car elle se situe « en haut », à la surface, la vérité naturelle n'apparaissant que lorsque l'on creuse dans les structures du moi profond, c'est-à-dire vers « en bas » (Kröner I, p. 97), à la racine. Ces repères dans la verticalité situent la mesure au-dessus de la démesure et font de la sublimation une opération supérieure, mais limitée si elle ne prend son élan le *plus bas* possible ; tandis que la régression, au contraire, est illimitée puisqu'elle s'achèverait naturellement dans l'infini du néant. Quand ces instincts fondamentaux s'accomplissent chez l'artiste, ils apparaissent, non plus comme instincts, mais en tant que structures dynamiques pulsionnelles. La structure apollinienne est celle qui nous conduit à tout expliquer, elle nous fait donner une signification aux signes, qu'elle crée à partir des symboles dionysiens, comme à ceux qu'elle crée elle-même de toutes pièces dans la fiction : elle est un pur jeu de *réflexion*, et elle réfléchit sa propre réflexion réfléchie. Coupée de ses racines dionysiaques, la structure apollinienne aboutit au rationalisme socratique, à la Volonté du Vrai, qui est déjà une illusion métaphysique. *La structure Dionysos*, placée au centre du Soi, à la fois intime et collective, est la seule à être une réalité vivante dont la réalité empirique et phénoménale est l'apparence : mais il ne s'agit ni de l'apparence que les philosophes opposent à l'Être, ni de l'Être qu'ils opposent à l'apparence. Un substrat symbolique et cosmique est découvert. La mise à nu de l'inconscient de l'artiste révèle ce substrat proprement humain et extra-humain, qui reste à l'état d'instinct refoulé chez l'homme ordinaire.

Il faut comprendre pourquoi Nietzsche accuse Socrate d'une influence néfaste sur l'art : après lui, « cette influence nécessite une perpétuelle refonte de l'art, c'est-à-dire déjà l'art dans un sens métaphysique, le plus large et le plus profond » ; ce « sens métaphysique » est pour Nietzsche celui qui fait comprendre l'homme comme créateur de son monde. L'art n'est pas toujours l'art dans ce sens là. Ici encore, nous nous en remettons auxiliairement à l'interprétation du terme *métaphysique* donnée par Jung : Il faut lire *inconscient*. Il s'agit de l'art dans sa relation avec l'inconscient, et non pas l'art « supérieur » de la mesure et de la limite, qui tend à devenir géométrique, classique et rationnel. « Dans le sens le plus large et le plus profond » : Nietzsche indique ainsi, de nouveau, la direction vers le bas, et vers l'infiniment illimité. Plus loin, d'ailleurs, il écrit même : « l'infinité de l'art ». L'apollinisme crée l'illusion, et Socrate est lui-même atteint d'une « *illusion délirante* », l'illusion métaphysique qui deviendra traditionnelle ou « la croyance inébranlable que la pensée, par le fil conducteur de la causalité, atteint les abîmes les plus profonds de l'Être, et qu'elle est à même non seulement de connaître l'Être, mais de le rectifier ». Notons ce mouvement de descente aux Enfers dont Socrate est proprement incapable, puisque son mouvement apollinien est spontanément dirigé vers le haut. De plus le savoir classique est une « pyramide » qui atteint une « étonnante hauteur » ; tout le mécanisme des concepts, des jugements et des déductions « est l'activité la plus haute » (Kröner I, pp. 103-107).

Or, conclusion de la modernité, la conséquence nécessaire et inévitable de l'activité scientifique se révèle être encore le mythe ou l'art [1]. Le réseau de la structure apollinienne s'est en effet resserré sur le monde sous les formes étroites de la science et de la religion. Va-t-il éclater ? C'est la question que se pose Nietzsche à la fin du chapitre 15 de *La Naissance de la tragédie*, c'est une question remplie d'espoir et peut-être déjà d'une assurance nouvelle par la réponse entrevue dans l'événement de la musique wagnérienne, apte, semblait-il à Nietzsche, à réveiller la *structure Dionysos* qui dort dans les profondeurs de notre civilisation.

Au désespoir qui a motivé la science et la religion, Nietzsche oppose donc le tragique, expression la plus sublime de la musique participant à l'Être profond, puisque c'est par elle que le poète parvient à l'acte poétique (exemple, Schiller chez qui l'émotion musicale précède l'idée poétique), puisque c'est par elle aussi qu'existe la chanson populaire qui est « la mélodie primitive à la recherche du phénomène onirique qui lui soit parallèle et qu'elle exprime dans la poésie » (Kröner I, pp. 40 et 46). Aussi la musique est-elle apte à donner naissance au mythe tragique (Kröner I, p. 115). Musique et mythe, musique et tragique sont donc apparentés. Le tragique n'exclut pas, bien au contraire, la volupté d'exister. La philosophie tragique comporte une consolation essentielle : « Nous devenons vraiment, pour de

---

1. Kröner I, pp. 105-106. Telle est aussi la conclusion soulignée par Auguste Comte, lorsqu'il incorpore le fétichisme au positivisme à la fin de son parcours épistémique : ce que les scientifiques ont pris pour de la folie pure et simple.

brefs instants, l'Être originel lui-même et nous éprouvons sa soif insatiable d'exister ». La connaissance des formes innombrables de l'existence fait admettre comme nécessaires « la lutte, le tourment, la destruction des phénomènes ». Nous éprouvons terreur et pitié, comme l'ont vu les interprètes de la *catharsis* aristotélicienne, mais aussi et surtout le bonheur de vivre dans la participation à « l'Unité vivante » (Kröner I, p. 117). La musique dionysiaque, comme « miroir universel de la Volonté du monde », va nous permettre de créer le mythe tragique avec l'aide modératrice de l'instinct apollinien. Comme la dissonance se résout habituellement dans une consonance, le tragique doit se résoudre dans une consolation d'un certain ordre, non pas solution terrestre mais consolation relative à l'inconscient cosmique collectif, en ce sens seulement : « métaphysique » (Kröner I, pp. 121-123).

Dans la tragédie, le monde plastique du mythe s'anime grâce à la musique dionysiaque qui « prête au mythe tragique une signification métaphysique si insistante et si persuasive que ni la parole ni le spectacle, sans cette aide précieuse, ne pourrait jamais l'atteindre »[1]. C'est encore la musique qui apporte au spectateur le pressentiment d'un plaisir auquel on n'accède que « par la disparition et par la négation ». Cette vertu tient au fait que la musique dionysiaque vient d'une région phénoménologique située *ante rem* (Kröner I, pp. 147-149) — c'est-à-dire avant l'être de la chose — et qu'elle renforce les effets de l'apollinisme qui a tendance à rendre la tragédie plus intelligible et en même temps allège le poids du dionysisme. Le but suprême de l'art est atteint quand Dionysos parle la langue d'Apollon mais encore quand Apollon finit par parler la langue de Dionysos. La tragédie a une valeur humaine et une action directe sur le spectateur ; elle le met sur le même pied que l'artiste tragique. Cette participation est exprimée par Nietzsche : « Il comprend jusqu'en ses

---

1. *Id.*, p. 147. Sur la rencontre entre mythe et musique, nous avons la moderne confirmation apportée par Claude Lévi-Strauss dans *Le Cru et le Cuit*, Plon, Paris, 1964.

profondeurs le déroulement de la scène et il préfère se réfugier dans l'incompréhensible... Il voit plus nettement et mieux que jamais et pourtant il souhaite être aveugle » (Kröner I, pp. 153-155). En lui se combattent Dionysos et Apollon ; il devient non plus simple spectateur mais « auditeur artiste ». Ce n'est donc pas la *purification* des passions qu'il faut chercher dans la tragédie mais l'activité esthétique et créatrice des spectateurs. Le point de vue pathologique et le point de vue moral doivent être dépassés et abandonnés ; le spectateur doit chercher à interpréter ce qu'il sent comme un miracle qui le concerne, et qui lui rend enfin la « patrie mythique originelle »[1], réconciliant ainsi les deux tendances esthétiques fondamentales.

Quant à la vérité même, la leçon à tirer de l'esthétique de *La Naissance de la tragédie* semble devoir s'inspirer de celle que formule C. G. Jung en conclusion de son ouvrage *Types psychologiques* : « Qu'on n'aille pas s'imaginer que l'on comprend le monde uniquement par l'intellect ; on le comprend tout autant par le sentiment. Aussi le jugement de l'intellect représente-t-il tout au plus la moitié de la vérité ; et il doit, s'il est sincère, avouer son insuffisance »[2]. Nietzsche opère la marche arrière de l'intellect au profit du sentiment qui dans notre culture en était resté encore à ses balbutiements. De plus, la *structure Dionysos*, ce principe du désordre dégagé par Nietzsche dans l'inconscient collectif est assimilable au phénomène d'*enantiodromie* (la course en sens contraire) compris par Héraclite et rappelé par Jung : « Ce phénomène caractéristique se produit presque toujours lorsqu'une tendance extrêmement unilatérale domine la vie consciente, de sorte que peu à peu il se constitue une attitude opposée tout aussi stable dans l'inconscient »[3] ; à la superfétation socratique de l'instinct du savoir logique succède, par

---

1. *Id.*, p. 160 : Nietzsche demande ce qu'indique la culture moderne, si ce n'est la perte de la patrie mythique (*den Verlust der mythischen Heimat*).
2. Cf. C. G. Jung, *Types psychologiques*, *op. cit.*, p. 486.
3. *Id.*, p. 425.

l'intermédiaire de la perspicacité de Nietzsche, une tout autre manifestation, le phénomène compensateur dionysiaque, le renforcement de la *structure Dionysos* trop longtemps négligée et d'autant plus inculte et « barbare ». A juste raison, dans le même propos, Nietzsche évoque la Réforme allemande, véritable réveil de ces forces, qui fut opéré par le choral luthérien, semblable pour l'effet à l'appel dionysien (*Lockruf*) de forces émanant du même abîme (Kröner I, p. 162).

L'infraction au principe d'individuation est donc le renoncement au développement déductif et en hauteur de la sphère du conscient et de la vie psychologique consciente, et l'identité que nous propose alors Nietzsche est bien consécutive à un état d'inconscience primordiale retrouvée, un état d'indifférenciation entre le sujet et l'objet. Le retour à l'identité primitive met en branle le dynamisme des forces symboliques que l'analyse de Nietzsche ranime : « Dans le dithyrambe dionysiaque, l'homme est porté au paroxysme de ses facultés symboliques » (Kröner I, p. 28). L'Être-même de la nature, par excellence inconscient, ne peut que s'exprimer par des symboles, Jung nous fait comprendre ce que le symbole implique pour Nietzsche ; il faut, en effet, distinguer entre signe et symbole : « *Un symbole suppose toujours que l'expression choisie désigne ou formule le plus parfaitement possible certains faits relativement inconnus mais dont l'existence est établie ou paraît nécessaire* »[1]. Il se produit donc un déchaînement total des forces symboliques dans la musique dionysiaque, qui correspond au dépouillement de soi de l'homme individuel : le nouveau symbolisme met en mouvement le corps tout entier qui est la danse-même. Dans l'expression musicale, le rêve est à la fois celui du rêveur endormi et celui du rêveur éveillé ; il donne tout à la fois l'apparence de l'apparence, l'illusion et la vérité supérieure, la science et la religion ; c'est pourquoi, nous le situons à la fois dans le préconscient et dans le Sur-moi ; ses effet sont mesurés, limités dans le contour et dans la puissance. L'ivresse, d'autre part, atteint

---

1. *Id.*, p. 469.

des régions profondes, obscures, mythiques, reconduit l'individu au-dessous du moi empirique, c'est-à-dire à la perte de sa qualité d'individu culturel autonome, à l'ouverture cosmique de l'identité primitive, au *ça* que l'oubli protège du quotidien et qui assimile finalement l'individu à une réalité dont il était resté volontairement séparé ; mais par le *Soi* corporel ainsi retrouvé ce n'est pas seulement, et ce n'est déjà plus, son passé individuel qu'il a réintégré ; il voyage, bien en deçà, encore jusqu'au passé mythique collectif, dans lequel vient se perdre et se noyer le passé individuel ; l'ivresse conduit au principe de la négation du moi, au centre de la réalité de l'univers humain et extra-humain.

3. *La vérité-mensonge*

Nietzsche a présenté *La Naissance de la tragédie* comme une réflexion sur la valeur de la vie et le mensonge qu'elle entraîne. Métaphysique, morale, religion et science sont les formes que l'homme donne à son mensonge, c'est-à-dire à son art. Le monde est absurde, le philosophe et l'artiste en ont conscience. Le véritable univers est à la fois un univers unique (non pas double) et faux, cruel, contradictoire, trompeur, absurde : c'est contre cette négation d'univers que lutte l'homme en créant un univers superposé, fictif. La joie est le produit de cette création et elle s'exprime comme sentiment de puissance : « L'homme jouit du mensonge comme de sa puissance » ; « nous avons besoin de mensonge » (Kröner XVI[1], p. 853). Cette nécessité du mensonge est elle-même un aspect du caractère épouvantable et problématique de l'existence.

Dans le texte de 1886 sur « L'Art dans *La Naissance de la tragédie* » auquel nous nous référons, nous voyons vivre cette *structure Dionysos* ; l'art, ici, est dionysiaque, il lui échoit la fonction de délivrer l'homme de la connaissance, de l'action, de la souffrance. Ce qui tient

---

1. *Nietzsches Werke*, XVI, *Der Wille zur Macht*, Kröner Verlag in Leipzig, 1911.

lieu de « vérité », c'est alors le nihilisme. La volonté d'illusion, le devenir, le changement ont une valeur plus profonde (*tiefer*), plus originelle (*ursprünglicher*), plus « métaphysique », disons plus *significativement inconsciente* que la volonté de vérité n'est significativement consciente. « L'art a plus de valeur que la vérité » (Kröner XVI, p. 853); il est même le terrain originaire de la science, si l'on tient compte de la fonction du « terrain de l'art » comme lieu théorique [1].

Si la vérité dont nous avons fait un idéal est un mensonge, c'est parce qu'elle est avant tout le refus *a priori* de la contradiction. Zarathoustra s'est assigné pour tâche justement de présenter le monde comme l'image de la contradiction. Quelles sont les contradictions majeures ? La première est le monde lui-même en tant qu'objet créé : il est la contradiction même de son créateur. Dans les rapports avec les personnes, la même contradiction intervient : le moi et le toi sont contradiction; et, à l'intérieur de ce moi, il faut considérer cette autre contradiction du moi et du soi (*Selbst*). Après la première contradiction du monde, vient celle du moi. Le je-moi est en colloque avec l'ami, mais le moi et le soi sont en perpétuelle discussion car le soi n'est autre que le pouvoir du corps sur l'esprit et la limite qu'il lui apporte. Aussi, pour le solitaire qui assiste de près à cette discussion entre le moi et le soi, l'ami est le troisième [2].

Le mythe de Zarathoustra est la revendication du monde de l'apparence, en même temps que la consécration à la fois du corps et de la terre; le mythe se révèle finalement l'*image du réel*. Le monde vrai est peu à peu et historiquement devenu une fable, de même que la conséquence nécessaire de la science est le mythe ou l'art dans *La Naissance de la tragédie* (Kröner I, p. 109), l'histoire de l'erreur du monde *vrai* a permis le

---

[1]. *Essai d'une critique de soi-même* (août 1886), 7. Voir notre article : « Le "terrain de l'art" : une clé de lecture du texte nietzschéen », in *Nouvelles lectures de Nietzsche*, Cahiers l'Age d'Homme, N° 1, 1985, pp. 61-69.

[2]. Cf. *Ainsi parlait Zarathoustra*, « De ceux des arrière-mondes », trad. M. de Gandillac, éd. Gallimard, Paris, 1971, pp. 42-45.

phénomène Zarathoustra. Les étapes de l'idée du *monde-vérité* montrent que cette idée a été d'abord platonicienne : « Le monde-vérité », accessible au sage, au religieux, au vertueux, il vit en lui, *il est* ce monde[1] » ; ensuite, chrétienne — « monde-vérité », inaccessible pour maintenant, mais promis au sage, au religieux, au vertueux ("pour le pécheur qui fait pénitence") » — ; puis kantienne — « le monde-vérité », inaccessible, indémontrable, impossible à promettre, mais, et même s'il n'est qu'imaginé, une consolation, « un impératif » — ; ensuite le positivisme la tient pour inconnue ; Nietzsche la tient pour inutile, à supprimer. Le monde-vérité comme Être et le monde des apparences comme néant sont supprimés, c'est le moment de Zarathoustra, « la fin de l'erreur la plus longue »[2]. Le mythe de Zarathoustra signifie l'abolition de l'erreur du monde-vérité. L'homme qui accepte et reconnaît sa contradiction profonde connaît l'*amor fati*, c'est-à-dire accepte et affirme la structure Dionysos, sous-jacente aux perversions d'un idéal *voulu* : *l'amor fati* est ainsi la reconnaissance d'une volonté intérieure de l'homme plus forte que sa volonté théorique.

L'homme *affirme* la contradiction, *disparaît* et ainsi se dépasse — « j'aime celui qui au-dessus et au-delà de lui-même veut créer et, de la sorte, court à sa perte »[3]. Zarathoustra vit dans la contradiction, c'est pourquoi il affirme et se nie dans la disparition. Tout le mythe de Zarathoustra est fondé sur le signe (*Zeichen*) de la fin du livre, véritablement situé entre la Parole et l'Œuvre de Zarathoustra ; le signe introduit le merveilleux de l'Éternel Retour : Zarathoustra va être emporté et ramené. Le mythe de l'agression et de la création a pour héros l'apôtre du chaos[4] : le chameau est l'assomption du monde dans sa totalité, le lion est l'agression de la Volonté de Puissance, l'enfant est la création.

---

1. Cf. *Le Crépuscule des Idoles*, Kröner VIII, pp. 82-83.
2. *Ibid.*
3. Cf. *Ainsi parlait Zarathoustra*, « De la voie du créateur », *op. cit.*, p. 78.
4. *Id.*, Prologue, 5, p. 27 : « en vous-mêmes il est encore un chaos ».

L'achèvement des trois métamorphoses de l'esprit met à jour la structure Dionysos avec la possibilité du renouvellement des valeurs. Pour que le monde s'accomplisse, il faut la chute dans le puits de l'éternité : l'homme doit sonder le « grand lointain » du « grand midi ». Dans l'instant de midi est résumée l'éternité qui l'a précédé [1]. Or, midi, moment où le soleil est le plus haut dans le ciel, c'est le temps immobile engendré par l'éternité dont la région est la profondeur. La chute, le mouvement de descente conduit au centre du moi, dont l'antipode est le soleil fixe de midi. Zarathoustra a renversé la profondeur en hauteur. La Volonté dionysiaque devient *Volonté de Midi* : aux temps orageux du matin succèdent, l'*après-midi*, les temps alcyoniens (cf. § 296 de *Par-delà le bien et le mal*). Les deux Volontés sont la double volupté du monde de l'Éternel Retour se défaisant et se refaisant éternellement (Kröner XVI, p. 1057). Les hommes de minuit ont droit à la pleine lumière de midi.

La différence ou la non-identité est l'élément positif dans notre appréhension relative d'une vérité supérieure et d'une vérité naturelle, aux antipodes l'une de l'autre : tandis que la vérité supérieure est fiction imaginaire et illusoire, la vérité naturelle est le Réel même, qui réclame l'usage du symbole. Mais la vérité supérieure est encore relativement naturelle car nous en avons besoin pour vivre, comme d'une référence implicite. Entre ces deux vérités, subsiste une essentielle et irréductible différence de valeurs : la vérité supérieure s'apparente à l'illusion et à l'art qui endort la souffrance en la berçant. Mais, si c'est l'artiste qui crée l'illusion, il faut encore qu'elle soit assez forte pour qu'il s'illusionne d'abord lui-même. La vérité supérieure est lénifiante. Au contraire, la vérité naturelle réveille l'homme ordinaire et lui rend vives la douleur et la joie, fait de lui le sujet « vrai ». De cet « état » il sort avec la nausée devant le monde qui l'entoure. Il vient d'effectuer une descente aux Enfers à la fois pénible et exaltante. L'art qui endort,

---

1. *Id.*, « Le chant du marcheur de nuit », p. 345. : « Minuit ou aussi midi ».

même sous les formes de la religion et de la science, ne peut plus rien pour lui. Le dégoût qu'il éprouve ne peut plus se laisser bercer : il doit trouver un art symbolique assez puissant pour le ramener au même état de profondeur ; il lui faut une tragédie, un *psychodrame* et un *sociodrame*, la véritable épreuve de vérité. Il préfère la profondeur parce qu'une fois la connaissance vraie entrevue, aucune autre ne peut plus la remplacer.

Le désespoir a conduit à développer l'instinct du savoir abstrait qui, après avoir parcouru l'optimisme rationaliste, s'achève encore et toujours en désespoir. Au contraire, le sentiment tragique ramène à la sagesse de la connaissance vraie : le savoir abstrait ne suffit pas, il est même nuisible si les racines de la vie sont ignorées. Mais quelles sont ces racines ? Sexualité, volupté, cruauté, à la fois agression et création, Volonté de Puissance, sont les racines de la raison de l'homme que le mythe tragique lui restitue. La tragédie, comprise comme une antinomie non résolue entre le destin absolu et la faute, rappelle la patrie mythique de l'inconscient collectif ravivé. Le mythe, par le symbole qu'il représente, est la puissance perdue que l'homme doit faire renaître pour être admis à ce monde défendu. Art et religion sont ici les assises de la psyché. Le *philosophe-médecin*, semblable au psychanalyste moderne, peut redonner à la civilisation mensongère le souffle d'une vie authentique à laquelle elle a droit.

Si la tragédie renaissait, l'humanité retrouverait-elle l'équilibre perdu ? L'espoir en la tragédie n'est-il pas vain lui aussi ? Le philosophe doit réfléchir aux moyens propres à renforcer les natures décadentes. Il se sent médecin, mais l'Empédocle imaginé ne peut lui servir de modèle. Reste au philosophe le dégoût qu'il montre, comme Nietzsche dans la première *Considération inactuelle*, et même l'ironie et le mépris pour le Bourgeois suffisant qui croit « posséder » la religion, la science, la morale, en un mot la culture qui lui revient de droit. La vérité, à moins que celle-ci aussi ne soit illusoire, la vérité est que tout est mensonge. En tout cas, le vrai est *art*, le produit des facultés symboliques de l'homme, garant de ses créations pour un temps et une vie définis.

Le terme de *vérité* n'a plus alors de valeur en lui-même : *l'art* le remplace. Le courage consiste à faire face à la contradiction du monde, et non plus à vouloir la cacher par l'invention du monde-vérité. De la vérité, passons au fait de la création, au fait de l'agression que couvraient bien des « vérités », et imaginons un mythe qui, issu des profondeurs psychiques et cosmiques de l'humanité, inversera la profondeur pour l'ériger en montagne cosmique, lieu où un nouveau monde peut naître.

Tels sont, chez Nietzsche, les rapports du mythe à la vérité, de la vérité à l'illusion, de l'illusion-vérité à la vérité-mensonge, et de ce mensonge, à nouveau au mythe. Ce cycle infernal indique l'orientation de la vérité radicale : Éternel Retour du vrai et du faux. La vérité radicale comme Volonté de Puissance et la vérité radicale comme Éternel Retour trouvent leur synthèse dans la *Volonté de Midi*, le moment alcyonien de Dionysos[1], le moment de la plus profonde tendresse de Zarathoustra. Le troisième Dionysos est le Dionysos alcyonien qui ressuscite dans la hiérarchie des individus.

Angèle KREMER-MARIETTI.
Université de Picardie.

---

1. Cf. Kröner XII, p. 409 et suiv.

ESSAI D'UNE CRITIQUE DE SOI-MÊME

1.

Au fondement de ce livre discutable, il doit y avoir eu un problème de premier ordre et de grand attrait, et en outre une profonde interrogation personnelle ; — ce qui en témoigne, c'est l'époque où ce livre fut conçu, *malgré* laquelle il fut conçu, l'époque troublante de la guerre de 1870-71 [1]. Pendant que le tonnerre des canons de Woerth remplissait l'Europe de ses échos, le chercheur subtil, ami des énigmes, auquel pour une part revient la paternité de cet ouvrage, s'était retiré dans quelque coin des Alpes, l'esprit saturé de subtilité et de mystère, donc très soucieux et insoucieux à la fois. Il notait ses réflexions sur les *Grecs* [2], — noyau de ce livre étrange et difficile auquel est consacrée cette tardive préface (ou postface). Quelques semaines après, il se trouvait lui-même sous les murs de Metz, sans avoir réussi encore à répondre aux questions qu'il s'était posées en face de la prétendue « sérénité » des Grecs et de l'art grec ; jusqu'à ce qu'enfin, lui aussi, dans ce mois de profonde tension durant lequel on délibérait de la paix à Versailles, il se mît en paix avec lui-même et, tout en guérissant lentement d'une maladie qu'il avait rapportée du front, finît par découvrir « l'origine de la tragédie dans le génie de la musique » — L'origine dans la musique ? Musique ou tragédie ? Grecs et musique de tragédie ? Les Grecs et l'œuvre d'art du pessimisme ? De toutes les races d'hommes, la plus accomplie, la plus belle, la plus justement enviée, la plus entraînante vers la vie, les Grecs, — comment ? justement ceux-ci *eurent besoin* de la tragédie ? Plus encore — de l'art ? A quelle fin l'art grec[3] ?...

On devine à quelle place se dressait alors le grand point d'interrogation de la valeur de l'existence[4]. Le pessimisme est-il *nécessairemen*t le signe du déclin, de la décadence, de la faillite des instincts lassés et affaiblis ? comme ce fut le cas pour les Hindous ; comme il semble, selon toute apparence, que cela soit pour nous autres, hommes « modernes » et Européens ? Y a-t-il un pessimisme de la *force* ? Une prédilection intellectuelle pour l'âpreté, l'horreur, la cruauté, les problèmes de l'existence, due à la surabondance de santé, à un *trop-plein* de l'existence ? Cette plénitude excessive elle-même ne comporte-t-elle pas peut-être une souffrance ? L'œil le plus perçant n'est-il pas possédé d'une téméraire tentation, qui *recherche* le terrible, comme l'ennemi, le digne adversaire contre qui elle veut éprouver sa force ? dont elle veut apprendre ce que c'est que « la peur » ? Que signifie le mythe *tragique*, précisément chez les Grecs de l'époque la plus parfaite, la plus forte, la plus vaillante ? Et ce prodigieux phénomène de l'esprit dionysien ? Que signifie la tragédie, née de lui ? — Et encore, ce dont mourut la tragédie, le socratisme de la morale, la dialectique, la pondération et la sérénité de l'homme théorique, — comment ? ce même socratisme ne pourrait-il pas être justement le signe de la décadence, de l'épuisement, de la fragilisation, de l'anarchisme dissolvant des instincts ? La « sérénité hellénique » des derniers Grecs ne serait-elle qu'un crépuscule ? la volonté épicurienne *contre* le pessimisme, qu'une précaution de malade ? Et la science elle-même, notre science, — oui, envisagée comme symptôme de vie, que signifie au fond, toute science ? Quel est le but, pis encore quelle est *l'origine* de toute science ?

L'esprit scientifique n'est-il peut-être qu'une crainte et une diversion en face du pessimisme ? Un ingénieux expédient contre — *la vérité* ? Et, pour parler moralement, quelque chose comme la peur et l'hypocrisie ? Pour parler immoralement : de la ruse ? Ô Socrate[5], Socrate, était-ce là peut-être *ton* secret ? Ô mystérieux ironiste, était-ce là ton — ironie ?

2.

Ce qu'il me fut alors donné de concevoir, quelque chose de terrible et de périlleux, un problème hérissé de cornes[6], pas absolument un taureau sauvage, en tout cas un problème *nouveau* : je dirais aujourd'hui que ce fut *le problème* de la *science* elle-même — de la science considérée pour la première fois comme problématique, comme discutable. Mais le livre où j'épanchai alors la défiance et la fougue de ma jeunesse, — un livre *impossible* devait naître d'une tâche aussi antijuvénile ! — construit seulement à partir d'expériences personnelles, précoces et hâtives, qui toutes se situaient à la limite du communicable, appuyé par ses fondations sur le terrain de l'*art*[7], — car le problème de la science ne peut être reconnu sur le terrain de la science ; — un livre s'adressant peut-être à des artistes possédant le complément des aptitudes spéciales pour l'analyse et la comparaison (c'est-à-dire à une espèce exceptionnelle d'artistes, qu'il faut chercher et qu'on ne voudrait même pas chercher...), bourré d'innovations psychologiques — et de mystérieux secrets d'artiste, avec, à l'arrière-fond, une métaphysique d'artiste ; une œuvre de jeunesse, pleine d'ardeur et de mélancolie juvéniles, indépendante, obstinément intransigeante, même si elle semble céder à une autorité ou à une déférence particulière, en un mot une œuvre de début voire dans le mauvais sens du mot ; en dépit de la tournure sénile du problème, entachée de tous les défauts de la jeunesse, avant tout, de ses longueurs excessives, de ses élans tumultueux et de ses violences : par ailleurs, en considération du succès qu'il obtint (particulièrement auprès du grand artiste auquel il s'adressait comme pour un échange, Richard Wagner), un livre confirmé, je veux dire un livre qui, en tous cas, a donné satisfaction aux « meilleurs de son temps ». Pour ces raisons, il devrait être traité avec quelque déférence et certains égards ; cependant je ne veux pas dissimuler tout à fait l'impression désagréable qu'il me produit aujourd'hui : combien, après seize années, il se présente comme un *étranger* — à mes yeux plus expérimentés, cent fois plus sévères, bien qu'aucunement refroidis, et qui aussi ne se détourneraient pas de cette même tâche à laquelle ce livre audacieux osa le premier se mesurer, à savoir — *de considérer la science sous l'optique de l'artiste et l'art sous l'optique de la vie...*

3.

Encore une fois, ce livre me paraît aujourd'hui un livre impossible, — je veux dire mal écrit, lourd, pénible, aux images forcenées et incohérentes, sentimental, édulcoré çà et là jusqu'à l'effémination, inégal dans le temps, dénué d'une volonté de netteté logique, très convaincu et, à cause de cela, se dispensant des preuves, se défiant même de la décence de prouver, en tant que livre d'initiés, « musique » pour ceux-là, dont la musique fut le baptême, et qui, depuis l'origine des choses, sont unis par le lien commun des connaissances artistiques rares, bannière de ralliement pour une consanguinité *in artibus*, — un livre hautain et enthousiaste, dirigé de prime abord plus encore contre le *profanum vulgus* des « intellectuels » que contre le « peuple », mais qui, comme son influence l'a prouvé et le prouve encore, s'entend assez bien à découvrir ses enthousiastes et à les entraîner dans un lacis de voies nouvelles et vers des places de danse. En tous cas, — on dut l'avouer avec curiosité et répugnance, — ici parlait une voix *étrangère*, l'apôtre « d'un dieu (encore) inconnu »[8], qui, d'ici là, se cachait sous la barrette du savant, sous la pesanteur et la morosité dialectique de l'Allemand, même sous les mauvaises manières du wagnérien ; il y avait là un esprit rempli d'exigences nouvelles et encore innommées, une mémoire gonflée d'interrogations, d'observations, d'obscurités, auxquelles venait s'ajouter, comme un point d'interrogation de plus, le nom de Dionysos ; ici parlait, — on le remarqua avec défiance, — quelque chose comme une âme mystique, presque une âme de ménade, qui, tourmentée et capricieuse, et quasi irrésolue, si elle doit se livrer ou se dérober, balbutie en quelque sorte une langue étrangère. Elle aurait dû *chanter*, cette « âme nouvelle », — et non parler ! Quel dommage que je n'aie pas osé exprimer en poète ce que j'avais à dire alors : peut-être bien que cela m'eût été possible ! Tout au moins aurais-je pu m'exprimer en philologue : car, pour les philologues[9], dans ce domaine, il reste encore aujourd'hui à peu près tout à découvrir et à mettre en lumière ! Avant tout, le problème qu'il se pose ici un problème, — et que les Grecs demeureront totalement inconnus et irreprésentables, aussi longtemps que nous n'aurons aucune réponse à cette question : « Que signifie "dionysien" ? »...

4.

Oui, que signifie « dionysien » ? — On trouvera dans ce livre une réponse à cette interrogation, — c'est un « initié » qui parle ici, l'adepte élu, l'apôtre de son dieu. Peut-être serais-je aujourd'hui plus circonspect, moins éloquent pour traiter d'une question psychologique[10] aussi compliquée que la recherche des origines de la tragédie chez les Grecs. Un point fondamental est la mesure de subjectivité du Grec en face de la souffrance, son degré de sensibilité, — ce degré n'a-t-il jamais varié ? Ou bien le rapport fut-il inversé, — cette question de savoir si son *désir*, toujours plus fort de *beauté*, de fêtes, de réjouissances, de cultes nouveaux, n'est pas fait de détresse, de misère, de mélancolie, de douleur ? Et en supposant que ce fût vrai — et Périclès (ou Thucydide)[11] le donne à entendre dans la grande oraison funèbre — : d'où viendrait alors le désir contraire et chronologiquement antérieur, le désir de *l'horri-*

ble, la sincère et âpre volonté que les premiers Hellènes portaient vers le pessimisme, le mythe tragique, la peinture de tout ce qu'il y a de terreur, de cruauté, de mystère, de néant, de fatalité au fond des choses de la vie, — d'où devrait alors venir la tragédie ? Peut-être de la *joie*, de la force, d'une santé exubérante, d'une pleine surabondance ?

Et quelle signification prend alors, physiologiquement parlant, ce délire particulier qui fut la source de l'art tragique aussi bien que celle de l'art comique, le délire dionysiaque ? Comment ? Le délire ne serait-il peut-être pas inévitablement le symptôme de la dégénérescence, de la décadence, de la civilisation suravancée ? Y a-t-il peut-être — question pour les médecins aliénistes — une névrose de la *santé* ? de la jeunesse des peuples, de leur adolescence ? Que nous indique cette synthèse d'un dieu et d'un bouc dans le satyre [12] ? Quelle expérience, quelle impulsion irrésistible amenèrent le Grec à représenter par un satyre le rêveur dionysien, l'homme primitif ? Et pour ce qui regarde l'origine du chœur, dans ces siècles où florissait la force physique du Grec, où l'âme grecque débordait de vie, y eut-il peut-être des enthousiasmes endémiques, des visions et des hallucinations se communiquant à des cités entières, à des assemblées entières dans les temples ? Comment ? Si pourtant les Grecs, précisément dans la splendeur de leur jeunesse, avaient eu la volonté du tragique et avaient été pessimistes ? Si, pour employer une parole de Platon, le délire avait été justement ce qui a apporté les plus grands bienfaits pour Hellas ? Et si, d'un autre côté et au contraire, les Grecs, à l'époque même de leur dissolution et de leur affaiblissement, étaient devenus toujours plus optimistes, plus superficiels, plus cabotins, et aussi plus passionnés pour la logique, plus ardents à concevoir la vie logiquement, c'est-à-dire à la fois plus « sereins » et plus « scientifiques » ? Comment ? en dépit de toutes les « idées modernes » et des préjugés du goût démocratique, la victoire de l'*optimisme*, la rationalité, dès lors prédominante, le pratique et théorique *utilitarisme*, aussi bien que la démocratie elle-même, dont il est contemporain, — tout cela ne pourrait-il pas être le symptôme du déclin de la force, de l'approche de la vieillesse et de la lassitude physiologique ? Et non — le pessimisme ? Épicure [13] ne fut-il pas un optimiste — précisément en tant que *malade* ? — On le voit, c'est d'un véritable fardeau de questions graves que s'est chargé ce livre, — ajoutons-y, de toutes, la question la plus grave encore ! Que signifie, dans l'optique de la *Vie*, — la morale ?...

5.

Déjà, dans la préface à Richard Wagner, c'est l'art, — et non la morale, — qui est présenté comme l'activité essentiellement *métaphysique* [14] de l'homme ; au cours de ce livre se reproduit à différentes reprises cette singulière proposition, que l'existence du monde ne peut se *justifier* qu'en tant que phénomène esthétique. En effet, ce livre ne reconnaît, au fond de tout ce qui fut, qu'une pensée et arrière-pensée d'artiste, — un « Dieu », si l'on veut, mais, à coup sûr, un Dieu purement artiste, absolument dénué de scrupule et de morale, pour qui la création ou la destruction, le bien ou le mal sont des manifestations de son caprice indifférent et de sa toute-puissance ; qui se débarrasse, en fabriquant des mondes, du *tourment* de sa plénitude et de sa *pléthore*, qui se délivre de la *souffrance* des contrastes accumulés en lui-même. Le monde, la rédemption de Dieu, à tout instant *acquise*, en tant que vision éternellement changeante, éternellement nouvelle de celui qui porte en soi les plus grandes souffrances, les plus irréductibles conflits, les plus extrêmes contrastes et qui ne peut s'en affranchir et se libérer que dans *l'apparence* : toute cette métaphysique d'artiste peut être traitée d'arbitraire, d'oisive, de fantaisiste, — l'essentiel est qu'elle trahit dès l'abord un esprit qui, à tout événement, décida de se mettre en garde contre l'interprétation et la portée *morales* de l'existence. Ici est proclamé, pour la première fois peut-être, un pessimisme « par-delà le bien et le mal » ; ici cette « perversité du sentiment », contre laquelle Schopenhauer ne se lassa pas de lancer à l'avance ses imprécations et ses foudres, trouve son langage et sa formule, — une philosophie qui ose classer la morale elle-même dans le monde phénoménal [15], qui ose la déclasser, et cela non seulement parmi les « apparitions » (dans le sens de l'idéaliste *terminus technicus*), mais encore parmi les « illusions », comme simulacre, illusion, erreur, interprétation, parure, art. Peut-être la profondeur de cette tendance *antimorale* peut-elle se mesurer le mieux au silence circonspect et hostile que l'on constate dans tout ce livre à l'égard du christianisme, — du christianisme, comme la plus extravagante variation sur le thème moral qu'il ait été donné à l'humanité d'entendre jusqu'à présent. En vérité, rien n'est plus complètement opposé à l'interprétation, à la justification purement esthétique du monde exposée dans ce livre, que la doctrine chrétienne, qui n'est et ne veut être *que* morale, et, avec ses mesures absolues, par exemple avec sa véracité de Dieu, relègue l'art, *tout* art, dans l'empire du *mensonge*, c'est-à-dire le nie, le réprouve, le condamne. Derrière une semblable façon de penser et d'apprécier qui, pour peu qu'elle soit sincère et logique, doit être fatalement hostile à l'art, je perçus aussi de tout temps *l'hostilité à la vie*, l'aversion rageuse et vindicative pour la vie même : car toute vie repose sur l'apparence, l'art, l'illusion, l'optique, la nécessité de la perspective et de l'erreur. Le christianisme fut, dès le début, essentiellement et radicalement, satiété et dégoût de la vie pour la vie, qui se dissimulent, se déguisent seulement sous le travesti de la foi en une « autre » vie, en une vie « meilleure ». La haine du « monde », l'anathème aux passions, la peur de la beauté et de la volupté, un au-delà inventé pour mieux dénigrer le présent, au fond un désir de néant, de mort, de repos, jusqu'au « sabbat des sabbats », — tout cela, aussi bien que la prétention absolue du christianisme à ne tenir compte *que* des valeurs morales, me parut toujours la forme la plus dangereuse, la plus inquiétante d'une « volonté d'anéantissement », tout au moins le signe d'un profond affaiblissement, d'une lassitude, d'un découragement, d'un épuisement, d'un appauvrissement de la vie, — car, au nom de la morale (en particulier de la morale chrétienne, c'est-à-dire absolue), la vie doit toujours et inéluctablement avoir tort, parce que la vie *est* quelque chose d'essentiellement immoral, — la vie, étouffée enfin sous le poids du mépris et de l'éternelle négation, doit être éprouvée comme indigne d'être désirée et comme non-valeur en soi. La morale-même — comment ? la morale ne serait-elle pas une « volonté de négation de la vie », un secret instinct d'anéantissement, un principe de ruine, de déchéance, de dénigrement, un commencement de la fin ? et par conséquent le danger des dangers ?... C'est *contre* la morale que, dans ce livre, mon instinct se reconnut comme défenseur de la vie, et qu'il se créa une doctrine et une théorie de la vie absolument contraires, une conception purement artistique, *antichrétienne*. Comment la nommer ? En tant que philologue et ouvrier des mots, je la baptisai, non sans quelque liberté, — qui pourrait dire le vrai nom de l'Antéchrist ? — du nom d'un dieu grec : je la nommai *dionysienne*.

6.

On comprend à quel problème j'osai désormais m'attaquer dans ce livre ?... Combien je regrette maintenant de n'avoir pas eu le courage (ou l'immodestie) d'employer, pour des idées aussi personnelles et audacieuses, un *langage personnel*, — d'avoir péniblement cherché à exprimer, à l'aide de formules kantiennes et schopenhaueriennes, des opinions nouvelles et insolites qui étaient radicalement opposées à l'esprit comme au sentiment de Kant et de Schopenhauer ? Que pensait Schopenhauer de la tragédie ? « Ce qui donne au tragique un essor particulier vers le sublime — dit-il (*Monde comme Volonté et comme Représentation, II, 495*) [16], — c'est la révélation de cette pensée, que le monde, la vie, ne peut nous satisfaire complètement, et par conséquent *n'est pas digne* de notre attachement : c'est en cela que consiste l'esprit tragique, — il nous amène ainsi à la *résignation*. » Oh ! quel autre langage me tenait Dionysos ! Oh ! comme ce « résignationisme » était alors loin de moi ! — Mais il y a dans ce livre quelque chose de pire encore, et que je regrette beaucoup plus que d'avoir obscurci et défiguré par des formules schopenhaueriennes mes visions dionysiennes : c'est de m'être, en un mot, *gâté* le grandiose *problème grec*, tel qu'il s'était révélé à moi, par l'intrusion des choses modernes ! De m'être attaché à des espérances, là où il n'y avait rien à espérer, où tout indiquait trop clairement une fin ! D'avoir, à propos de la plus récente musique allemande [17], commencé à divaguer sur « l'âme allemande », comme si elle était justement sur le point de se découvrir et de se retrouver, — et cela à une époque où l'esprit allemand, qui, il y a peu de temps encore, avait possédé la volonté de dominer l'Europe, la force de diriger l'Europe, en arrivait, en guise de conclusion testamentaire, à l'*abdication*, et, sous le pompeux prétexte d'une fondation d'empire, évoluait vers la médiocrité, la démocratie et les « idées modernes » ! En effet, j'ai appris depuis à juger sans espoir et sans ménagement cette « âme allemande », et en même temps l'actuelle *musique allemande*, comme étant d'outre en outre pur romantisme et la plus antihellénique de toutes les formes d'art imaginables : mais, par surcroît, une détraqueuse de nerfs de premier ordre, deux fois dangereuse pour un peuple qui aime la boisson et honore l'obscurité comme une vertu, à cause de sa double propriété de narcotique produisant l'ébriété et l'obnubilation. En laissant naturellement de côté toutes les espérances prématurées et les inopportunes applications aux choses actuelles, qui gâtèrent alors mon premier livre, le grand point d'interrogation dionysien, même en ce qui concerna la musique, reste toujours où je l'avais placé : que devrait être une musique dont le principe originel serait, non pas le romantisme, à l'exemple de la musique allemande, — mais l'esprit *dionysien* ?...

7.

— Mais, cher monsieur, qu'a-t-on jamais entendu par romantisme si *votre* livre n'est pas romantique ?

Est-il possible de pousser plus loin la haine du « temps présent », de la « réalité » et des « idées modernes » que vous ne l'avez fait dans votre métaphysique d'artiste — qui préfère croire au néant et même au diable plutôt qu'au « présent » ? Au-dessous de la polyphonie contrapuntique dont vous tentez de séduire nos oreilles ne gronde-t-il pas une basse fondamentale de colère et de destruction joyeuses ? Une farouche résolution contre tout ce qui est « actuel », une volonté qui n'est certes pas très éloignée du nihilisme pratique, et qui semble dire : « Que rien ne soit vrai, plutôt que *vous* ayez raison, plutôt que triomphe *votre* vérité ! » Écoutez vous-même des deux oreilles, monsieur le pessimiste adorateur de l'art, un seul passage, choisi dans votre livre, le passage, nullement dénué d'éloquence, du « tueur de dragons », qui semble comme un piège insidieusement tendu aux jeunes oreilles et aux jeunes cœurs. Quoi ? N'est-ce pas l'authentique et véritable profession de foi du romantisme de 1830, sous le masque du pessimisme de 1850 ? et derrière cette profession de foi n'entend-on pas préluder le finale consacré, en usage chez les romantiques, — rupture, écroulement, retour, et enfin prosternation à deux genoux devant une vieille foi, devant le Dieu ancien ?... Quoi ? votre livre de pessimiste n'est-il pas lui-même une œuvre de romantisme et d'antihellénisme, quelque chose « qui, à la fois, énivre et obnubile », en tout cas, un narcotique, un morceau de musique, voire de musique *allemande* ? Mais qu'on en juge :

« Figurons-nous une génération grandissant avec cette intrépidité du regard, avec cette impulsion héroïque vers le monstrueux, l'extraordinaire ; imaginons l'allure hardie de ce tueur de dragons, la fière témérité avec laquelle ces êtres tournent le dos aux doctrines débiles de l'optimisme, pour « vivre résolument » d'une vie pleine et entière : *n'y avait-il pas nécessité* que l'homme tragique de cette civilisation, autodidacte en gravité et en terreur, dût désirer un art nouveau, *l'art de la consolation métaphysique*, la tragédie, comme une Hélène lui appartenant, et s'écrier avec Faust :

« Et ne devais-je pas, avec une violence passionnée,
Faire naître à la vie la forme la plus divine ? [18] »

« N'y avait-il pas *nécessité* ? »

...Non, trois fois non ! Ô jeunes romantiques : il n'y avait pas nécessité ! Mais il est très vraisemblable que cela *se termine ainsi*, que *vous* finissiez ainsi, c'est-à-dire « consolés », comme cela est écrit, en dépit de tous vos efforts pour connaître par vous-mêmes l'énergie et la terreur, « métaphysiquement consolés », bref, ainsi que finissent les romantiques, *chrétiennement*... Non ! Il vous faudrait d'abord apprendre la consolation de *ce côté-ci*, — il vous faudrait apprendre à *rire*, comme mes jeunes amis, si toutefois vous vouliez absolument rester pessimistes ; peut-être bien qu'alors, sachant rire, vous jetteriez un jour au diable toutes les consolations métaphysiques [19], — et pour commencer la métaphysique elle-même ! Ou, pour employer le langage de ce monstre dionysien, qui a nom *Zarathoustra* :

« Élevez vos cœurs, mes frères, haut, plus haut !
« Et n'oubliez pas non plus vos jambes ! Élevez aussi vos jambes, bons danseurs, et mieux que cela : vous vous tiendrez aussi sur la tête !
« Cette couronne du rieur, cette couronne de roses : c'est moi-même qui me la suis mise sur la tête, j'ai canonisé moi-même mon rire. Je n'ai trouvé personne d'assez fort pour cela aujourd'hui.
« Zarathoustra le danseur, Zarathoustra le léger, celui qui agite ses ailes, prêt au vol, faisant signe à tous les oiseaux, prêt et agile, divinement léger : —
« Zarathoustra le divin, Zarathoustra le rieur, ni impatient, ni intolérant, quelqu'un qui aime les sauts et les écarts ; je me suis moi-même placé cette couronne sur la tête !
« Cette couronne du rieur, cette couronne de roses : à vous, mes frères, je jette cette couronne ! J'ai canonisé le rire ; hommes supérieurs, *apprenez* donc — à rire ! »

(*Ainsi parlait Zarathoustra*, IV).
Sils-Maria, Haute-Engadine. Août 1886.

PRÉFACE A RICHARD WAGNER

Pour écarter de mon esprit toutes les critiques possibles, les colères, les malentendus, dont les pensées réunies dans cet écrit fourniront le prétexte, vu le singulier caractère de l'esthétique contemporaine, et aussi pour pouvoir donner à cet écrit une introduction douée d'une félicité contemplative égale à celle dont chacune de ces pages porte l'empreinte, comme la cristallisation d'instants de bonheur et d'enthousiasme, je me représente par la pensée, mon ami hautement vénéré, le moment où vous recevrez cet écrit. Comment, peut-être au retour d'une promenade du soir dans la neige d'hiver, vous considérez sur la première feuille de ce livre le Prométhée délivré, lisez mon nom, et êtes aussitôt convaincu que, quel que puisse être le contenu de cet ouvrage, celui qui l'a fait avait à exprimer des choses graves et profondes ; et qu'aussi, en tout ce qu'il imagina, il se sentit en communication avec vous comme avec quelqu'un de réellement présent, et qu'il ne lui fut possible d'écrire que quelque chose qui répondît à cette présence réelle. Vous vous souviendrez, en outre, que c'est au moment même de l'apparition de l'écrit admirable consacré par vous à la mémoire de Beethoven [20] que ces réflexions me préoccupèrent ; c'est-à-dire pendant les angoisses et les enthousiasmes de la guerre qui venait d'éclater. Cependant, ceux-là seraient dans l'erreur, qui songeraient, à propos de cet ouvrage à opposer l'exaltation patriotique à une sorte de libertinage esthétique, une vaillante énergie à une distraction insouciante. Bien plus, à la lecture de ce livre, il se pourrait qu'ils reconnussent avec surprise combien profondément allemand est le problème dont il est question, et combien il est légitime de le placer au milieu de nos espoirs allemands, dont il est l'axe et le pivot. Mais peut-être seront-ils plutôt scandalisés de ce qu'une aussi sérieuse attention soit accordée à un problème esthétique, s'ils sont vraiment incapables d'avoir de l'art une conception autre que celle d'un passe-temps agréable, d'un bruit de grelots dont se passerait volontiers « la gravité de l'existence » ; comme si personne ne savait ce qu'il faut entendre dans cette comparaison, par une « gravité de l'existence » de cette espèce. Pour la gouverne de ces personnes graves, je déclare que, d'après ma conviction profonde, l'art est la tâche la plus haute et l'activité essentiellement métaphysique de cette vie[21], selon la pensée de l'homme à qui je veux que cet ouvrage soit dédié, comme à mon noble compagnon d'armes et précurseur dans cette voie.

          Bâle, fin 1871.

1.

Nous aurons beaucoup fait pour la science esthétique, quand nous en serons arrivés non seulement à l'observation logique, mais encore à la certitude immédiate de cette prise de position selon laquelle le développement de l'art est lié à la dualité du dionysien et de l'apollinien : de la même manière que la dualité des sexes engendre la vie au milieu de luttes perpétuelles et par des rapprochements seulement périodiques. Ces noms, nous les empruntons aux Grecs qui ont rendu intelligible à l'observateur le sens occulte et profond de leur conception de l'art, non pas au moyen de concepts [22], mais à l'aide des figures nettement significatives du monde de leurs dieux. C'est à leurs deux divinités des arts, Apollon et Dionysos, que se rattache notre conscience de l'extraordinaire antagonisme, tant d'origine que de fins, qui subsiste dans le monde grec entre l'art plastique, l'apollinien, et l'art non plastique de la musique, celui de Dionysos. Ces deux instincts si différents s'en vont côte à côte, en guerre ouverte le plus souvent, et s'excitant mutuellement à des créations nouvelles, toujours plus robustes, pour perpétuer en elles le conflit de cet antagonisme que l'appellation « art », qui leur est commune, ne fait que recouvrir ; jusqu'à ce qu'enfin, par un miracle métaphysique de la « Volonté » hellénique, ils apparaissent accouplés, et que, dans cet accouplement, ils engendrent alors l'œuvre à la fois dionysienne et apollinienne de la tragédie attique.

Figurons-nous tout d'abord, pour mieux les comprendre, ces deux instincts comme les mondes esthétiques distincts du *rêve* et de l'*ivresse*, phénomènes physiologiques entre lesquels on remarque un contraste analogue à celui qui distingue l'un de l'autre l'esprit apollinien et l'esprit dionysien. C'est dans le rêve que, suivant la présentation de Lucrèce[23], les splendides figures des dieux se manifestèrent pour la première fois à l'âme des hommes, c'est dans le rêve que le grand sculpteur perçut les proportions idéales de créatures surhumaines, et le poète hellène, interrogé sur les secrets créateurs de son art, eût évoqué lui aussi le souvenir du rêve et répondu comme Hans Sachs dans les *Maîtres Chanteurs* :

> Ainsi tout le travail du poète
> Est-il de noter et traduire ses rêves.
> Croyez-moi, l'illusion la plus vraie de l'homme
> s'épanouit pour lui dans le rêve :
> Tout art poétique, toute poétisation
> N'est rien que traduction vraie du rêve.

La belle apparence des mondes du rêve, dans la production desquels tout homme est un artiste accompli, est la condition préalable de tout art plastique, et certainement aussi, comme nous le verrons, d'une moitié importante de la poésie. Nous jouissons de la compréhension immédiate de la figure ; toutes les formes nous parlent, nulle n'est indifférente, aucune n'est inutile. Et pourtant, en ce qui concerne la vie la plus intense de cette réalité du rêve, nous avons encore l'impression translucide de son *apparence*. Telle est, du moins, mon expérience et je pourrais citer maints témoignages et aussi les déclarations des poètes pour montrer combien cette impression est normale et répandue. L'homme doué d'un esprit philosophique a même le pressentiment que, derrière cette réalité dans laquelle nous existons et vivons, il s'en cache une seconde toute différente, et que, par conséquent, la première n'est aussi qu'une apparence ; et Schopenhauer [24] définit formellement, comme étant le signe distinctif de l'aptitude philosophique, la faculté pour certains de se représenter parfois les hommes et toutes les choses comme de purs fantômes, des images de rêve. Eh bien, l'homme doué d'une sensibilité artistique se comporte à l'égard de la réalité du rêve de la même manière que le philosophe en face de la réalité de l'existence ; il l'examine minutieusement et volontiers : car, dans ces tableaux, il interprète la vie ; à l'aide de ces exemples, il s'exerce pour la vie. Ce ne sont pas seulement les images agréables et aimables qu'il retrouve en lui-même avec cette absolue lucidité, mais encore le sévère, le sombre, le triste, le sinistre, les obstacles soudains, les railleries du hasard, les attentes angoissées, en un mot toute la *Divine Comédie* de la vie, avec son *Inferno* [25], se déroule aussi devant lui, pas seulement comme un spectacle de fantômes, d'ombres, — car, ces scènes, il les vit et les souffre, — et cependant sans qu'il puisse écarter tout à fait cette impression fugitive de l'apparence. Et peut-être quelques-uns se souviendront-ils comme moi d'avoir invoqué avec succès, au milieu des périls et des terreurs d'un rêve : « C'est un rêve ! Je ne veux pas qu'il cesse ! Je veux le rêver encore ! » J'ai entendu dire aussi que certaines personnes possédaient la faculté de prolonger la causalité d'un seul et même rêve pendant trois nuits successives et plus : états de fait qui attestent clairement que notre être le plus intime, l'arrière-fond commun de nous tous, pratique le rêve avec un plaisir profond et une joie nécessaire.

De même les Grecs ont représenté sous la figure de leur Apollon cette joyeuse réussite de l'expérience du rêve : Apollon, en tant que dieu de toutes les facultés créatrices de formes, est en même temps le dieu divinateur. Lui qui, d'après son origine, est « l'apparaissant » rayonnant, la divinité de la lumière, il règne aussi sur la belle apparence du monde intérieur de l'imagination. La vérité supérieure, la perfection de ces états en contraste avec la réalité quotidienne lacunairement intelligible, la conscience profonde de la réparatrice et salutaire nature du sommeil et du rêve, sont symboliquement l'analogue, à la fois, de l'aptitude à la divination, et des arts par lesquels la vie est rendue possible et digne d'être vécue. Mais elle ne doit pas non plus manquer à l'image d'Apollon, cette ligne délicate que la vision perçue dans le rêve ne saurait franchir sans que son effet ne devienne pathologique, et qu'alors l'apparence ne nous donne l'illusion d'une grossière réalité : je veux dire cette pondération, cette libre aisance dans les émotions les plus violentes, cette sereine sagesse du dieu de la forme. Conformément à son origine, son regard doit être « solaire » ; même lorsqu'il exprime le souci ou la colère, le reflet sacré de la vision de beauté n'en doit pas disparaître. Et l'on pourrait ainsi appliquer à Apollon, dans un sens excentrique, les paroles de Schopenhauer sur l'homme pris dans le voile de Maïa (*Monde comme Volonté et comme Représentation*, I, p. 416) : « Comme un navigateur dans un esquif, tranquille et plein de confiance en sa frêle embarcation, au milieu d'une mer démontée qui, sans bornes et sans obstacles, soulève et abat en mugissant des montagnes de flots écumants, l'homme individuel, au milieu d'un monde de douleurs, demeure impassible et serein, appuyé avec confiance sur le *principium individuationis* »[26]. Oui, on pourrait dire que l'inébranlable confiance en ce principe et la calme sécurité de celui qui en est pénétré ont trouvé dans Apollon leur expression la plus sublime, et on pourrait même reconnaître en Apollon l'image divine et splendide du principe d'individuation, par les gestes et les regards de laquelle nous parlent toute la joie et la sagesse de « l'apparence », en même temps que sa beauté.

A la même page, Schopenhauer nous a dépeint l'épouvantable *horreur* qui saisit l'homme, dérouté soudain par les formes connaissables du phénomène, alors que le principe de raison, dans une de ses manifestations quelconques, semble souffrir une exception. Si, outre cette horreur, nous considérons l'extase transportée qui, devant cet effondrement du principe d'individuation, s'élève du fond le plus intime de l'homme, de la nature elle-même, alors nous commençons à entrevoir en quoi consiste l'essence du *dionysia-*

que, que nous comprendrons mieux encore par l'analogie de l'*ivresse*. Que ce soit par la puissance du breuvage narcotique dont tous les hommes et tous les peuples primitifs parlent dans leurs hymnes, ou par la force despotique du renouveau printanier pénétrant joyeusement la nature entière, ces exaltations dionysiaques s'éveillent en entraînant dans leur essor le sujet jusqu'à l'anéantir en un complet oubli de soi-même. Encore pendant le moyen âge allemand, des multitudes toujours plus nombreuses tournoyèrent sous l'effet de la même puissance dionysiaque, chantant et dansant, de place en place : dans ces danseurs de la Saint-Jean et de la Saint-Guy nous reconnaissons les chœurs bachiques des Grecs, dont l'origine se perd, à travers l'Asie Mineure, jusqu'à Babylone et aux orgies sacéennes [27]. Il est des gens qui, par manque d'expérience ou étroitesse d'esprit, se détournent de semblables phénomènes, comme ils s'écarteraient de « maladies contagieuses », et, dans la sûre conscience de leur propre santé, les raillent ou les prennent en pitié. Les malheureux ne se doutent pas de la pâleur cadavérique et de l'air de spectre de leur « santé », lorsque passe devant eux l'ouragan de vie ardente des rêveurs dionysiens.

Ce n'est pas seulement l'alliance de l'homme avec l'homme qui est scellée de nouveau sous le charme de l'enchantement dionysien : la nature aliénée, ennemie ou asservie, célèbre elle aussi sa réconciliation avec son enfant prodigue, l'homme. Spontanément, la terre offre ses dons, et les fauves des rochers et du désert s'approchent pacifiés. Le char de Dionysos disparaît sous les fleurs et les couronnes : des panthères et des tigres s'avancent sous son joug [28]. Que l'on métamorphose en tableau l'hymne à la « joie » de Beethoven, et que l'on suive son imagination, que l'on contemple les millions d'êtres prosternés frémissants dans la poussière : on peut alors approcher le dionysisme.

Maintenant, l'esclave est libre, et se brisent toutes les barrières rigides et hostiles que la misère, l'arbitraire ou la « mode insolente » ont établies entre les hommes. Maintenant, par l'évangile de l'harmonie universelle, chacun se sent, avec son prochain, non seulement réuni, réconcilié, fondu, mais encore identique à lui, comme si s'était déchiré le voile de Maïa, et comme s'il n'en flottait plus que des lambeaux devant le mystérieux *Un-primordial*[29]. Chantant et dansant, l'homme se manifeste comme membre d'une communauté supérieure : il a désappris de marcher et de parler, et est sur le point de s'envoler à travers les airs, en dansant. Ses gestes décèlent une enchanteresse béatitude. De même que maintenant les animaux parlent, et que la terre produit du lait et du miel, la voix de l'homme, elle aussi résonne comme quelque chose de surnaturel : il se sent Dieu ; maintenant son allure est aussi noble et pleine d'extase que celle des dieux qu'il a vus dans ses rêves. L'homme n'est plus artiste, il est devenu œuvre d'art : la puissance esthétique de la nature entière, pour la plus haute béatitude de l'Un-primordial, se révèle ici sous le frémissement de l'ivresse. La plus noble argile, le marbre le plus précieux, l'homme, est ici pétri et façonné ; et, aux coups de ciseau de l'artiste des mondes dionysiens, répond le cri des Mystères d'Éleusis : « Vous tombez prosternés à genoux, millions d'êtres ? Monde, pressens-tu le Créateur ? [30] »

2.

Nous avons jusqu'à présent considéré l'apollinisme et son contraire, le dionysisme, comme des puissances d'art qui jaillissent du sein de la nature elle-même, *sans l'intermédiaire de l'artiste humain*, puissances par lesquelles les instincts d'art de la nature commencent par s'assouvir directement : d'une part, comme le monde d'images du rêve, dont la perfection ne dépend aucunement de la valeur intellectuelle ou de la culture artistique de l'individu, d'autre part, comme une réalité pleine d'ivresse qui, à son tour, ne se préoccupe pas de l'individu, poursuit même l'anéantissement de l'individu et sa dissolution libératrice par un sentiment d'identification mystique[31]. Par rapport à ces phénomènes artistiques immédiats de la nature, tout artiste est un « imitateur »[32], c'est-à-dire soit l'artiste du rêve apollinien, soit l'artiste de l'ivresse dionysienne, ou enfin, — par exemple dans la tragédie grecque, — à la fois l'artiste de l'ivresse et l'artiste du rêve. C'est comme tel que nous devons le considérer, quand, exalté par l'ivresse dionysiaque jusqu'au mystique renoncement de soi-même, il s'affaisse solitaire, à l'écart des chœurs en délire, et qu'alors, par la puissance du rêve apollinien, son propre état, c'est-à-dire son unité, son identification avec le fond le plus intime de l'univers, lui est révélé dans une allégorie de l'imagerie onirique.

Après ces prémisses et ces confrontations générales, cherchons à connaître à quel degré et quelle hauteur *ces instincts d'art de la nature* ont été développés chez les *Grecs* : nous nous trouverons par là en état de comprendre et d'apprécier plus profondément le rapport de l'artiste grec avec ses modèles originaux, ou, suivant l'expression d'Aristote, « l'imitation de la nature »[33]. On ne peut guère émettre que des hypothèses au sujet des *rêves*[34] des Grecs, malgré toute la littérature spéciale et les nombreuses anecdotes qui s'y rapportent ; cependant on peut le faire avec une certaine sécurité : en présence de la précision et de la sûreté de leur vision plastique, unies à leur évidente et sincère passion de la couleur, on ne pourra se défendre, à la confusion de tous leurs successeurs, de supposer pour leurs rêves aussi une causalité logique des lignes et des contours, des couleurs et des groupes, un enchaînement des scènes rappelant leurs meilleurs bas-reliefs dont la perfection et l'incomparable beauté nous autoriseraient certainement, si une comparaison était possible, à qualifier d'Homères les Grecs rêvant, et de Grec rêvant, Homère lui-même : dans un sens plus profond que si l'homme moderne osait, à propos de ses rêves, se comparer à Shakespeare[35].

En revanche, nous n'avons plus besoin de former des conjectures pour dévoiler l'immense abîme qui sépare les *Grecs dionysiens* des barbares dionysiaques. De tous les confins du vieux monde, — pour ne pas parler ici du nouveau, — de Rome jusqu'à Babylone, nous viennent les témoignages de l'existence de fêtes dionysiaques, dont les spécimens les plus élevés sont, au regard des fêtes grecques, ce que le satyre barbu empruntant au bouc son nom et ses attributs est à Dionysos lui-même. Presque partout l'objet de ces réjouissances est une licence sexuelle effrénée, dont le flot exubérant brise les barrières de la consanguinité et submerge les lois vénérables de la famille ; c'est vraiment la plus sauvage bestialité de la nature qui se déchaîne ici, en un mélange horrible de jouissance et de cruauté, qui m'est toujours apparu comme le véritable « philtre de Circé ». Contre la fièvre et la frénésie de ces fêtes qui pénétrèrent jusqu'à eux par tous les chemins de la terre et des mers, les Grecs semblent avoir été défendus et victorieusement protégés pendant quelque temps par l'orgueilleuse figure d'Apollon, à laquelle la tête de Méduse [36] était incapable d'opposer une force plus dangereuse que cette grotesque et brutale violence dionysiaque. C'est dans l'art dorique [37] que s'est éternisée cette attitude de majesté dédaigneuse d'Apollon. Mais lorsque enfin des racines les plus profondes de l'hellénisme se déchaînèrent de semblables instincts, la résistance devint plus difficile, et même impossible. L'action du dieu de Delphes se borna alors à arracher des mains de son redoutable ennemi, par une alliance opportune, ses armes meurtrières. Cette alliance est le moment le plus important de l'histoire du culte grec : de quelque côté que l'on regarde, on constate les bouleversements produits par cet événement. Ce fut la réconciliation de deux adversaires, avec la rigoureuse délimitation des lignes frontières que chacun, dorénavant, ne devait plus dépasser, et avec des échanges périodiques et solennels de présents ; au fond, l'abîme ne fut pas comblé. Mais si nous examinons comment, sous l'influence de cette paix finale, se manifesta la puissance dionysienne, nous reconnaissons, dans les orgies dionysiaques des Grecs, en les comparant à la régression de l'homme au tigre et au singe des Sakhées babyloniennes, la signification de fêtes de rédemption libératrice du monde et de jours de transfiguration. Chez eux, pour la première fois, le joyeux délire de l'art envahit la nature ; pour la première fois, chez eux, la destruction du principe d'individuation devient un phénomène artistique. L'exécrable philtre de jouissance et de cruauté devint impuissant : seul le singulier mélange qui forme le double caractère des émotions des rêveurs dionysiens en évoque le souvenir, — comme un baume salutaire rappelle le poison meurtrier, — je veux dire ce phénomène de la souffrance suscitant le plaisir, de l'allégresse arrachant des accents douloureux. De la plus haute joie jaillit le cri de l'horreur ou la plainte brûlante d'une perte irréparable. A travers ces fêtes grecques transparaît comme un trait sentimental de la nature gémissant sur son morcellement en individus. Le chant et la mimique de ces rêveurs à l'âme hybride étaient pour le monde grec homérique quelque chose de nouveau et d'inouï : et en particulier, la *musique* dionysienne faisait naître en eux l'effroi et le frisson. Si la musique, en apparence, était déjà connue comme art apollinien, à y regarder de près, elle ne possédait cependant ces caractères qu'en qualité de battement des ondes du rythme [38], dont la puissance plastique eût été développée jusqu'à la représentation d'impressions apolliniennes. La musique d'Apollon était une architectonique sonore d'ordre dorique, mais dont les sons étaient fixés par avance, tels ceux des cordes de la cithare. Comme non apollinien, en fut soigneusement écarté le caractère de la musique dionysienne et de toute musique essentiellement : la violence émouvante du son, le torrent unanime du mélos et le monde incomparable de l'harmonie. Dans le dithyrambe [39] dionysien, l'homme est entraîné à l'exaltation la plus haute de toutes ses facultés symboliques ; il ressent et veut exprimer ce qu'il n'a jamais éprouvé jusqu'alors : l'abolition du voile de Maïa, l'unité absolue comme génie tutélaire de l'espèce, de la nature elle-même. Désormais, l'essence de la nature doit s'exprimer symboliquement ; un nouveau monde de symboles est nécessaire, toute la symbolique corporelle enfin ; non seulement la symbolique des lèvres, du visage, de la parole, mais encore toutes les attitudes et les gestes de la danse, rythmant les mouvements de tous les membres [40]. Aussi, avec une véhémence soudaine, les autres forces symboliques, celles de la musique, s'accroissent en rythme, dynamique et harmonie [41]. Pour comprendre ce déchaînement simultané de toutes les forces symboliques, l'homme doit avoir atteint déjà ce haut degré de renoncement qui veut se proclamer symboliquement dans ces forces : l'adepte dithyrambique de Dionysos n'est plus alors compris que de ses pairs ! Avec quelle stupéfaction dut le considérer le Grec apollinien ! Avec une stupéfaction qui fut d'autant plus profonde qu'un frisson s'y mêlait à cette pensée, que tout cela n'était cependant pas si étranger à sa propre nature, et que sa conscience apollinienne n'était qu'un voile qui lui cachait ce monde dionysien.

3.

Pour comprendre cela, il nous faut démolir en quelque sorte pierre à pierre l'ingénieux édifice de la civilisation *apollinienne*, jusqu'à ce que nous apercevions les fondations sur lesquelles elle est établie. Nous apercevons tout d'abord, dressées sur le fronton de ce temple, les figures majestueuses des dieux *olympiens*, dont les exploits, rayonnant au loin dans leurs reliefs de marbre, font l'ornement de ses frises. Qu'Apollon se rencontre parmi les autres, comme une divinité au milieu de divinités égales, et qui ne prétend point au rang suprême, ceci ne doit pas nous égarer. Le même instinct qui se personnifia dans Apollon engendra aussi en réalité tout ce monde olympien [42], dont, en ce sens, Apollon peut être considéré comme le père. Quel besoin inouï, quelle imprescriptible nécessité fit naître une si brillante société de créatures olympiennes ?

Quiconque, ayant au cœur une autre religion, approche de ces Olympiens, en quête d'élévation morale, de sainteté, d'immatérielle spiritualité, et cherche en leurs regards l'amour et la pitié, devra bientôt se détourner d'eux, irrité et déçu. Ici, rien ne rappelle l'ascétisme, l'immatérialité ou le devoir : c'est une vie luxuriante, triomphante, dans laquelle tout, le bien comme le mal, est également divinisé. Et devant ce fantastique débordement de vitalité, l'observateur demeure interdit et se demande à quel philtre enchanté ces hommes follement joyeux ont pu puiser cette vivifiante ivresse, pour que, de quelque côté qu'ils regardent, leur apparaisse Hélène au doux sourire « planant dans une voluptueuse douceur », l'image idéale de leur propre existence. Cependant, nous devons crier à ce contemplateur désenchanté : « Ne t'éloigne pas ; mais écoute d'abord ce que raconte la sagesse populaire des Grecs au sujet de cette vie même, qui se déroule devant toi avec une aussi inexplicable sérénité. D'après l'antique légende, le roi Midas poursuivit longtemps dans la forêt le vieux *Silène*[43], compagnon de Dionysos, sans pouvoir l'atteindre. Lorsqu'il est enfin parvenu à s'en emparer, le roi lui demande quelle est la chose que l'homme devrait préférer à toute autre et estimer au-dessus de tout. Immobile et obstiné, le démon reste muet, jusqu'à ce qu'enfin, contraint par son vainqueur, il éclate de rire et laisse échapper ces paroles : « Race éphémère et misérable, enfant du hasard et de la peine, pourquoi me forces-tu à te révéler ce qu'il vaudrait mieux pour toi ne jamais entendre ? Ce que tu dois préférer à tout, c'est pour toi l'impossible : c'est de n'être pas né, de ne pas *être*, d'être *néant*. Mais, après cela, ce que tu peux désirer de mieux, — c'est de mourir bientôt. »

Qu'est le monde des dieux olympiens au regard de cette sagesse populaire ? C'est la vision pleine d'extase du martyr torturé, opposée à ses supplices.

Maintenant la montagne enchantée de l'Olympe s'entr'ouvre devant nos yeux, et nous en découvrons les assises. Le Grec connut et ressentit les angoisses et les horreurs de l'existence : pour qu'il lui fût possible de vivre, il fallait que s'interpose l'éblouissante splendeur du rêve olympien. Cette méfiance extraordinaire en face des puissances titaniques de la nature, cette Moire[44] trônant sans pitié au-dessus de toute connaissance, ce vautour du grand ami de l'humanité, Prométhée[45], cet horrible destin du sage Œdipe[46], cette malédiction de la race des Atrides[47], qui contraint Oreste au meurtre de sa mère, en un mot toute cette philosophie du dieu des forêts avec les mythes qui s'y rattachent, cette philosophie dont périrent les sombres Étrusques[48], —

tout cela fut, perpétuellement et sans trêve, terrassé, vaincu par les Grecs, tout au moins voilé et écarté de leur regard, à l'aide de ce *monde intermédiaire* [49] et esthétique des dieux olympiens. Pour pouvoir vivre, les Grecs poussés par la plus impérieuse des nécessités, durent créer ces dieux ; et nous pouvons nous représenter cette évolution par le spectacle de la terrible théogonie titanique de l'origine [50], se transformant sous l'impulsion de cet instinct de beauté apollinienne et devenant, par d'insensibles transitions, la théogonie de la joie olympienne, — ainsi que d'un buisson d'épines naissent des roses. Comment ce peuple aux émotions si délicates, aux désirs si impétueux, ce peuple si exceptionnellement idoine à la *douleur*, aurait-il pu supporter l'existence, s'il ne l'avait contemplée dans ses dieux, baignée d'une gloire radieuse. Ce même instinct, qui réclame l'art dans la vie, comme l'ornement, le couronnement de l'existence, comme le charme qui nous entraîne à continuer de vivre, engendra aussi le monde olympien, qui fut, pour la « Volonté » hellénique [51], le miroir où sa propre image se reflétait transfigurée. Ainsi les dieux, en la vivant eux-mêmes, justifient la vie humaine, — unique théodicée satisfaisante ! Au clair soleil de ces dieux de lumière, l'existence apparaît comme digne en soi de l'effort de la vivre, et la véritable *douleur* des hommes homériques est alors d'être privés de cette existence et, avant tout, de penser à la mort prochaine : de sorte qu'on peut dire maintenant, en renversant la sentence de Silène, que, « pour eux, la pire des choses est une mort rapide et, en second lieu, de devoir mourir un jour ». Une fois que la plainte a retenti, elle jaillit de nouveau à propos d'Achille [52] aux brèves années, de la multitude errante des races humaines se dispersant comme les feuilles, du déclin de l'âge héroïque [53]. Il n'est pas indigne des plus grands héros de désirer conserver la vie, serait-ce comme journalier. Au stade apollinien, la « Volonté » désire si violemment cette existence, l'homme homérique s'identifie si complètement avec elle, que sa plainte elle-même se transforme en un hymne à la vie.

Il faut remarquer ici que cette harmonie, si passionnément admirée par l'humanité moderne, cette unité de l'homme avec la nature, pour laquelle Schiller [54] a mis en usage l'expression de « naïf », n'est en aucune façon un phénomène si simple, si évident en lui-même, et en même temps si inévitable, que nous *devions fatalement* le rencontrer au seuil de toute civilisation, comme un paradis de l'humanité : ce préjugé ne pouvait avoir cours qu'à une époque où l'on cherchait le type de l'artiste dans l'*Émile* de Rousseau [55], et où l'on s'imaginait avoir trouvé en Homère [56] un artiste de cette espèce, un Émile élevé au sein de la nature. Lorsque nous rencontrons le « naïf » dans l'art, nous devons reconnaître l'apogée de l'action de la culture apollinienne, qui, toujours, doit d'abord renverser un empire de titans, vaincre des monstres, et, par la puissante illusion de rêves joyeux, triompher de la profonde horreur du spectacle du monde et de la plus exaspérée sensibilité à la souffrance. Mais le naïf, ce total abandon dans la beauté de l'apparence, comme il est rarement atteint ! Ce qui fait l'inexprimable sublime d'*Homère* [57], c'est qu'il est à cette culture populaire apollinienne ce que l'artiste de rêve est à la faculté de rêve du peuple et de la nature en général. La « naïveté » homérique ne doit être prise que comme la complète victoire de l'illusion apollinienne [58] : c'est une illusion semblable à celles suscitées si souvent par la nature pour en arriver à ses fins. Le dessein véritable est dissimulé sous une chimère : nous tendons les bras vers elle, et, à travers notre chimère, la nature atteint son but. Chez les Grecs, la « Volonté » voulait se contempler soi-même dans la transfiguration [59] du génie et de l'art ; pour se glorifier, il fallait que les créatures de cette « Volonté » se sentissent elles-mêmes dignes d'être glorifiées ; il fallait qu'elles se reconnussent dans une sphère supérieure, sans que la perfection de ce monde idéal agît comme un impératif ou comme un reproche. Et c'est la sphère de beauté, dans laquelle elles voyaient les Olympiens comme leur propre image. A l'aide de ce mirage de beauté, la « Volonté » hellénique combattit ce talent pour la souffrance, cette philosophie du mal et de la douleur, apanages corrélatifs de tout instinct artistique :

et, tel un monument commémorant sa victoire, se dresse devant nous Homère, l'artiste naïf [60].

4.

L'analogie du rêve peut nous éclairer sur la nature de cet artiste naïf. Si nous imaginons le rêveur, plongé dans l'illusion du monde du rêve, et, sans détruire cette illusion, s'écriant : « Ce n'est qu'un rêve ! Je ne veux pas qu'il cesse ! Je veux le rêver encore ! » — si nous devons en conclure qu'il existe une joie intérieure profonde dans la contemplation des images du rêve ; si, d'autre part, pour pouvoir atteindre dans le rêve cette intime félicité contemplative, il nous faut avoir complètement oublié le jour et ses accablantes obsessions : nous pouvons alors, sous l'inspiration d'Apollon, interprète des songes, expliquer tous ces phénomènes à peu près comme il suit. De même que, des deux moitiés de la vie, — celle où nous sommes éveillés, et celle du rêve, — la première nous semble incomparablement la plus parfaite, la plus importante, la plus sérieuse, la plus digne d'être vécue, je dirai même la seule vécue, de même aussi, bien que cela puisse ressembler à un paradoxe, je voudrais soutenir que le rêve de nos nuits a une importance égale [61], à l'égard de cette essence mystérieuse de notre nature, dont nous sommes l'apparition. En effet, plus je constate dans la nature ces instincts esthétiques tout puissants et la force irrésistible qui les pousse à s'objectiver dans l'apparence, à s'assouvir dans l'apparence libératrice, plus je me sens aussi entraîné à cette hypothèse métaphysique, que l'Étant-véritable, l'Un-primordial, en tant qu'accablé d'éternelles misères et rempli de contradictions irréductibles, a besoin pour sa perpétuelle libération, à la fois de l'enchantement de la vision et de la joie de l'apparence ; et que, absolument et intégralement compris dans cette apparence, et constitués par elle, nous sommes obligés de la concevoir comme le Non-Étant-véritable, c'est-à-dire comme un perpétuel devenir dans le temps, l'espace et la causalité, autrement dit comme une réalité empirique. Si nous faisons momentanément abstraction de notre propre « réalité », si nous concevons notre existence empirique, et celle du monde en général, comme une représentation [62] suscitée à tout instant de l'Un-primordial, alors le rêve devra nous apparaître comme *l'apparence de l'apparence* [63], et, en cette qualité, comme une satisfaction supérieure encore de l'appétence primordiale à l'apparence. C'est pour la même raison que, du plus profond de la nature, s'élève cette joie indescriptible, en face de l'artiste naïf et de l'œuvre d'art naïve, qui n'est, elle aussi, qu'une « apparence de l'apparence ». L'un de ces immortels « naïfs », *Raphael* [64], nous a rendu manifeste, dans un tableau allégorique, cette réduction exponentielle de l'apparence dans l'apparence, qui est le procédé primordial de l'artiste naïf et, en même temps, de la culture apollinienne. Dans sa *Transfiguration*, la partie inférieure du tableau, avec l'enfant possédé, les porteurs désespérés, les disciples glacés d'effroi, nous montre le spectacle de l'éternelle douleur originelle, principe unique du monde. L'« apparence » est ici le reflet, la contre-apparence de l'éternel conflit, père des choses. De cette apparence s'élève alors, comme un parfum d'ambroisie, un monde nouveau d'apparences, comme une vision imperceptible à ceux qui sont prisonniers dans la première apparence [65], — un vol éblouissant dans la plus pure béatitude et dans la contemplation sans douleur, rayonnant dans les yeux grands ouverts. Nous avons ici, hautement symbolisés par l'art, le monde de beauté apollinien et l'abîme qu'il recouvre, l'épouvantable sagesse de Silène, et nous percevons par intuition leur réciproque nécessité [66]. Mais Apollon nous apparaît, derechef, comme la divinisation du principe d'individuation dans lequel seul s'accomplissent les fins éternelles de l'Un-primordial, sa libération par la vision, par l'apparence : avec des gestes sublimes, il nous montre combien tout le monde de la souffrance est nécessaire, pour que par lui l'individu soit poussé à la création de la vision libératrice et qu'alors, abîmé dans la contemplation de cette vision, il demeure calme et plein de sérénité, dans sa fragile embarcation ballottée par les vagues de la pleine mer.

Cette divinisation de l'individuation, si l'on se la représente surtout comme impérative et régulatrice, ne connaît qu'une seule loi, l'individu[67], c'est-à-dire le maintien des limites de la personnalité, la *mesure*, au sens hellénique. Apollon, en tant que divinité éthique, exige des siens la mesure, et, pour la pouvoir conserver, la connaissance de soi-même. Et, ainsi, à la nécessité esthétique de la beauté[68], vient s'ajouter la discipline de ces préceptes : « Connais-toi toi-même ! » et : « Ne va pas trop loin ! » tandis que l'outrecuidance et l'exagération sont les démons hostiles de la sphère non-apollinienne, et, en cette qualité, appartiennent en propre à l'époque anté-apollinienne, à l'ère des Titans et au monde extra-apollinien, c'est-à-dire au monde barbare. A cause de son titanesque amour de l'humanité, Prométhée[69] dut être déchiré par le vautour ; pour sa trop grande sagesse qui lui fit deviner l'énigme du Sphinx, Œdipe[70] fut entraîné dans un tourbillon inextricable de monstrueux forfaits : c'est ainsi que le dieu de Delphes interprétait le passé grec.

De même, au Grec apollinien, paraissait « titanesque » et « barbare » l'effet provoqué par l'état *dionysiaque* : et cela sans qu'il pût pourtant se dissimuler l'affinité profonde qui le rattachait à ces Titans[71] vaincus et à ces héros. Il dut même ressentir quelque chose de plus : son existence entière, avec toute sa beauté et sa mesure, reposait sur un abîme caché de douleur et de connaissance, et l'esprit dionysien lui montrait de nouveau le fond du gouffre. Et cependant, Apollon ne put vivre sans Dionysos ! Le « titanique », le « barbare » fut en dernier ressort, une aussi impérieuse nécessité que l'apollinien. Imaginons maintenant comme dut résonner, à travers ce monde artificiellement endigué de l'apparence et de la mesure, l'ivresse extatique des fêtes de Dionysos en mélodies enchantées et séductrices ; comme, en ces chants, éclata, semblable à un cri déchirant, toute *la démesure*[72] de la nature, en joie, douleur et connaissance ; représentons-nous ce que pouvait valoir, au regard de ce chœur démoniaque des voix du peuple, la psalmodie de l'artiste apollinien, scandée par les sons étouffés des harpes ! Les muses des arts de l'« apparence » pâlirent devant un art qui proclamait la vérité dans son ivresse ; à la sérénité olympienne la sagesse de Silène cria : « Malheur ! Malheur ! ». L'individu, avec toute sa pondération et sa mesure, s'écroula dans l'oubli de soi-même de l'état dionysien et oublia les préceptes apolliniens. La *démesure* se révéla vérité, la contradiction, l'extase née de la douleur s'exprima spontanément du cœur de la nature. Et c'est ainsi que, partout où pénétra l'esprit dionysien, l'influence apollinienne fut brisée et anéantie. Mais il est aussi incontestablement certain qu'à la place où fut soutenu le premier assaut, l'allure et la majesté du dieu de Delphes [73] se manifestèrent plus impassibles et plus menaçantes que partout ailleurs. En effet, l'Etat et l'art des *Doriens* [74] ne me semblent explicables que comme une forteresse avancée de l'esprit apollinien : c'est seulement au prix d'une lutte incessante contre la nature titanique et barbare de l'esprit dionysien que put vivre et durer un art aussi hautainement dur, aussi massivement fortifié, une éducation aussi guerrière et aussi rude, un principe de gouvernement aussi cruel et aussi brutal.

J'ai développé jusqu'ici ce que j'avais avancé au commencement de cette étude : j'ai montré comment l'esprit dionysien et l'esprit apollinien, par des manifestations successives, par des créations toujours nouvelles et se renforçant mutuellement, ont dominé l'âme hellène : comment de l'âge d'« airain » [75], avec ses combats de Titans et l'amertume de sa philosophie populaire, naît et grandit peu à peu le monde homérique, sous l'influence tutélaire de l'instinct de beauté apollinien ; comment cette splendeur « naïve » fut engloutie de nouveau par le torrent dévastateur du dionysisme [76], et comment, en face de cette puissance nouvelle, se dresse l'esprit apollinien dans la raideur majestueuse de l'art dorique et de la conception dorienne du monde [77]. Si, en ce qui concerne la lutte de ces deux principes ennemis, l'histoire des premiers Hellènes se divise ainsi en quatre grandes périodes artistiques [78], nous sommes maintenant contraints de nous demander vers quel ultime objet tendaient ces transformations et ces efforts, au cas où nous ne voudrions pas considérer leur dernière manifestation, l'art dorique, comme le terme et le but suprême de ces instincts esthétiques [79] : et alors s'offre à nos regards l'œuvre d'art sublime et glorieuse de la *tragédie attique* et du dithyrambe dramatique [80], comme l'aboutissement de ces deux instincts, dont l'union mystérieuse, après un long antagonisme, se manifesta dans la splendeur d'une telle descendance, — qui est à la fois et Antigone et Cassandre [81].

5.

Nous nous rapprochons maintenant du véritable objet de nos recherches, qui est de connaître le génie et l'œuvre d'art dionyso-apolliniens, ou tout au moins d'avoir l'intelligence subtile de ce mystère. Ici il faut nous demander d'abord en quel lieu du monde hellénique se fait remarquer pour la première fois ce germe nouveau, dont l'évolution nous conduit jusqu'à la tragédie et au dithyrambe dramatique. L'antiquité elle-même s'est chargée de nous répondre par l'image en figurant côte à côte, sur ses gemmes, pierres gravées, etc., *Homère* et *Archiloque*[82] comme les premiers ancêtres et flambeaux de la poésie grecque, dans la conviction profonde que, seules, ces deux natures également et absolument originales doivent être considérées comme la source du torrent de feu qui se répandit ensuite sur la postérité grecque tout entière. Homère, le vieillard rêveur et perdu dans ses pensées, le type de l'artiste naïf, apollinien, contemple avec étonnement le visage passionné du belliqueux serviteur des muses Archiloque, s'élançant farouche et fougueux à travers la vie ; et l'esthétique moderne ne saurait guère ajouter à ce tableau que cette réflexion : qu'à l'artiste « objectif » est ici opposé le premier artiste « subjectif ». Cette interprétation a pour nous peu d'utilité, parce que l'artiste subjectif n'est pour nous qu'un mauvais artiste, et que nous exigeons, dans toute manifestation artistique et à tous les degrés de l'art, avant tout et en premier lieu la victoire sur le subjectif, l'indépendance relativement au « moi », l'abolition de toute volonté et de tout désir individuel ; parce que, sans objectivité, sans contemplation pure et désintéressée, nous ne pouvons même croire jamais à la moindre production véritablement artistique. C'est pourquoi notre esthétique doit d'abord résoudre le problème de la possibilité du « lyrique » en tant qu'artiste : lui qui, d'après l'expérience de tous les temps, dit toujours « je », et vocalise devant nous toute la gamme chromatique de ses passions et de ses désirs. Et justement cet Archiloque, à côté d'Homère, nous épouvante par le cri de sa haine et de son mépris, par les explosions délirantes de ses appétits ; par cela même, n'est-il pas, lui, le premier artiste subjectif, essentiellement non-artiste ? Mais d'où vient alors la vénération que témoigne à ce poète, par des sentences mémorables, précisément aussi l'oracle de Delphes, ce foyer de l'art « objectif » ?

Schiller nous a éclairés sur le processus de sa propre création poétique par une observation psychologique qui lui paraissait inintelligible ; il avoue en effet que, pour lui, la condition préparatoire favorable à la création poétique n'était pas la vision d'une suite d'images, avec une causalité coordonnée des pensées, mais bien plutôt une *tonalité musicale* : « L'impression est chez moi tout d'abord sans objet clair et défini ; celui-ci se forme plus tard. Un certain état d'âme musical le précède et engendre en moi l'idée poétique. » Si nous ajoutons maintenant à ces données le phénomène le plus important de tout l'art lyrique antique, phénomène qui paraissait alors naturel à tous, l'association et même l'identité du *poète lyrique* et du *musicien*, — en comparaison de laquelle notre lyrisme moderne semble une statue de dieu sans tête, — nous pourrons, d'après les principes prédédemment exposés de notre métaphysique esthétique[83], nous expliquer le poète lyrique de la manière suivante. D'abord il s'identifie, en tant qu'artiste dionysien, d'une façon absolue à l'Un-primordial, à sa souffrance et à sa contradiction, et il reproduit la copie fidèle de cette unité primordiale en tant que musique, si toutefois celle-ci a pu être qualifiée avec raison de réplique du monde : un second moulage du monde ; mais alors, sous l'influence apollinienne du rêve, cette musique se manifeste à lui visible comme une *vision allégorique*. Ce reflet, sans image et sans concept, de la souffrance primordiale dans la musique, par sa rédemption dans l'apparence de la vision, produit maintenant un nouveau reflet, comme allégorie individuelle ou exemple. Déjà l'artiste a abdiqué sa subjectivité dans le processus dionysiaque : l'image qui lui montre à présent l'identification absolue de lui-même avec l'âme du monde est une scène de rêve qui incorpore perceptiblement cette contradiction et cette souffrance originelles, en même temps que la joie primordiale de l'apparence. Le « je » du lyrique résonne donc du plus profond abîme de l'Être ; sa « subjectivité », au sens des esthéticiens modernes, est pure illusion. Quand Archiloque, le premier lyrique des Grecs, témoigne aux filles de Lycambe à la fois son furieux amour et son mépris, ce ne sont pas ses passions que nous contemplons emportées dans le vertige d'une ronde orgiastique : nous voyons Dionysos et les Ménades [84], nous voyons l'amant énivré, Archiloque, plongé dans un sommeil profond, — tel que le décrit Euripide [85] dans les *Bacchantes*, le sommeil dans les hauts chemins des montagnes, sous le soleil de midi. — Alors Apollon s'avance vers lui et l'effleure de son laurier. Et l'enchantement dionyso-musical du dormeur déborde autour de lui en images étincelantes, en poèmes lyriques qui, à l'apogée de leur évolution future, s'appelleront tragédies et dithyrambes dramatiques.

L'artiste plastique, aussi bien que l'artiste épique, son parent, s'abîme, dans la pure contemplation des images. Sans le secours d'aucune image, le musicien dionysien est à lui seul et lui-même la souffrance primordiale et l'écho primordial de cette souffrance. Le génie lyrique sent naître en soi, sous l'influence mystique du renoncement à l'individualité et de l'état d'identification, un monde d'images et d'allégories dont la coloration, la causalité et la rapidité sont tout autres que ceux du monde de l'artiste plastique ou épique. Tandis que ce dernier ne vit, n'est heureux qu'au milieu de ces images, et ne se lasse jamais de les contempler amoureusement dans leurs plus petits détails ; alors que même l'évocation d'Achille furieux n'est pour lui qu'une image dont il savoure l'expression violente avec le plaisir qu'il ressent à l'apparence perçue dans le rêve, — et qu'ainsi, par ce miroir de l'apparence, il est protégé contre la tentation de se confondre en ses figures, de s'identifier à elles d'une manière absolue, — les images du lyrique, au contraire, ne sont autre chose que lui-même, et, en quelque sorte, seulement des objectivations diverses de soi-même. C'est pourquoi, en tant que moteur central de ce monde, il peut se permettre de dire « je » : mais ce Moi n'est pas celui de l'homme éveillé, de l'homme de la réalité empirique, mais bien l'unique Moi existant véritablement et éternellement au fond de toutes choses et, par les images à l'aide desquelles il le manifeste, le poète lyrique pénètre jusqu'au fond de toutes choses. Représentons-nous maintenant celui-ci lorsqu'il s'aperçoit aussi *lui-même* parmi ces images, non pas comme génie évocateur, mais comme « sujet » avec toute la cohue de ses passions et de ses aspirations subjectives, dirigées vers un but déterminé qui lui paraît réel ; s'il semble, à présent, que le génie lyrique et sa personnalité subjective, le non-génie lié à lui, soient identiques, et que le premier dise de soi-même ce petit mot « je », cette apparence ne pourra plus nous induire en erreur, comme elle a certainement égaré ceux qui ont considéré le poète lyrique comme un poète subjectif. En réalité, Archiloque, l'homme aux passions ardentes, rempli d'amour et de haine, est seulement une vision du génie qui déjà n'est plus Archiloque, mais bien génie de la nature, et exprime symboliquement sa souffrance primordiale dans cette figure allégorique de l'homme Archiloque ; tandis que cet Archiloque, en tant que créature voulant et désirant subjectivement, ne peut et ne pourra jamais être poète. Mais il n'est pas du tout nécessaire que ce soit ce seul phénomène d'Archiloque homme qui se présente aux regards du poète lyrique comme le reflet apparent de l'Être-éternel, et la tragédie nous montre combien le monde de vision du poète lyrique peut s'éloigner de ce phénomène qui lui est cependant si proche.

Schopenhauer, qui ne s'est pas dissimulé la difficulté de l'étude philosophique de l'artiste lyrique, croit avoir trouvé une voie que je ne puis suivre, alors que lui seul, avec sa profonde métaphysique de la musique, avait en main le moyen de résoudre définitivement cette difficulté comme je crois l'avoir fait ici dans son esprit et à son honneur. Il définit au contraire ainsi qu'il suit (*Monde comme Volonté et comme Représentation*, I, p. 295) le caractère propre du lied : « C'est le sujet de la Volonté, c'est-à-dire le vouloir propre, qui emplit la conscience de celui qui chante, souvent comme un vouloir affranchi, satisfait (joie), mais plus souvent encore angoissé (tristesse), toujours comme émotion, passion, agitation de l'âme. A côté et en même temps à cause de cela, celui qui chante prend cependant conscience, par le spectacle de la nature ambiante, de sa condition de sujet de la connaissance pure et dénuée de Volonté, dont la paix sereine et inaltérable forme alors contraste avec l'ardeur impulsive du vouloir toujours limité et pourtant toujours inassouvi : le sentiment de ce contraste, de ce jeu d'alternative est proprement ce qui s'exprime dans l'ensemble du lied et ce qui constitue l'état d'âme lyrique. Dans celui-ci, la connaissance pure s'avance en quelque sorte vers nous, pour nous affranchir du vouloir et de sa pression. Nous suivons ; mais pourtant seulement par instants. Toujours le vouloir, le souvenir de nos desseins personnels, nous arrache de nouveau à la contemplation sereine ; mais toujours aussi la beauté immédiate du milieu ambiant, dans lequel se manifeste à nous la connaissance pure et dénuée de volonté, nous détourne de nouveau du vouloir. C'est pourquoi, dans le lied et la disposition lyrique, le vouloir (l'intérêt aux desseins personnels) et la pure contemplation de la nature ambiante, sont merveilleusement mélangés. On recherche et on imagine des rapports, des affinités entre les deux ; la disposition subjective, le trouble de la Volonté, prête au spectacle de la nature ambiante le reflet de sa couleur, et réciproquement. Le véritable lied est l'expression de l'ensemble de cet état d'âme à la fois si mêlé et si divisé »[86].

Qui se refuserait à reconnaître que, par cette description, l'art lyrique est ici caractérisé comme un art précaire, atteint, en quelque sorte, par à-coups successifs et le plus souvent impuissant à réaliser des desseins, enfin comme un demi-art, dont la *nature essentielle* consisterait en un étrange amalgame du vouloir et de la contemplation pure, c'est-à-dire de l'état non-esthétique et de l'état esthétique ? Nous sommes bien plutôt d'avis que tout ce contraste, qui paraît être, pour Schopenhauer, une sorte de critère à l'aide duquel il jauge les arts, ce contraste du subjectif et de l'objectif, est d'une façon générale étranger à l'esthétique, puisque le sujet, l'individu voulant et poursuivant ses desseins égoïstes, ne peut être conçu que comme adversaire, et non comme origine de l'art. Mais, en tant qu'artiste, le sujet est affranchi déjà de sa volonté individuelle, et transformé, pour ainsi parler, en un medium par qui et à travers lequel le véritable sujet, le seul véritablement existant, triomphe et célèbre sa libération dans l'apparence. Car nous devons avant tout, pour notre confusion *et* notre gloire, être bien convaincus que toute la comédie de l'art n'est, en aucune façon, représentée par nous, pour servir à notre amélioration et à notre éducation, pas plus enfin que nous ne sommes les véritables créateurs de ce monde de l'art. Mais nous avons certes le droit de penser que, pour son véritable créateur, nous sommes déjà des images et des projections artistiques, et que notre gloire la plus haute est notre signification d'œuvres d'art, — car c'est seulement comme *phénomène esthétique* que peuvent se *justifier*[87] éternellement l'existence et le monde ; — tandis qu'en réalité nous avons presque aussi peu conscience de cette fonction qui nous est dévolue que les guerriers peints sur une toile peuvent avoir conscience de la bataille qui y est représentée. Et ainsi toute notre connaissance de l'art est au fond absolument illusoire, parce que, en tant que possédant cette connaissance, nous ne sommes pas unifiés et identifiés à ce principe essentiel qui, unique créateur et spectateur de la comédie, s'en ménage une éternelle jouissance. C'est seulement dans l'acte de création artistique et pour autant qu'il s'identifie à cet artiste primordial du monde[88] que le génie sait quelque chose de l'éternelle essence de l'art ; car dans cet état il est alors, par miracle, semblable à la troublante figure de la légende, qui a la faculté de retourner ses yeux en dedans et de se contempler soi-même ; il est maintenant, tout à la fois sujet et objet, tout à la fois poète, acteur et spectateur.

6.

En ce qui concerne Archiloque, les investigations des savants ont établi qu'il introduisit la *chanson populaire* dans la littérature, et dut à ce fait la place unique qui lui fut accordée à côté d'Homère dans l'universelle vénération des Grecs. Mais, opposée à l'épopée exclusivement apollinienne, qu'est la chanson populaire, sinon le *perpetuum vestigium* d'un mélange de l'apollinien et du dionysien ? Son extraordinaire et croissante diffusion parmi tous les peuples, en des naissances toujours nouvelles, nous est un témoignage de la force de ce double instinct artistique de la nature ; instinct qui laisse son empreinte dans la chanson populaire de la même façon que les impulsions orgiastiques d'un peuple s'immortalisent dans sa musique. Oui, il serait historiquement possible de démontrer que toute époque féconde en chansons populaires fut aussi au plus haut point tourmentée par des courants dionysiens que nous devons toujours considérer comme cause latente et condition préalable de la chanson populaire.

Mais la chanson populaire nous apparaît avant tout comme miroir musical du monde, comme mélodie primordiale qui se cherche une image de rêve parallèle et exprime celle-ci dans le poème. *La mélodie est donc l'élément premier et universel* qui, de ce fait, peut aussi subir des objectivations diverses en des textes différents. Aussi est-elle, pour le sentiment naïf du peuple, l'élément prépondérant, essentiel et nécessaire. La mélodie engendre le poème, et sans cesse elle recommence ; *la forme en couplets de la chanson populaire* ne signifie pas autre chose, et ce phénomène m'avait toujours rempli d'étonnement jusqu'à ce que j'en eusse enfin trouvé cette explication. Si l'on considère, d'après cette théorie, un recueil de chansons populaires, par exemple « *Des Knaben Wunderhorn* [89] », on verra par d'innombrables exemples comment, avec une inlassable fécondité, la mélodie diffuse autour d'elle, en une pluie d'étincelles, des images qui, par leur diversité de couleur, leurs soudaines métamorphoses, leur turbulente collision, manifestent une force sauvage, étrangère à l'apparence épique et à son cours serein. Du point de vue de l'épopée, on ne peut que condamner simplement ce monde d'images disparate et désordonné du lyrisme, et, certainement, c'est ce que n'ont pas manqué de faire, à l'époque de Terpandre [90], les solennels rhapsodes épiques des fêtes apolliniennes.

Dans la poésie de la chanson populaire, nous voyons donc le langage tendre de toutes ses forces à *imiter la musique*, et c'est pour cela qu'avec Archiloque commence pour la poésie une vie nouvelle, qui s'oppose, de par ses racines les plus profondes, à la nature de la poésie homérique. Nous avons déterminé ainsi l'unique rapport possible entre la poésie et la musique, la parole et le son : la parole, l'image, l'idée recherchent une expression analogue à la musique et subissent alors la puissance dominatrice de la musique. En ce sens, nous pouvons diviser l'histoire de la langue du peuple grec en deux courants principaux, suivant que le langage s'applique à imiter le monde des apparences et images, ou celui de la musique. Que l'on veuille bien réfléchir avec attention sur la différence verbale de la couleur, de la construction syntaxique, du matériel de la langue chez Homère et chez Pindare [91], afin de comprendre la signification de ce contraste : alors il deviendra clair à chacun, jusqu'à la plus complète évidence, qu'entre Homère et Pindare ont dû résonner *les airs de flûte orgiastiques d'Olympos* [92] qui, au temps d'Aristote, à un moment où la musique était infiniment plus développée [93], soulevaient encore un enthousiasme délirant, et dont l'influence première avait certainement attiré dans la voie de l'imitation musicale tous les moyens d'expression poétique des hommes contemporains. Je me rappelle ici un phénomène actuel, bien connu, et qui ne peut que choquer l'esthétique contemporaine. Il nous arrive tous les jours de constater que, pour traduire l'impression ressentie d'une symphonie de Beethoven, chacun des auditeurs se voit contraint d'employer un langage plein de métaphores, ne serait-ce que parce qu'une juxtaposition des mondes d'images différents suscités par un morceau de musique présente un aspect fantastiquement divers, et même contradictoire. Il est tout à fait dans la nature d'une telle esthétique d'exercer le pauvre esprit de ses défenseurs à railler des combinaisons de ce genre, et de passer sous silence le phénomène qui, seul, mérite réellement d'être expliqué. Oui, même lorsque le musicien a spécifié par des images poétiques le sens de sa composition, s'il qualifie une symphonie de « pastorale », s'il en intitule une des parties « scène au bord d'un ruisseau » et une autre « réunion joyeuse des villageois », ce ne sont là que représentations allégoriques nées de la musique, — et non pas quelque chose comme une imitation d'objets extérieurs à la musique, — or, ces représentations ne peuvent en aucune façon nous fournir le moindre éclaircissement sur le contenu *dionysien* de la musique ; elles n'ont même, comparées à d'autres interprétations, aucune valeur exclusive. Il nous faut alors appliquer cet exutoire de la musique dans les images à une foule pleine de sève et de jeunesse, verbalement créatrice, pour arriver enfin à comprendre comment naît la chanson populaire en couplets et comment toute la puissance de la langue fut stimulée par le principe nouveau de l'imitation de la musique.

S'il nous est ainsi permis de considérer le poème lyrique comme une fulguration imitative de la musique, en images et en idées, nous pouvons maintenant poser cette question : « A quel titre *apparaît* la musique dans le miroir de l'imagerie mentale et des concepts ? » *Elle apparaît comme Volonté*, ce mot pris au sens de Schopenhauer [94], c'est-à-dire comme le contraire du sentiment esthétique purement contemplatif et dénué de volonté. Il faut ici distinguer aussi fortement que possible le concept de l'essence d'une chose du concept de son *apparence* ; car, d'après son essence, la musique ne peut être Volonté : en ce cas, elle devrait être absolument bannie du domaine de l'art, — la Volonté est l'inesthétique en soi ; — mais, elle *apparaît* comme Volonté. En effet, pour exprimer son apparition par des images, le poète lyrique met à contribution tous les mouvements de la passion, depuis le balbutiement de l'inclination naissante jusqu'à l'emportement de la folie ; sous l'impulsion qui le porte à parler de la musique en termes de métaphores apolliniennes, il ne conçoit la nature tout entière, et soi-même en elle, que comme ce qui est éternellement volonté, désir et aspiration. Mais, dans la mesure où il interprète la musique par des images, il repose lui-même au milieu de la mer calme de la contemplation apollinienne, si grande que puisse être autour de lui l'agitation tumultueuse de ce qu'il contemple par l'intermédiaire du medium de la musique. Aussi, lorsque, à travers ce medium, il s'aperçoit lui-même, sa propre image se montre à lui dans un état d'insatisfaction ; son propre vouloir, ses aspirations, ses plaintes, son allégresse sont pour lui des métaphores à l'aide desquelles il s'interprète la musique. Tel est le phénomène du poète lyrique : en tant que génie apollinien, il interprète la musique par l'image de la Volonté, tandis que lui-même, entièrement affranchi de l'appétence de la Volonté, n'est rien qu'un œil solaire pur et limpide.

Toute cette explication se rattache étroitement au fait que le lyrisme est aussi dépendant de l'esprit de la musique que la musique elle-même, dans sa pleine liberté, est indépendante de l'image et du concept, n'en a pas *besoin*, mais les *tolère* seulement à côté d'elle. La poésie de l'artiste lyrique ne peut rien exprimer qui ne fût déjà contenu, avec la plus extraordinaire universalité et perfection, dans la musique qui l'oblige à cette traduction imagée. Aussi est-il impossible au langage d'arriver à épuiser la symbolique universelle de la musique [95], parce que celle-ci est l'expression symbolique de la contradiction et de la douleur originelles qui sont au cœur de l'Un-primordial, et qu'elle symbolise ainsi un monde qui plane au-dessus de tout phénomène et existait avant tout phénomène. Comparée à elle, toute apparition n'est que symbole : c'est pourquoi le *langage*, comme organe et symbole des phénomènes, n'a jamais pu et ne pourra jamais manifester extérieurement l'essence intime la plus profonde de la musique ; bien au contraire, lorsqu'il se tourne vers l'imitation de la musique, il n'a jamais avec celle-ci qu'un contact superficiel, et toute l'éloquence lyrique est absolument impuissante à nous révéler le sens le plus profond de la musique [96].

7.

Il nous faut maintenant faire appel à tous les principes esthétiques exposés jusqu'ici, pour pouvoir nous diriger dans ce labyrinthe qu'est véritablement l'*origine de la tragédie grecque*. Je ne crois pas dire une absurdité en prétendant que le problème de cette origine n'a pas encore été sérieusement posé, et par conséquent moins encore résolu, si nombreuses qu'aient été déjà les spéculations tentées à l'aide des lambeaux flottants de la tradition antique, si souvent lacérés ou recousus l'un à l'autre. Cette tradition nous apprend, de la façon la plus formelle, *que la tragédie est issue du chœur tragique*, et était à son origine chœur et rien que chœur [97]. Nous avons donc le devoir de pénétrer jusqu'à l'âme de ce chœur, qui fut le véritable drame originel, sans nous contenter si peu que ce soit des discours esthétiques courants, — d'après lesquels ce chœur serait le spectateur idéal [98], ou aurait pour objet de représenter le peuple, en face de la classe princière à laquelle la scène était réservée. Cette dernière explication, empreinte d'une noble grandeur aux yeux de maint politicien — en ce qu'elle représente la loi morale immuable des démocratiques Athéniens comme incarnée dans le chœur du peuple, qui a toujours raison au milieu des extravagances et des divagations des rois, — cette explication peut avoir pour elle l'appui d'une parole d'Aristote ; elle n'a aucune valeur en ce qui concerne la formation originelle de la tragédie, puisque cette opposition du peuple et du prince, en général toute idée politique ou sociale, est étrangère à son origine purement religieuse. Mais, bien que d'autres n'aient pas reculé devant ce blasphème, nous considérerions volontiers comme tel, au regard de la forme classique du chœur chez Eschyle et Sophocle, le fait de parler ici d'une manière de « représentation constitutionnelle du peuple ». La représentation constitutionnelle fut inconnue *in praxi* aux constitutions des États antiques, et n'a, selon toute apparence, jamais été même « rêvée » dans la tragédie de ces peuples.

Beaucoup plus célèbre cette définition politique du chœur est l'idée de A. W. Schlegel[99], qui veut nous faire considérer le chœur comme étant, jusqu'à un certain point, la substance et l'extrait de la foule des spectateurs, en un mot le « spectateur idéal ». En présence de cette tradition historique selon laquelle à l'origine la tragédie n'était que chœur, cette opinion se montre telle qu'elle est, une allégation grossière, antiscientifique et pourtant brillante, dont le succès n'est dû qu'à la forme concise de l'expression, à la prédilection toute germanique pour tout ce qui est qualifié d'« idéal », et aussi à notre surprise momentanée. Nous sommes en effet surpris dès que nous comparons à ce chœur le public de théâtre qui nous est bien connu, et que nous nous demandons s'il serait vraiment possible de tirer de ce public une idéalisation quelconque analogue au chœur antique. Nous dénions à part nous cette possibilité et nous étonnons autant de la hardiesse de l'allégation de Schlegel que de la nature si totalement différente du public grec. Nous avions en effet toujours pensé que le véritable spectateur, quel qu'il puisse être, devait avoir toujours pleinement conscience que c'est une œuvre d'art qui est devant lui, et non une réalité empirique; tandis que le chœur tragique des Grecs est nécessairement obligé de reconnaître, dans les personnages qui sont en scène, des êtres existant matériellement. Le chœur des Océanides croit vraiment voir devant soi le titan Prométhée et se considère comme tout aussi réellement existant que le dieu qui est sur la scène. Et ce serait le modèle le plus noble et le plus achevé du spectateur, celui qui, comme les Océanides, tiendrait Prométhée pour matériellement présent et réel ? Ce serait la marque distinctive du spectateur idéal que de courir sur la scène et de délivrer le dieu de ses bourreaux ? Nous avions cru à un public esthétique et nous tenions le spectateur individuel en estime d'autant plus grande qu'il se montrait plus apte à concevoir l'œuvre d'art en tant qu'art, c'est-à-dire esthétiquement ; et voici que l'interprétation de Schlegel nous dépeint le spectateur parfait, idéal, subissant l'influence de l'action scénique, non pas esthétiquement, mais d'une manière matériellement empirique. Oh ! ces Grecs ! soupirions-nous : ils nous renversent notre esthétique ! Et, par la force de l'habitude, nous répétions la formule de Schlegel aussi souvent que le chœur prenait la parole.

Mais la tradition, si explicite, s'élève ici contre Schlegel : le chœur en soi, sans scène, c'est-à-dire la forme primitive de la tragédie, et ce chœur de spectateurs idéaux sont incompatibles. Que serait une espèce d'art dont l'origine remonterait à la notion du spectateur envisagée sous la forme spéciale du « spectateur en soi » ? Le spectateur sans spectacle est une conception absurde. Nous craignons que la naissance de la tragédie ne puisse être expliquée ni par une haute estimation de l'intelligence morale de la foule, ni par le concept du spectateur sans spectacle, et ce problème nous semble trop profond pour être seulement effleuré par des considérations aussi superficielles.

Dans la célèbre préface de *La Fiancée de Messine*, Schiller[100] a émis, à propos de la signification du chœur, une pensée infiniment plus précieuse, en considérant le chœur comme un rempart vivant dont s'entoure la tragédie, afin de se séparer du monde réel et de sauvegarder son domaine idéal et sa liberté poétique.

Par cet argument capital, Schiller combat l'idée généralement admise du naturel, de l'illusion communément exigée de la poésie dramatique. Alors que, sur le théâtre, le jour lui-même n'est qu'artificiel, que l'architecture est purement symbolique et que le langage métrique revêt un caractère idéal, sur l'ensemble règne encore l'erreur : ce ne serait pas assez de ne tolérer qu'en tant que licence poétique *ce qui* est véritablement l'essence de toute poésie. L'introduction du chœur serait le pas décisif par lequel est loyalement et ouvertement déclarée la guerre à tout naturalisme dans l'art. — C'est, je crois, à cette manière de voir que notre époque soi-disant supérieure a appliqué l'épithète dédaigneuse de « pseudo-idéalisme ». Je crains qu'en revanche, avec notre actuelle vénération du naturel et du réel, nous ne soyons arrivés aux antipodes de l'idéalisme, c'est-à-dire dans la région des musées de figures de cire [101]. Dans celles-ci aussi il y a de l'art, comme il y en a dans certains romans contemporains en vogue, mais qu'on ne vienne pas nous obséder en prétendant que le « pseudo-idéalisme » de Schiller et de Goethe soit surpassé par cet art.

Certes, c'est un domaine « idéal » que celui dans lequel, selon la juste opinion de Schiller, le chœur de satyres grec, le chœur de la tragédie primitive, a coutume d'évoluer ; un domaine s'élevant bien au-dessus des chemins de la réalité où errent les mortels. Le Grec s'est bâti, pour ce chœur, l'échafaudage aérien d'un *état de nature*[102] imaginaire et l'a peuplé *d'entités naturelles* imaginaires. C'est sur ces fondations que s'est élevée la tragédie, et, justement à cause de cette origine, elle fut, dès le début, affranchie d'une servile imitation de la réalité. Cependant, il ne s'agit aucunement ici d'un monde arbitraire, d'une fiction placée entre le ciel et la terre, mais bien plutôt d'un monde doué d'une réalité et d'une vraisemblance égales à celles que l'Olympe et ses habitants possédaient aux yeux des Hellènes croyants. Le satyre, en tant que *choreute* dionysien, vit dans une réalité religieuse reconnue sous la sanction du mythe et du culte. Qu'avec lui commence la tragédie, que la sagesse dionysienne de la tragédie parle par sa bouche, c'est là pour nous un phénomène aussi étrange que, d'ailleurs, l'origine de la tragédie dans le chœur. Nous trouverons peut-être un point de départ pour nos recherches futures, en admettant que le satyre, cette entité naturelle imaginaire, est à l'homme civilisé ce que la musique dionysienne est à la civilisation. Richard Wagner[103] dit de la civilisation qu'elle est abolie par la musique comme la clarté produite par la lueur d'une lampe est annihilée par la lumière du jour. De la même manière, je crois que l'homme civilisé grec se sentait annihilé en présence du chœur des satyres [104], et c'est l'effet le plus immédiat de la tragédie dionysienne que les institutions politiques et la société, en un mot les abîmes qui séparent les hommes les uns des autres, disparaissent devant un sentiment irrésistible d'identification qui les ramène au cœur de la nature. La consolation métaphysique — que nous laisse, comme je l'ai déjà dit, toute vraie tragédie, — la pensée que la vie, au fond des choses, en dépit de la variabilité des phénomènes, reste imperturbablement puissante et pleine de joie, cette consolation apparaît avec une évidence matérielle, sous la figure du chœur de satyres, du chœur d'entités naturelles, dont la vie subsiste d'une manière quasi indélébile derrière toute civilisation, et qui, malgré les vicissitudes des générations et de l'histoire des peuples, restent éternellement immuables.

Aux accents de ce chœur est réconfortée l'âme profonde de l'Hellène, si incomparablement apte à ressentir la plus légère ou la plus cruelle souffrance ; il avait contemplé d'un œil pénétrant les épouvantables cataclysmes de ce que l'on nomme l'histoire universelle [105], et reconnu la cruauté de la nature ; et il se trouvait alors exposé au danger d'aspirer à l'anéantissement bouddhique de la Volonté. L'art le sauve, et par l'art, — la vie le reconquiert.

L'extase de l'état dionysiaque, abolissant les entraves et les limites ordinaires de l'existence, comprend en effet un moment *léthargique* [106], où s'évanouit tout souvenir personnel du passé. Entre le monde de la réalité dionysienne et le monde de la réalité journalière se creuse ce gouffre de l'oubli qui les sépare l'un de l'autre. Mais aussitôt que réapparaît dans la conscience cette quotidienne réalité, elle y est ressentie comme telle avec dégoût, et une disposition ascétique, négatrice de la volonté, est le résultat de cet état.

En ce sens, l'homme dionysien manifeste quelque similitude avec Hamlet : tous deux ont plongé dans l'essence des choses un regard lucide : ils ont *eu connaissance* et ils sont dégoûtés de l'action, puisque leur activité ne peut rien changer à l'éternelle essence des choses ; ils se ressentent comme ridicules ou honteux que ce soit leur affaire de remettre d'aplomb un monde disloqué. La connaissance tue l'action, à l'action appartient le mirage de l'illusion — c'est là l'enseignement de Hamlet ; ce n'est pas cette sagesse banale propre à Hans le rêveur qui, par trop de réflexion, et comme par un superflu de possibilités, ne peut plus arriver à agir ; ce n'est pas la réflexion, non ! — c'est la vraie connaissance, la vision de vérité, qui anéantit toute impulsion, tout motif d'agir, chez Hamlet [107] aussi bien que chez l'homme dionysien. Alors aucune consolation ne peut plus prévaloir, le désir s'élance par-dessus tout un monde vers la mort, et méprise les dieux eux-mêmes ; l'existence est reniée, et avec elle le reflet trompeur de son image dans le monde des dieux ou dans un immortel au-delà. Sous l'influence de la vérité contemplée, l'homme ne perçoit plus maintenant de toutes parts que l'horrible et l'absurde de l'existence ; il comprend maintenant ce qu'il y a de symbolique dans le sort d'Ophélie ; maintenant il reconnaît la sagesse de Silène, le dieu des forêts : le dégoût lui monte à la gorge.

Et, en ce péril imminent de la volonté, *l'art* s'avance alors comme un dieu sauveur et un guérisseur : lui seul a le pouvoir de transmuer ce dégoût de ce qu'il y a d'horrible et d'absurde dans l'existence en représentations à l'aide desquelles la vie est rendue possible. Ce sont le *sublime*, en tant que maîtrise artistique de l'horrible, et le *comique*, en tant que soulagement du dégoût de l'absurde. Le chœur de satyres du dithyrambe fut l'acte salvateur de l'art grec ; Les crises que nous avons décrites s'évanouirent grâce au monde intermédiaire de ces compagnons de Dionysos.

8.

Le satyre et aussi le berger de notre idylle moderne sont, tous deux, le résultat d'une aspiration vers l'état primitif et naturel ; mais avec quelle ferme assurance le Grec s'empara de son homme des bois, et quelle puérilité, quelle fadeur affiche l'homme moderne niaisant devant l'image édulcorée d'un tendre et gracieux berger jouant de la flûte ! La nature, indemne encore de tout travail de la connaissance, encore verrouillée devant la civilisation, — voilà ce que le Grec voyait dans son satyre et pourquoi celui-ci ne lui paraissait pas encore semblable au singe. C'était, au contraire, le prototype de l'homme, l'expression de ses émotions les plus élevées et les plus fortes, — en tant que rêveur inspiré que transporte l'approche du dieu, compagnon compatissant en qui se répercutent les souffrances du dieu, voix profonde sortant du sein de la nature pour proclamer la sagesse, symbole de la toute-puissance sexuelle de la nature que le Grec avait appris à considérer avec une stupéfaction craintive et respectueuse. Le satyre était quelque chose de sublime et de divin : tel dut-il paraître surtout au regard désérpéré de l'homme dionysien. Celui-ci eût été choqué par le fictif et pimpant berger : il éprouvait un ravissement sublime à contempler dévoilés et inaltérés les traits grandioses de la nature ; en face du type primordial de l'homme, l'illusion de la civilisation s'effaçait ; ici se révélait l'homme vrai, le satyre barbu, exultant d'allégresse pour son dieu [108]. Devant lui, l'homme civilisé s'effondrait jusqu'à ne plus sembler qu'une menteuse caricature. Et Schiller a raison encore, en ce qui concerne ces commencements de l'art tragique : le chœur est un rempart vivant contre l'assaut de la réalité, parce que — chœur de satyres — il est une image plus vraie, plus réelle, plus complète de l'existence que l'homme civilisé qui s'estime généralement l'unique réalité. La sphère de la poésie n'est pas en dehors du monde comme le rêve impossible d'un cerveau de poète ; elle veut être justement le contraire, l'expression sans fard de la vérité, et, pour cela, il lui faut précisément rejeter la fausse parure de cette prétendue réalité de l'homme civilisé. Le contraste entre cette authentique vérité de la nature et le mensonge de la civilisation agissant comme unique réalité est comparable à celui qui existe entre l'essence éternelle des choses, la chose en soi, et l'ensemble du monde phénoménal : et, de même que la tragédie, à l'aide de son réconfort métaphysique, montre l'existence éternelle de cette essence de la vie, malgré la perpétuelle destruction des phénomènes, ainsi la symbolique du chœur de satyres exprime déjà le rapport original de la chose en soi et du phénomène. Ce berger idyllique n'est pour l'homme moderne qu'une contrefaçon de ce qui lui sert de nature dans la somme d'illusions qu'il doit à son éducation. Le Grec dionysien veut la vérité et la nature dans toute leur force, — il se voit métamorphosé en satyre.

Avec de tels états d'âme, la troupe délirante [109] des serviteurs de Dionysos se sent transportée d'allégresse ; la puissance de ce sentiment les transforme eux-mêmes à leurs propres yeux, de telle sorte qu'ils s'imaginent renaître comme génies de la nature, comme satyres. La constitution ultérieure du chœur tragique est l'imitation artistique de ce phénomène naturel ; il devint toutefois nécessaire de séparer alors les spectateurs dionysiens et les métamorphosés dionysiaques. Mais il faut toujours avoir présent à l'esprit que le public de la tragédie attique se retrouvait lui-même dans le chœur de l'orchestre, qu'il n'existait au fond aucun contraste, aucune opposition entre le public et le chœur : car tout cela n'est qu'un grand chœur sublime de satyres chantant et dansant, ou de ceux qui se sentaient représentés par ces satyres. Le mot de Schlegel doit être entendu ici dans un sens plus profond. Le chœur est le « spectateur idéal » pour autant qu'il est l'unique *voyant*, le voyant du monde visionnaire de la scène. Un public de spectateurs, tel que nous le connaissons, était inconnu aux Grecs : dans leurs théâtres, grâce aux gradins superposés en arcs concentriques, il était tout particulièrement facile à chacun de *faire abstraction* de l'ensemble du monde civilisé ambiant, et, en s'abandonnant à l'ivresse de la contemplation, de se figurer être soi-même un des personnages du chœur. D'après ce point de vue, nous pouvons nommer le chœur, sous sa forme primitive dans la tragédie originelle, l'image réfléchie de l'homme dionysien lui-même, et ce phénomène ne peut être plus nettement rendu sensible que par le processus propre à l'acteur qui, lorsqu'il est véritablement doué, voit flotter devant ses yeux l'image quasi matérielle du rôle qu'il interprète [110]. Le chœur de satyres est, avant tout, une vision de la foule dionysienne comme, à son tour, le monde de la scène est une vision du chœur de satyres : la puissance de cette vision est assez forte pour éblouir le regard et le rendre insensible à l'impression de la « réalité », au spectacle des hommes civilisés rangés en cercle sur les gradins. La forme du théâtre grec rappelle celle d'une vallée solitaire : l'architecture de la scène apparaît comme un halo de nuées lumineuses que les Bacchants, errant à travers les montagnes, aperçoivent des hauteurs [111], cadre glorieux au milieu duquel se révèle à leurs yeux l'image de Dionysos.

Cette apparition artistique originelle, que nous présentons ici comme explication du chœur tragique, est presque choquante pour nos idées savantes sur les processus élémentaires de l'art, alors que rien ne peut être plus certain que le poète est poète seulement parce qu'il se voit entouré de figures qui vivent et agissent devant lui, et qu'il regarde au plus profond de leur âme. Par une faiblesse particulière de nos capacités modernes, nous sommes enclins à nous représenter le phénomène esthétique originel d'une manière trop compliquée et trop abstraite. La métaphore n'est pas pour le poète authentique une figure de rhétorique, mais bien une image substituée, qui plane réellement devant ses yeux, à la place d'un concept. Le caractère n'est pas pour lui quelque chose de composé de traits isolés et rassemblés, mais une personne vivante, qui s'impose à sa vue, et qui ne se distingue de la vision analogue du peintre que par la persistance de la vie et de l'action. D'où vient l'incomparable clarté des descriptions d'Homère ? De l'incomparable netteté de sa vision. Si nous parlons de la poésie d'une manière si abstraite, c'est que nous sommes d'ordinaire tous mauvais poètes. Au fond, le phénomène esthétique est simple ; celui-là est poète qui possède la faculté de voir sans cesse un jeu vivant et de vivre toujours entouré de phalanges aériennes ; celui-là est dramaturge qui ressent une irrésistible impulsion à se métamorphoser soi-même et à s'exprimer à travers d'autres corps et d'autres âmes.

L'émotion dionysiaque a le pouvoir de communiquer à toute une foule cette faculté artistique de se voir entourée d'une semblable phalange aérienne, avec laquelle elle a conscience de ne faire qu'un. Ce processus du chœur tragique est le phénomène *dramatique* originel : se voir soi-même métamorphosé devant soi et agir alors comme si l'on vivait réellement dans un autre corps, avec un autre caractère [112]. Ce processus se constate dès le commencement de l'évolution du drame. Il y a ici un état différent de celui du rhapsode, qui ne s'identifie pas à ses images, mais qui, comme le peintre, les voit et les considère en dehors de lui-même ; il y a ici déjà une abdication de l'individu qui se perd dans une nature étrangère. Et, en réalité, ce phénomène se présente sous une forme épidémique : toute une foule, de cette manière, se sent ensorcelée. Par là, le dithyrambe se distingue essentiellement de tout autre chœur. Les vierges, qui, des branches de laurier à la main, s'avancent solennellement vers le temple d'Apollon en chantant un hymne de procession, conservent leur personnalité et leur nom : le chœur dithyrambique est un chœur de métamorphosés qui ont totalement perdu le souvenir de leur passé civil, de leur position sociale. Ils sont devenus les serviteurs intemporels de leur dieu, vivant en dehors de toute sphère sociale. Toute autre lyrique chorale des Hellènes n'est qu'une extraordinaire amplification du chanteur individuel apollinien ; tandis que le dithyrambe nous offre le spectacle d'une communauté d'acteurs inconscients qui se contemplent eux-mêmes, métamorphosés parmi les autres.

L'enchantement de la métamorphose est la condition préalable de tout art dramatique. Sous ce charme magique, l'enthousiaste dionysien se voit transformé en satyre, et *en tant que satyre il contemple à son tour le dieu*, c'est-à-dire, dans sa métamorphose, il voit, hors de lui, une nouvelle vision, accomplissement apollinien de sa condition nouvelle. Dès l'apparition de cette vision, le drame est complet.

D'après ces données, nous devons comprendre la tragédie grecque en tant que le chœur dionysien, qui toujours de nouveau se décharge sans cesse dans un monde d'images apolliniennes. Ces parties chorales, dont la tragédie est parsemée, sont ainsi jusqu'à un certain point le giron maternel de tout le prétendu dialogue, c'est-à-dire du monde scénique tout entier, du véritable drame. De la succession de plusieurs manifestations expansives de cette espèce, rayonne ce fondement originel de la tragédie, cette vision du drame, qui est tout entière une apparition perçue dans le rêve et, en tant que telle, de nature épique, mais qui, d'autre part, comme objectivation d'un état dionysiaque, représente non pas la libération apollinienne dans l'apparence, mais au contraire la destruction de l'individu et son identification avec l'Être-primordial. Ainsi le drame est la matérialisation apollinienne de notions et d'influences dionysiennes, et ceci, comme un abîme insondable, le sépare de l'épopée [113].

Le *chœur* de la tragédie grecque, le symbole de toute la foule exaltée par l'ivresse dionysiaque, se trouve alors clairement expliqué. Accoutumés au rôle habituel d'un chœur sur la scène moderne, surtout d'un chœur d'opéra, il nous était impossible de comprendre comment ce chœur tragique des Grecs pouvait être plus ancien, plus originel, oui, plus essentiel que la véritable « action » — ainsi que la tradition nous l'enseignait cependant avec une telle netteté. Nous ne savions non plus comment concilier cette haute importance et cette nature originelle, témoignées par la tradition, avec ce fait que, pourtant, le chœur était exclusivement composé de créatures humbles et serves et, à l'origine, de satyres aux pieds de bouc ; enfin l'orchestre devant la scène nous demeurait toujours une énigme. Nous sommes arrivés maintenant à comprendre que la scène et l'action, au fond et en principe, n'étaient conçues que comme *vision* [114]; que l'unique « réalité » est précisément le chœur, qui produit de soi-même la vision, et l'exprime à l'aide de toute la symbolique de la danse, du son et de la parole. Ce chœur contemple dans sa vision son maître et seigneur Dionysos et, à cause de cela, il est éternellement le chœur obéissant et serf : il voit comment le dieu souffre et se transfigure et, à cause de cela, il n'*agit* pas lui-même. Dans cette condition de servitude absolue vis-à-vis du dieu, il est cependant l'expression la plus haute, c'est-à-dire dionysienne, de la *nature* ; aussi parle-t-il comme elle, dans l'extase, en oracles et en maximes : en tant qu'il est le compatissant, il est en même temps *celui qui sait* et qui, du fond de l'âme du monde, annonce et proclame la vérité. Ainsi prend naissance cette fantastique et d'abord si choquante figure du satyre enthousiaste et possédant la sagesse, qui est aussi, en même temps, en opposition et contraste avec le dieu, « la créature brute » : image de la nature et de ses puissants instincts, oui, symbole de cette nature et en même temps héraut de la sagesse et de son art : musicien, poète, danseur, visionnaire en une personne.

D'après ce que nous venons de reconnaître et conformément à la tradition, *Dionysos*, véritable héros de la scène et centre de la vision, n'est pas, dans la forme la plus ancienne de la tragédie, réellement présent, il est seulement imaginé comme présent : c'est-à-dire que la tragédie est d'abord seulement « chœur » et non « drame ». Plus tard, on essaya de montrer comme réel le dieu et de représenter, visible au regard de chacun, la figure de vision transfigurée dans son cadre radieux ; alors commence le « drame » dans l'acception stricte du mot. Au chœur dithyrambique incombe désormais la tâche de porter l'esprit des auditeurs à un tel état d'exaltation dionysienne que, lorsqu'apparaît en scène le héros tragique, ils ne voient pas, comme on pourrait le penser, un homme au visage couvert d'un masque informe, mais bien une figure de vision née, pour ainsi dire, de leur propre extase. Figurons-nous Admète[115], absorbé dans le souvenir de sa jeune femme à peine expirée, et perdu dans la contemplation spirituelle de celle-ci ; — soudain on amène devant lui une femme voilée, dont les formes et l'allure rappellent celle qui n'est plus ; imaginons son trouble subit, son tremblement, le désordre de sa pensée qui compare, son instinctive conviction, — et nous avons un analogue des sentiments qui agitaient le spectateur sous l'influence de la surexcitation dionysiaque, lorsqu'il voyait paraître sur la scène et s'avancer vers lui le dieu dont les souffrances étaient déjà siennes. Involontairement, cette image du dieu, flottant magiquement devant son âme, il la reportait sur la forme masquée et convertissait en quelque sorte cette réalité en une irréalité spirituelle. Ceci est l'état de rêve apollinien, où le monde diurne se couvre d'un voile, et dans lequel un monde nouveau, plus clair, plus intelligible, plus saisissant, et pourtant plus fantomal, naît et se transforme incessamment sous nos yeux. Aussi constatons-nous dans le style de la tragédie un contraste frappant : la langue, la couleur, le mouvement, la dynamique du discours, apparaissent, dans la lyrique dionysienne du chœur, et, ailleurs, dans le monde de rêve apollinien de la scène, comme des sphères d'expression absolument distinctes. Les apparitions apolliniennes, dans lesquelles s'objective Dionysos, ne sont plus, comme la musique du chœur, « une mer éternelle, une effervescence multiforme, une vie ardente » ; elles ne sont plus ces forces naturelles seulement ressenties, non condensées encore en images poétiques, et par lesquelles le serviteur enthousiaste de Dionysos pressent l'approche du dieu : maintenant, la clarté et la précision de la forme épique lui parlent de la scène ; ce n'est plus par des forces occultes que s'exprime à présent Dionysos, mais, comme héros épique, presque dans le langage d'Homère.

9.

Dans la partie apollinienne de la tragédie grecque, dans le dialogue, tout ce qui touche la surface paraît simple, transparent, beau. En ce sens, le dialogue est l'image de l'Hellène, dont la nature se révèle dans la danse, parce que, dans la danse, la plus grande force n'est que potentielle, et elle se trahit seulement par la souplesse et l'exubérance du mouvement. C'est pourquoi le langage des héros de Sophocle nous déroute à ce point, par sa précision et sa clarté apolliniennes, que nous figurons jusqu'au plus profond de leur nature, et nous ressentons quelque étonnement de trouver si court le chemin des profondeurs. Mais faisons abstraction, pour un instant, du caractère extérieurement perceptible du héros — qui, au fond, n'est autre chose qu'une image lumineuse projetée sur une paroi obscure, c'est-à-dire une apparition pure et simple — ; pénétrons alors jusqu'au mythe, dont ces reflets lumineux sont la projection ; nous constatons soudain un phénomène qui se manifeste comme l'inverse d'un phénomène optique bien connu. Si, après nous être efforcés de regarder le soleil en face, nous nous détournons éblouis, des taches sombres apparaissent devant nos yeux, comme un remède bienfaisant qui calme notre douleur. Inversement, ces apparitions lumineuses du héros de Sophocle, — en un mot l'apollinisme du masque, — sont l'inéluctable conséquence d'une vision profonde de l'horrible de la nature ; ce sont comme des taches de lumière qui doivent soulager le regard cruellement dilaté par l'affreuse nuit. Seulement en ce sens, il nous est permis de croire que nous possédons le concept exact, sérieux et significatif, de la « sérénité hellénique », tandis qu'en réalité, sur tous les chemins et sentiers de la pensée contemporaine, nous nous heurtons au concept mensonger d'un bien-être non menacé, sous lequel elle est généralement représentée.

La figure la plus douloureuse de la scène grecque, le malheureux *Œdipe*, fut conçue par Sophocle[116] comme l'homme noble et généreux, voué malgré sa sagesse à l'erreur et à la misère, mais qui, par ses épouvantables souffrances, finit par exercer autour de lui une puissance magique bienfaisante, dont la force se fait sentir encore lorsqu'il n'est plus. L'homme noble et généreux ne pèche point, veut nous dire le poète profond. Toute loi, tout ordre naturel, le monde moral lui-même peuvent être renversés par ses actes ; justement ses actes eux-mêmes engendrent un cycle magique de conséquences plus hautes, qui, sur les ruines du vieux monde écroulé, viennent fonder un monde nouveau. C'est là ce que veut nous dire le poète, en tant que penseur religieux. Comme poète, il nous montre d'abord une énigme prodigieusement obscure et compliquée, que le justicier résout lentement, mot à mot, pour sa propre perte. L'authentique joie hellénique, que l'on éprouve en présence du côté dialectique de cette recherche, est telle qu'un souffle de sérénité réfléchie s'en répand sur l'œuvre entière et atténue l'horreur des événements qui ont amené une semblable situation. Dans *Œdipe à Colone*, nous sommes frappés de l'éclat incomparable dont cette sérénité se trouve comme transfigurée. En face du vieillard écrasé par la plus affreuse adversité et condamné, par tout ce qui le concerne, à l'état de *patient*, — se dresse la sérénité surnaturelle, descendue des sphères divines, qui nous montre que le héros, en cet état de pure passivité, atteint le plus haut degré de son activité, qui longtemps après lui demeure encore efficace, alors que les pensées et les efforts de sa vie antérieure n'ont fait que le conduire à la passivité. Ainsi se démêlent lentement les nœuds de l'action de la fable d'Œdipe, qui semble aux regards des mortels si inextricablement compliquée — et, devant ce divin contraste produit par le discours dialectique, la joie humaine la plus profonde nous saisit. Si nous avons rendu justice au poète à l'aide de cette explication, on peut se demander encore si elle est suffisante pour épuiser tout le contenu du mythe, et il apparaît alors nettement que toute la création du poète n'est rien que cette image de lumière qui nous est offerte par la secourable nature après nos regards dans l'abîme. Œdipe [117], le meurtrier de son père, l'époux de sa mère, Œdipe, le vainqueur de l'énigme du Sphinx ! Que signifie pour nous la mystérieuse trinité de ce destin ? Une très ancienne croyance populaire, d'origine persane, veut qu'un mage prophète ne puisse être engendré que par l'inceste ; ce que, à l'égard d'Œdipe, déchiffreur de l'énigme, qui posséda sa mère, nous devons immédiatement interpréter ainsi : lorsque, par des forces divinatoires et fatidiques, le voile de l'avenir est déchiré, foulée aux pieds la loi de l'individuation et violé le mystère de la nature, une monstruosité antinaturelle — comme l'inceste — en doit être la cause préalable. Car, comment forcer la nature à livrer ses secrets, si ce n'est en lui résistant victorieusement, c'est-à-dire par des actions contre nature ? Dans cette horrible trinité du destin d'Œdipe, je reconnais la marque évidente de cette vérité : celui-là même qui résout l'énigme de la nature — ce sphinx hybride, — doit aussi, comme meurtrier de son père et époux de sa mère, renverser les plus saintes lois de la nature. Oui, le mythe semble nous murmurer à l'oreille que la sagesse, et justement la sagesse dionysienne, est une abomination antinaturelle ; que celui qui, par son savoir, précipite la nature dans l'abîme du néant, doit s'attendre aussi à éprouver sur soi-même les effets de la dissolution de la nature. « La pointe de la sagesse se retourne contre le sage ; la sagesse est un crime contre la nature », telles sont les terribles paroles que nous crie le mythe. Mais, comme un rayon de soleil, le poète hellène effleure la sublime et effroyable colonne de Memnon du mythe, et soudain se met à vibrer en mélodies sophocléennes.

Cette gloire de la passivité, je la compare à présent à cette gloire de l'activité qui entoure le *Prométhée* d'Eschyle[118]. Ce que le penseur Eschyle voulait nous dire ici, mais ce qu'en tant que poète il nous laissa seulement pressentir par l'image allégorique, le jeune Goethe sut nous le dévoiler jadis dans les paroles téméraires de son Prométhée :

> Je suis assis à cette place et je modèle des hommes
> D'après mon image,
> Une race qui soit semblable à moi,
> Pour souffrir, pour pleurer,
> Pour jouir et se réjouir,
> Et ne pas te vénérer,
> Comme moi !

L'homme, s'exhaussant jusqu'au Titan, se conquiert à soi-même sa propre civilisation et force les dieux à s'allier à lui, parce que, grâce à la sagesse qui est sienne, il tient dans sa main l'existence et les limites des dieux. Mais ce qu'il y a de plus admirable dans ce poème de Prométhée, qui, dans sa pensée fondamentale, est le véritable hymne de l'impiété, c'est le profond sentiment eschyléen de *l'équité*. D'une part, l'incommensurable souffrance de l'audacieux « solitaire », et, de l'autre, la détresse divine, le pressentiment d'un crépuscule, enfin la puissance qui impose la réconciliation, l'identification métaphysique de ces deux mondes de douleurs, — tout cela rappelle avec la plus grande force le principe fondamental de la conception eschyléenne du monde, dans laquelle la Moira trône en tant que l'éternelle justice au-dessus des dieux et des hommes. En présence de l'étonnante hardiesse avec laquelle Eschyle met le monde olympien dans les plateaux de la balance de son équité, il faut nous rappeler que le Grec perspicace possédait dans ses mystères une base indéfectible et sûre de la pensée métaphysique, et que toutes ses velléités sceptiques pouvaient se satisfaire à l'égard des Olympiens. En contemplant ces divinités, l'artiste grec ressentait avant tout un obscur sentiment de dépendance réciproque, et c'est précisément ce sentiment qui est symbolisé dans le *Prométhée* d'Eschyle. L'artiste titanique trouvait en soi l'arrogante conviction d'être capable de créer des hommes et de pouvoir tout au moins anéantir les dieux olympiens ; et cela par sa sagesse supérieure qu'il dut d'ailleurs expier par une éternelle souffrance. Le « pouvoir » souverain du grand génie, pouvoir trop peu payé même au prix d'un malheur éternel, l'âpre orgueil de *l'artiste*, — tel est le contenu et l'âme du poème eschyléen, tandis que Sophocle, dans son Œdipe, entonne en préludant le chant de victoire du *saint*. Mais, même avec l'interprétation qu'a donnée Eschyle, l'étonnante et effroyable profondeur du mythe n'est pas encore épuisée. Bien plus, cette joie de créer de l'artiste, cette sérénité de l'activité créatrice qui semble défier toute infortune n'est qu'une image lumineuse de nuages et de ciel qui se reflète dans le lac sombre de la tristesse. La légende de Prométhée est une propriété originelle de l'ensemble des peuples aryens et un document qui témoigne de leur don pour le profond et le tragique ; et même il pourrait n'être pas invraisemblable que ce mythe eût pour l'âme aryenne précisément la même signification caractéristique que la légende de la chute de l'homme pour l'âme sémitique, et qu'il existât entre ces deux mythes un degré de parenté semblable à celui d'un frère et d'une sœur. La présupposition de ce mythe de Prométhée est la valeur inestimable qu'une humanité naïve accorde au *feu*[119], comme au véritable palladium[120] de toute civilisation naissante. Mais que l'homme pût disposer librement du feu, qu'il ne le reçût pas comme un présent du ciel, éclair qui enflamme ou rayon de soleil qui réchauffe, cela paraissait, à l'âme contemplative de ces hommes primitifs, un sacrilège, un vol fait à la nature divine. Et ainsi le premier problème philosophique établit entre l'homme et le dieu un douloureux et insoluble conflit, et le pousse, comme un bloc de rocher, en travers du seuil de toute civilisation. Ce que l'humanité pouvait acquérir de plus précieux et de plus haut, elle l'obtient par un crime[121], et il lui faut en accepter désormais les conséquences, c'est-à-dire tout le torrent de maux et de tourments dont les immortels courroucés — *doivent* affliger la race humaine dans sa noble ascension. C'est là une âpre pensée qui, par la *dignité* qu'elle confère au crime, contraste étrangement avec le mythe sémitique de la chute de l'homme, où la curiosité, le mensonge, la convoitise, bref un cortège de sentiments plus spécialement féminins[122] sont regardés comme l'origine du mal. Ce qui distingue la conception aryenne, c'est l'idée sublime du *péché actif* considéré comme la véritable vertu prométhéenne ; et ceci nous livre en même temps le fondement éthique de la tragédie pessimiste : la *justification*[123] du mal humain, justification non seulement de la faute de l'homme, mais aussi des maux qui en sont la conséquence. Le malheur dans l'essence des choses, — dont l'Aryen contemplatif n'est pas enclin à détourner sa pensée, — le conflit dans le cœur du monde, se manifeste à lui comme un chaos de mondes différents, d'un monde humain, par exemple, dont chacun est dans son droit en tant qu'« individu », mais, comme tel en face d'un autre, doit souffrir pour son individuation. Par l'héroïque élan de l'individu dans l'universel, par sa tentative de rompre le réseau de l'individuation et de vouloir être lui-même *l'unique* essence de l'univers, il fait sien le conflit primordial caché dans les choses, c'est-à-dire il devient criminel et souffre. Et ainsi, pour les Aryens, le crime relève de l'homme et pour les Sémites, le péché relève de la femme ; de même aussi le crime originel fut consommé par un homme et le péché originel fut commis par une femme. D'ailleurs le chœur des sorcières chante :

> Nous n'y regardons pas de si près :
> A la femme, il faut mille pas pour l'accomplir ;
> Mais si vite qu'elle se puisse dépêcher,
> A l'homme il suffit d'un saut.

Celui qui comprend ce sens profond de la légende de Prométhée — c'est-à-dire la nécessité du crime imposée à l'individu qui veut s'élever jusqu'au Titan — doit ressentir en même temps combien cette conception pessimiste est anti-apollinienne ; car Apollon [124] veut apaiser les individualités précisément en les séparant, en traçant entre elles des lignes de démarcation dont il fait les lois du monde les plus sacrées, en exigeant la connaissance de soi-même et la mesure. Mais pour que cette influence apollinienne n'immobilisât pas la forme en une rigidité et une froideur égyptiennes, afin que la préoccupation d'assigner aux vagues individuelles leur route et leur carrière ne finît pas par anéantir dans la mer tout mouvement, le puissant courant du dionysisme vint apporter périodiquement le trouble dans chacun de tous les petits circuits où l'exclusive « Volonté » apollinienne cherchait à endiguer l'hellénisme. Ce torrent de la haute mer dionysienne se précipite alors soudain et soulève les remous ondulés des vagues individuelles, comme le frère de Prométhée, le Titan Atlas [125], souleva la terre. Cette pulsion titanesque de devenir l'Atlas de toutes les individualités, et de les porter en même temps sur ses épaules toujours plus haut et plus loin, est ce qu'il y a de commun entre le génie prométhéen et l'esprit dionysien. Le Prométhée d'Eschyle est, sous ce rapport, un masque dionysien, tandis que, par le sentiment profond d'équité dont nous avons parlé plus haut, Eschyle trahit sa descendance ancestrale d'Apollon, le dieu clairvoyant, le dieu de l'individuation et des limites imposées par l'esprit de justice. Et ainsi la double nature du Prométhée eschyléen, son essence à la fois dionysienne et apollinienne, pourrait être condensée dans cette formule sommaire : « Tout ce qui existe est juste et injuste, et dans les deux cas également justifiable ».

C'est là ton monde ! Cela s'appelle un monde ! —

10.

C'est une indiscutable tradition que la tragédie grecque, dans sa forme la plus ancienne, avait pour unique objet les souffrances de Dionysos [126] et que, pendant la plus longue période de son existence, le seul héros de la scène fut précisément Dionysos. Mais on peut assurer avec une égale certitude qu'avant et jusqu'à Euripide Dionysos n'a jamais cessé d'être le héros tragique, et que tous les personnages célèbres du théâtre grec, Prométhée, Œdipe, etc., sont seulement des masques du héros originel Dionysos. Que, derrière ces masques, un dieu se cache, telle est la cause essentielle de l'« idéalité » typique si souvent admirée de ces glorieuses figures. Je ne sais qui a prétendu que tous les individus sont comiques en tant qu'individus et, partant, non tragiques ; d'où se déduirait que les Grecs, en général ne *pouvaient* supporter les individus sur la scène tragique. Et, c'est ainsi qu'ils semblent avoir senti, en effet, comme paraît l'indiquer la distinction platonicienne, profondément enracinée dans la nature hellène, de l'« Idée », en opposition à l'« Idole », à l'image. Pour employer la terminologie de Platon, on pourrait expliquer les figures tragiques du théâtre grec à peu près ainsi : le seul véritablement réel Dionysos apparaît dans une pluralité des figures sous le masque d'un héros combattant et se trouve en même temps enlacé dans les rets de la volonté particulière. Le dieu se manifeste alors, par ses actes et par ses paroles, comme un « individu » exposé à l'erreur, en proie au désir et à la souffrance. Et, qu'il *apparaisse* ainsi, avec cette distinction et cette clarté, c'est l'œuvre d'Apollon, interprète des songes [127], qui révèle au chœur son état dionysiaque par cette apparition allégorique. Mais, en réalité, ce héros est le Dionysos souffrant des mystères, le dieu qui éprouve en soi les douleurs de l'individuation, et de qui d'admirables mythes racontent que, dans son enfance, il fut massacré et mis en pièces par les Titans, et adoré ainsi sous le nom de Zagreus [128]. Cette légende signifie que ce démembrement, la véritable *souffrance* dionysienne, peut être assimilé à une métamorphose en air, eau, terre et feu, et que nous devons par conséquent, considérer l'état d'individuation comme la source et l'origine primordiale de toute souffrance et, en soi, comme quelque chose de condamnable. Du sourire de Dionysos sont nés les dieux ; de ses larmes, les hommes. Dans cette existence de dieu mis en lambeaux, Dionysos possède la double nature d'un démon cruel et sauvage et d'un maître doux et clément. Mais l'espoir des Epoptes fut alors une renaissance de Dionysos, que nous devons désormais pressentir comme la fin de l'individuation. C'est la venue de ce troisième Dionysos que chante l'hymne de joie frénétique des Epoptes. Et, seule, cette espérance peut faire briller un rayon de joie sur la face du monde déchiré, morcelé en individus : ainsi que le montre la légende, par l'image de Déméter [129], plongée dans un deuil éternel et qui, seulement alors, retrouve *la joie*, quand on lui dit qu'elle pourra enfanter *encore une fois* Dionysos. Dans les considérations qui précèdent, nous possédons d'ores et déjà tous les éléments d'une idée du monde pessimiste et profonde et en même temps aussi *l'enseignement des mystères de la tragédie* : la conception fondamentale du monisme universel [130], la considération de l'individuation comme cause première du mal, l'art enfin figurant l'espoir joyeux d'un affranchissement du joug de l'individuation et le pressentiment d'une unité reconquise.

Il a été dit plus haut que l'épopée homérique est le poème de la culture olympienne, avec lequel elle a chanté victoire sur les terreurs de la guerre des Titans. Sous l'influence prépondérante du poème tragique, les mythes homériques renaissent à présent transformés et montrent par cette métempsycose [131] que, depuis lors aussi, la culture olympienne a été vaincue par une idée du monde encore plus profonde. Le fier Titan Prométhée a déclaré à son bourreau olympien que sa puissance serait un jour menacée du plus grand des dangers s'il ne s'unissait pas à lui au moment favorable. Dans Eschyle, nous reconnaissons l'alliance du Titan et de Zeus effrayé, craignant sa fin. Ainsi est ramenée du Tartare [132] et rappelée au jour l'ère antique des Titans. La philosophie de la nature sauvage et nue contemple, à la lumière crue de la vérité, les mythes du monde homérique [133] qui dansent devant elle : ils pâlissent, ils tremblent sous le regard étincelant de cette déesse — jusqu'à ce que la main puissante de l'artiste dionysien les force à servir la nouvelle divinité. La vérité dionysienne s'empare de tout l'empire du mythe comme de la symbolique de sa connaissance et exprime cette connaissance soit dans le culte public de la tragédie, soit dans les fêtes secrètes des mystères dramatiques, mais toujours sous le voile du mythe antique. Quelle fut cette force qui délivra Prométhée de son vautour et transforma le mythe en héraut de la sagesse dionysienne ? Ce fut la force herculéenne de la musique : quand celle-ci, arrivée dans la tragédie à sa plus haute expression, est alors capable d'interpréter le mythe avec la nouveauté d'un sens plus profond ; ce que nous avons déjà caractérisé précédemment comme la plus puissante faculté de la musique. Car c'est le sort de tout mythe de déchoir peu à peu à une réalité prétendument historique et d'être traité, à une époque postérieure quelconque, comme un fait isolé avec les exigences de la science historique ; et les Grecs étaient d'ores et déjà absolument enclins à transformer arbitrairement et subtilement tous les mythes rêvés par leur jeunesse en d'historiques et pragmatiques *Annales de leur jeunesse*. Car c'est ainsi que les religions ont coutume de mourir : lorsque les mythes qui forment la base d'une religion en arrivent à être systématisés, sous l'œil sévère et rationnel d'un dogmatisme orthodoxe, en un ensemble définitif d'événements historiques, et que l'on commence à défendre avec inquiétude l'authenticité des mythes tout en se raidissant contre leur évolution et leur multiplication naturelle [134] ; lorsque, en un mot, le sentiment du mythe dépérit pour être remplacé par la tendance de la religion à rechercher des fondements historiques. Alors, de ce mythe expirant, s'empara le génie naissant de la musique dionysienne, et, dans sa main, ce mythe s'épanouit une fois encore, comme une branche couverte de fleurs, avec des couleurs qu'on ne lui avait jamais connues et un parfum qui faisait naître enfin le pressentiment d'un monde métaphysique. Après ce dernier éclat, il meurt ; ses feuilles se flétrissent et bientôt les Lucien [135] railleurs de l'Antiquité s'efforcent d'en saisir les fleurs décolorées et fanées emportées par tous les vents. Le mythe acquiert, dans la tragédie, sa portée la plus profonde sa forme la plus expressive ; encore une fois il se relève, comme un héros blessé, et, dans son regard brûlant, brille d'un ultime et puissant éclat le dernier regain de force, en même temps que le calme clairvoyant de la mort.

Quel était ton but, sacrilège Euridipe, lorsque tu tentas d'asservir encore cet agonisant ? Il périt entre tes mains brutales ; et tu eus recours alors à un masque, une contrefaçon du mythe ; et ce pastiche, comme le singe d'Hercule, ne sut que s'attifer de la parure pompeuse de l'Antiquité. Et en perdant l'intelligence du mythe, tu perdis aussi le génie de la musique ; en vain de tes mains avides, tu essayas de piller toutes les fleurs de son parterre, tu n'obtins encore ainsi qu'un masque, une contrefaçon de musique. Et parce que tu renias Dionysos, Apollon t'abandonna à son tour [136]. Va relancer toutes les passions dans leur gîte pour les enfermer dans ton domaine, ajuste aux discours de tes héros une dialectique sophistique soigneusement limée et aiguisée — les passions de tes héros ne seront jamais qu'un masque, une contrefaçon de passions, et leurs discours, qu'un masque, une contrefaçon de discours.

11.

La tragédie grecque ne finit pas comme l'ensemble des autres genres artistiques de l'Antiquité : elle périt par le suicide, conséquence d'un conflit insoluble, donc tragiquement, tandis que les autres genres s'éteignirent dans un âge avancé, de la mort la plus belle et la plus sereine. En effet, de même que quitter la vie sans effort et entourées d'une admirable descendance semble le privilège de certaines natures favorisées, un semblable dénouement marque la fin des divers arts antiques : ils disparaissent lentement, et leur regard expirant peut percevoir encore leur incomparable lignée qui se dresse déjà pleine d'ardeur et d'impatience. La mort de la tragédie, au contraire, produisit une impression universelle et profonde de vide monstrueux. Comme au temps de Tibère des navigateurs grecs égarés dans une île solitaire entendirent un jour cette terrifiante clameur : « Le grand Pan est mort ! » — ainsi retentit alors, à travers le monde hellène, comme un cri de douleur : « La tragédie est morte ! Perdue, avec elle la poésie ! Silence ! Taisez-vous, épigones étiolés et pâles ! Aux Enfers ! afin que vous puissiez là-bas vous gaver des miettes des vieux maîtres ! »

Et lorsque apparut enfin une nouvelle forme d'art, qui saluait dans la tragédie son ancêtre et sa suzeraine, on dut constater avec effroi que cette forme reproduisait bien les traits de sa mère, mais justement ceux que celle-ci avait montrés au cours de sa longue agonie. Cette agonie de la tragédie avait été l'œuvre d'Euripide ; cette forme d'art tardive est connue sous le nom de *Nouvelle Comédie attique*. En elle survécut l'image dégénérée de la tragédie, comme l'emblème commémoratif de sa fin pénible et violente.

Ce rapprochement fait comprendre le goût passionné que ressentaient pour Euripide les poètes de la comédie nouvelle, et l'on n'est plus surpris du souhait de Philémon qui eût voulu se faire pendre sur l'heure uniquement afin de visiter Euripide aux Enfers ; étant supposée pourtant chez lui la conviction que le défunt avait conservé là-bas ses facultés intellectuelles. Si l'on veut indiquer sommairement, et sans prétendre exprimer par là quelque chose de définitif, ce qu'Euripide a de commun avec Ménandre [137] et Philémon [138], et ce qui les entraînait d'une façon si puissante à le considérer comme un modèle, il suffit de constater que, par

Euripide, le *spectateur* se trouve transporté sur la scène. Quiconque a reconnu de quelle substance, avant Euripide, les tragiques prométhéens formaient leurs héros, et combien ils étaient éloignés de vouloir apporter sur la scène un masque fidèle de la réalité, comprendra nettement aussi l'absolue divergence des tendances d'Euripide. Par lui, l'homme de la vie quotidienne sortit des rangs des spectateurs et monta sur la scène ; le miroir, qui ne reflétait jadis que des traits nobles et fiers, accusa désormais cette exactitude servile qui reproduit minutieusement aussi les difformités de la nature. Ulysse, ce type du Grec de l'art antique, est ravalé maintenant par les nouveaux poètes à la taille d'un *graeculus*, esclave familier, espiègle et rusé qui devient, dès ce moment, le pivot de l'intérêt dramatique. Quand, dans *les Grenouilles* d'Aristophane [139], nous entendons Euripide se vanter d'avoir délivré, à l'aide de ses remèdes de bonne femme, l'art tragique de son embonpoint pompeux, nous reconnaissons que, déjà, en présence des héros de ses tragédies, nous avions ressenti la même impression. Au fond, le spectateur voyait et entendait son propre double sur la scène d'Euripide, et il se sentait tout joyeux de l'habileté déployée par ce sosie dans ses discours. On n'en resta pas à cette satisfaction : d'Euripide, on apprit même à parler. Lorsqu'il concourut avec Eschyle, Euripide se glorifia d'avoir rendu le peuple capable désormais d'observer, d'agir et de raisonner d'après les règles de l'art et les lois les plus subtiles de la sophistique [140]. C'est par cette transformation du langage public qu'il a réellement rendu possible la comédie nouvelle. Car, désormais, les phrases ou les maximes par lesquelles on pouvait représenter sur la scène la vie de tous les jours ne furent plus, pour personne, un secret. La médiocrité bourgeoise, sur laquelle Euripide fondait toutes ses espérances politiques, prit alors la parole, tandis que jusque-là le demi-dieu dans la tragédie et le satyre enivré, créature demi-humaine, dans la comédie ancienne, avaient seuls déterminé le caractère du langage. Et l'Euripide d'Aristophane s'applaudit d'avoir représenté la vie commune, familière, quotidienne, accessible au jugement de chacun. Si, maintenant le peuple, la masse, argumente, gère pays et biens et conduit ses affaires avec une habileté jusqu'alors inconnue, c'est à lui qu'en revient le mérite, et c'est le résultat de la sagesse qu'il a inoculée au peuple.

Une foule ainsi informée et préparée était mûre pour la comédie nouvelle, dont Euripide fut en quelque sorte le chef du chœur ; et, cette fois, c'était le chœur des spectateurs qu'il fallait éduquer. Lorsque celui-ci eut appris à chanter dans le mode d'Euripide, surgit cette espèce de jeu d'échecs dramatique, la Nouvelle Comédie, avec son habituelle apologie de l'adresse et de la ruse triomphantes. Mais Euripide — le maître du chœur — fut exalté sans relâche ; oui, on se serait tué pour apprendre de lui quelque chose encore, si l'on n'avait pas eu conscience que, aussi complètement que la tragédie elle-même, les poètes tragiques étaient morts. Avec la tragédie, l'Hellène avait perdu la foi en sa propre immortalité ; il n'avait pas renoncé seulement à la foi en un passé idéal, mais aussi à la foi en un avenir idéal. L'épitaphe connue : « Vieillard insouciant et capricieux », s'applique aussi à l'hellénisme vieilli. L'instant, la boutade, l'insouciance, la lubie fantaisiste sont des idoles ; le cinquième état, celui des esclaves, ou tout au moins son sentiment, sa manière de penser, acquiert maintenant la prépondérance ; et si l'on peut parler encore de « sérénité grecque », il s'agit désormais de la sérénité de l'esclave, qui ne sait assumer de plus haute responsabilité que celle de l'heure présente, et dont le désir et l'admiration ne trouvent rien dans le passé ou dans l'avenir qui se puisse priser plus haut que le présent. Cet aspect de la « sérénité grecque » fut ce qui révolta les profondes et terribles natures des quatre premiers siècles du christianisme ; le fait de se dérober comme une femme devant ce qui est sérieux et effrayant, ce lâche laisser-aller au plaisir confortable, leur parut non seulement méprisable, mais encore comme un véritable sentiment antichrétien. Et c'est à leur influence qu'il faut attribuer l'opinion sur l'Antiquité qui prévalut pendant des siècles avec une ténacité presque invincible, ce pâle incarnat de sérénité fade dont elle demeura colorée — comme si n'avait jamais existé ce sixième siècle, avec sa naissance de la tragédie, ses mystères, son Pythagore et son Héraclite [141] ; comme si n'avaient jamais vécu les œuvres d'art de la grande époque ; toutes manifestations qui ne peuvent pourtant en aucune façon s'expliquer par une semblable sérénité, un tel sensualisme sénile, ce bonheur de vivre d'esclave, et qui dénoncent la raison de leur existence dans une conception du monde toute différente.

On a avancé tout à l'heure qu'Euripide avait transporté le spectateur sur la scène pour élever pour la première fois ce spectateur jusqu'à la compréhension du drame, d'où l'apparence d'une disproportion latente comme l'art antique antérieur et l'intelligence du spectateur. On serait alors tenté de louer, comme un progrès sur Sophocle, la tendance radicale d'Euripide à établir un rapport convenable entre le public et l'œuvre d'art. Mais « public » n'est qu'un mot et nullement une valeur toujours égale et constante en soi. Pourquoi l'artiste devrait-il se croire obligé de se soumettre à une puissance qui n'a sa force que dans le nombre ? Et s'il se sent supérieur, par son génie et ses aspirations, à chacun de ces spectateurs en particulier, comment lui serait-il possible de tenir en plus haute estime l'expression collective de ces capacités inférieures que l'intelligence de celui des spectateurs qui serait relativement le mieux doué ? En réalité aucun artiste grec n'a traité son public, durant tout le cours d'une longue vie, avec une effronterie et une insolence plus grandes que ne le fit précisément Euripide lui qui, même lorsque la foule se traînait à ses pieds, soufflerait ouvertement, avec une morgue hautaine, sa propre tendance par laquelle il avait vaincu la foule et la dirigeait à son gré. Si cet homme de génie avait eu le moindre respect pour ce pandémonium du public, il se fût écroulé avant d'avoir atteint le milieu de sa carrière, sous les coups de massue de ses insuccès. Cette réflexion nous montre qu'en disant qu'Euripide avait transporté le spectateur sur la scène afin d'assurer la compétence du spectateur, nous n'avions émis qu'une assertion provisoire, et que nous devons nous efforcer d'atteindre à une compréhension plus profonde de ses tendances. Les témoignages abondent, au contraire, qui attestent qu'Eschyle et Sophocle, pendant toute leur vie et même lontemps après, furent toujours en complète possession de la faveur du public, et qu'ainsi, chez ces devanciers d'Euripide, il ne peut être question d'une disproportion entre l'œuvre d'art et l'esprit du spectateur. Par quelle force irrésistible un artiste aussi richement doué, aussi fécond, fut-il détourné de la route éclairée par le soleil des plus grands noms de poètes sous le ciel sans nuages de la faveur du peuple ? Quel singulier souci du spectateur l'entraîna à braver le spectateur ? Comment en arriva-t-il, par trop de déférence pour son public — à méconnaître son public ?

Euripide — c'est la solution de l'énigme que nous venons de poser — se sentait certes, en tant que poète, supérieur à la foule, mais non pas à deux de ses spectateurs : la foule, il la plaçait sur la scène ; ces deux spectateurs, il les respectait comme les maîtres de son art seuls capables de comprendre et de juger son œuvre. Selon leurs arrêts et d'après leurs injonctions, il transporta dans les âmes de ses héros scéniques tout le monde de sentiments, de passions, de pensées qui, jusqu'alors, comme un chœur invisible, remplissait les bancs des spectateurs. Il obéissait à leurs exigences, en cherchant pour ces caractères nouveaux un nouveau langage et une expression nouvelle. D'eux seuls, il écoutait la valable sentence portée sur son ouvrage, ou la réconfortante promesse de victoires futures lorsqu'il se voyait encore une fois condamné par le tribunal du public.

De ces deux spectateurs, l'un est — Euripide lui-même, Euripide *en tant que penseur*, et non pas en tant que poète. On pourrait dire de lui que, à peu près comme chez Lessing, l'extraordinaire puissance de son sens critique a, sinon produit, au moins fécondé sans cesse une activité créatrice artistique parallèle. Doué de cette faculté, avec toute la clairvoyance et la dextérité de son intelligence critique, Euripide s'était assis au théâtre et s'était efforcé de retrouver et de reconnaître trait pour trait, ligne pour ligne, dans les chefs-d'œuvre de ses grands devanciers, comme dans des tableaux noircis par le temps. Et ce qu'il rencontra alors ne saurait être inattendu pour celui qui est profondément initié aux arcanes de la tragédie eschyléenne : il aperçut quelque chose d'incommensurable dans chaque trait et dans chaque ligne, une certaine décision trompeuse, et en même temps une profondeur énigmatique, un infini de mystère. La figure la plus claire laissait toujours encore après elle comme la chevelure flamboyante d'une comète qui semblait montrer l'incertain, les ténèbres insondables. Un crépuscule semblable était répandu sur la structure du drame, surtout sur la signification du chœur. Et combien lui parut douteuse la solution du problème éthique ! Discutable l'usage des mythes ! Disparate la répartition du bonheur et du malheur ! Même dans le langage de l'ancienne tragédie, il y avait pour lui beaucoup de choses choquantes, tout au moins inexplicables. Il trouve, en particulier, que trop de pompe était déployée pour des événements ordinaires, que trop de symboles et d'emphase juraient avec la naturelle simplicité des caractères. C'est ainsi qu'assis au théâtre il méditait, impatient et troublé, et il dut s'avouer, lui, le spectateur, qu'il ne comprenait pas ses grands devanciers. Cependant, l'intelligence était pour lui la source de toute jouissance et de toute activité productrice, aussi sentait-il le besoin d'interroger les autres, de chercher autour de soi si personne ne pensait comme lui et ne s'avouait aussi cette incommensurabilité. Mais la plupart, et aussi les meilleurs de ceux auxquels il s'adressait n'eurent pour lui qu'un sourire méfiant ; aucun ne put lui expliquer pourquoi les grands maîtres s'imposaient malgré ses doutes et ses objections. Et dans cette angoisse, il rencontra *l'autre spectateur*, qui ne comprenait pas la tragédie et, pour ce motif, ne la respectait pas. En s'alliant à celui-ci, il put oser sortir de son isolement et entreprendre une guerre monstrueuse contre les œuvres d'art d'Eschyle et de Sophocle — et cela, non pas par des ouvrages de polémique, mais par ses œuvres de poète dramatique opposant *sa* conception de la tragédie à celle de la tradition.

12.

Avant de nommer cet autre spectateur, arrêtons-nous un instant pour nous rappeler l'impression que nous avons dépeinte tout à l'heure en présence de la nature hybride et incommensurable de la tragédie eschyléenne ; combien nous nous sentîmes déroutés en face du *chœur* et du *héros tragique* de cette tragédie, que nous avions du mal à aborder aussi bien avec nos idées courantes que d'ailleurs avec la tradition, — jusqu'à ce que nous eussions reconnu, dans cette dualité même, l'origine et l'essence de la tragédie grecque, l'expression collective de ces deux impulsions artistiques, l'apollinisme et le dionysisme.

Rejeter cet élément dionysien originel et tout-puissant hors de la tragédie, et réédifier celle-ci sur la base exclusive d'un art, d'une morale et d'une idée du monde non-dionysiens, — c'est ce qui nous apparaît maintenant, avec une évidence lumineuse, comme étant la tendance d'Euripide.

Euripide lui-même, au soir de sa vie, a soumis à ses contemporains, de la manière la plus expresse et sous la forme d'un mythe, la question de la valeur et de la portée de cette tendance. Avant tout, le dionysiaque doit-il subsister ? Ne faut-il pas employer la violence pour le chasser du domaine hellénique ? Certes, répond le poète, si cela était possible ; mais le dieu Dionysos est trop puissant. L'adversaire le plus sensé — tel Penthée dans les *Bacchantes* — est frappé à l'improviste par ses sortilèges et court ensuite à sa destinée fatale. Le poète vieilli semble partager le jugement des deux vieillards Cadmus et Tirésias et penser avec eux que la désapprobation des plus sages ne saurait détruire ces antiques traditions populaires, ce culte éternellement vivace de Dionysos, et qu'il y aurait lieu même, en présence de forces aussi extraordinaires, de faire montre tout au moins d'une sympathie prudente et diplomatique ; auquel cas, il serait encore très possible que le dieu, froissé d'un intérêt aussi tiède, ne métamorphosât finalement le diplomate — tel Cadmus — en dragon. Le poète qui nous parle ainsi est le même qui, pendant le cours d'une longue vie, résista héroïquement à Dionysos — pour en arriver à terminer sa carrière par la glorification de son ennemi et par le suicide, tel un homme affolé qui se précipite du haut d'une tour pour échapper à l'épouvantable vertige qu'il ne peut plus supporter. Cette tragédie est une protestation contre la possibilité de réaliser sa propre tendance ; hélas ! elle était déjà réalisée ! Le prodige était accompli ; lorsque le poète se rétracta, sa tendance avait vaincu. Déjà Dionysos était chassé de la scène tragique, par une puissance démoniaque dont Euripide n'était que la voix. En un certain sens, Euripide ne fut, lui aussi, qu'un masque : la divinité qui parlait par sa bouche n'était pas Dionysos, non plus Apollon, mais un démon qui venait d'apparaître, appelé *Socrate*. Tel est le nouvel antagonisme : le dionysisme et le socratisme, et par lui périt l'œuvre d'art de la tragédie grecque. En reniant son passé, Euripide peut essayer maintenant de nous consoler ; il n'y réussit pas. L'incomparable temple est en ruine. Que nous importent à présent les lamentations du destructeur, et son aveu que ce fut le plus beau des temples ? Et que le tribunal artistique de la postérité ait condamné Euripide, que, pour son châtiment, il ait été métamorphosé par elle en dragon, — qui pourrait se déclarer satisfait de cette misérable compensation ?

Examinons à présent cette tendance *socratique* par laquelle Euripide combattit et vainquit la tragédie eschyléenne.

Nous devons nous demander tout d'abord à quoi pouvait aboutir, dans son développement le plus hautement idéal, le dessein d'Euripide d'édifier le drame sur une base exclusivement non-dionysienne. Quelle forme du drame était encore possible, si celui-ci ne devait pas être engendré du giron de la musique, dans le mystérieux crépuscule de l'ivresse dionysiaque ? Uniquement celle de l'*épopée dramatisée*, et, dans ce domaine apollinien de l'art, il n'est certes pas possible d'atteindre à l'effet *tragique*. Le caractère des événements représentés importe peu dans l'espèce, et j'irais même jusqu'à prétendre que, dans sa *Nausikaa* inachevée, il eût été impossible à Goethe [142] de rendre d'une façon tragique et poignante le suicide de cette nature idyllique — suicide qui devait être la matière du cinquième acte. Si prodigieuse est la puissance de l'art épique apollinien qu'il transfigure à nos yeux les plus horribles choses par cette joie que nous ressentons à l'apparence, à la vision, par cette félicité libératrice qui naît pour nous de la forme extérieure, de l'apparence. Il est aussi peu possible au poète de l'épopée dramatisée qu'au rhapsode épique de se fondre d'une manière absolue avec ses images. Il demeure toujours un contemplateur immobile, au regard calme et pénétrant qui voit les images *devant* lui. Dans l'épopée dramatisée, l'acteur reste toujours, au plus profond de son être, un rhapsode ; l'onction du rêve intérieur enveloppe toutes ses actions, de sorte qu'il n'est jamais tout à fait acteur.

Qu'est le drame d'Euripide au regard de cet idéal du drame apollinien ? C'est, en face du solennel rhapsode de l'époque antique, ce chanteur nouveau et plus jeune qui, dans l'*Ion* de Platon, nous décrit en ces termes sa propre nature : « Lorsque je dis quelque chose de triste, mes yeux se remplissent de larmes ; mais si ce que je dis est horrible et épouvantable, mes cheveux se dressent sur ma tête et mon cœur bat. » Ici, nous n'observons plus rien de ce sentiment épique d'absorption dans l'apparence, plus rien du sang-froid et de l'insensibilité intime du véritable acteur qui, au plus fort de l'action, est entièrement apparence et joie à l'apparence. Euripide est l'acteur au cœur qui bat, aux cheveux dressés sur la tête ; il esquisse le plan de son œuvre en penseur socratique et il l'exécute en acteur passionné. Il n'est un pur artiste ni dans l'ébauche, ni dans l'exécution. Aussi le drame d'Euripide est-il une chose froide et ardente à la fois, également apte à glacer et à enflammer ; il lui est impossible d'atteindre à l'action apollinienne de l'épopée alors qu'il s'est débarrassé le plus possible des éléments dionysiens ; et il lui faut chercher alors, pour agir sur nous, de nouveaux moyens d'émotion qui ne peuvent plus se réclamer désormais des deux seules et uniques impulsions artistiques, l'apollinisme et le dionysisme. Ces moyens d'émotion sont de froides et paradoxales *pensées*, à la place des contemplations apolliniennes, et des *sentiments* passionnés, à la place des extases dionysiaques. Ces pensées et ces sentiments sont copiés, imités de la façon la plus réaliste, et n'ont plus rien de commun avec les créations idéales de l'art.

Après avoir reconnu qu'Euripide ne put réussir à donner au drame une base exclusivement apollinienne, et que sa tendance antidionysienne s'est bien plutôt fourvoyée dans un naturalisme anti-artistique, nous pouvons examiner de plus près la nature du *socratisme esthétique*. « Tout doit être conforme à la raison pour être beau », argument parallèle à l'axiome socratique : « Celui-là est vertueux, qui possède la connaissance. » Armé de ce canon, Euripide mesura tous les éléments de la tragédie, la langue, les caractères, la construction dramaturgique, la musique du chœur, et il les corrigea d'après ce principe. Ce que nous avons si fréquemment considéré chez Euripide, en comparant son œuvre avec la tragédie de Sophocle, comme un signe de pauvreté poétique et de régression, est le plus souvent le résultat de l'intrusion de cet esprit critique et aveuglément rationnel. Le *prologue* d'Euripide nous servira d'exemple pour montrer les conséquences de cette méthode rationaliste. Il n'y a rien de plus opposé à notre conception de la technique dramaturgique que le prologue dans le drame d'Euripide. Qu'un seul personnage, au commencement de la pièce, s'avance et raconte qui il est, ce qui précède immédiatement l'action, ce qui s'est passé antérieurement et même ce qui doit arriver au cours du drame, c'est là un procédé qui paraîtrait impardonnable à un poète de théâtre moderne, et qui équivaudrait pour lui à renoncer de propos délibéré à toute surprise, à tout effet. Si l'on sait d'avance tout ce qui doit arriver, qui voudra attendre que cela arrive vraiment ? — puisqu'il ne s'agit d'ailleurs ici en aucune façon du rapport remontant d'un rêve prophétique à une réalité intervenant ultérieurement.

Euripide pensait tout autrement. Dans son esprit, l'effet produit par la tragédie n'a jamais reposé sur la tension épique, l'attrait de l'incertitude au sujet des péripéties éventuelles, mais bien sur ces grandes scènes, pleines d'un lyrisme rhétorique, où la passion et la dialectique du héros principal se gonflaient en un large et puissant courant. Tout devait préparer non pas à l'action, mais au pathétique, et ce qui ne préparait pas au pathétique était à rejeter. Le plus grand obstacle au plaisir d'un abandon entier et sans mélange à de telles scènes, c'est un élément manquant pour l'auditeur, une lacune dans la trame des événements préliminaires. Aussi longtemps que le spectateur est obligé de supputer avec attention l'importance ou la qualité de tel ou tel personnage, les causes de tel ou tel conflit des sentiments ou des volontés, il ne peut pas être absorbé complètement par les actions et les malheurs des héros principaux, il ne peut subir ni terreur ni pitié. La tragédie d'Eschyle et de Sophocle employait les moyens artistiques les plus ingénieux pour mettre dans la main de l'auditeur, dès les premières scènes et comme par hasard, tous les fils nécessaires à l'intelligence de l'intrigue : procédé par lequel s'affirme cette noble maîtrise artistique qui, tout à la fois, masque ce qui est formellement *nécessaire* et le révèle sous la forme d'incidents inopinés. Cependant Euripide croyait avoir remarqué que, pendant ces premières scènes, le spectateur semblait en proie à une inquiétude particulière, préoccupé qu'il était de résoudre le problème des événements antérieurs, de sorte que les beautés poétiques et le pathétique de l'exposition étaient perdus pour lui. C'est pourquoi, avant l'exposition, il plaça le prologue et le fit réciter par un personnage en qui on pouvait avoir confiance : une divinité devait souvent se porter, pour ainsi dire, garante devant le public des événements de la tragédie et lever tous les doutes sur la réalité du mythe ; procédé analogue à celui à l'aide duquel Descartes arrivait à prouver la réalité du monde empirique, en en appelant uniquement à la véracité de Dieu incapable de mentir [143]. Cette véracité divine, Euripide l'emploie encore une fois à la fin de son drame, pour informer le public, en toute certitude, des destinées futures de ses héros ; ceci est le rôle du fameux *deus ex machina* [144]. Entre la vision épique du passé et celle de l'avenir se trouve le présent dramatico-lyrique, le véritable « drame ».

En tant que poète, Euripide est ainsi avant tout l'écho

de ses constatations conscientes, et c'est là ce qui lui confère une place mémorable dans l'histoire de l'art grec. Le caractère critique de son activité productrice devait lui sembler souvent une application au drame de ce début du livre d'Anaxagore : « Au commencement était le chaos ; alors la raison vint et créa l'ordre. » Et si Anaxagore, avec son νοῦς peut être considéré, parmi les philosophes, comme le premier à avoir conservé la tête froide au milieu de l'ivresse générale, il est bien possible qu'Euripide se soit expliqué, par une image analogue, sa situation vis-à-vis des autres poètes tragiques. Tant que l'unique maître et régulateur de l'univers, le νοῦς fut tenu à l'écart de l'activité artistique, tout était resté dans un état de désordre chaotique et primordial. Tel devait être le jugement d'Euripide ; et en tant que le premier, parmi les tragiques, qui fût resté « sobre » de ses actes, il lui fallait condamner les poètes « ivres ». Ce que Sophocle a dit d'Eschyle, que « ce que celui-ci faisait était bien fait, bien qu'il le fît inconsciemment », n'eût certes jamais été approuvé par Euripide qui eût conclu simplement que l'activité d'Eschyle, *parce que* non consciente, ne pouvait être que mauvaise. Le divin Platon[145] lui-même ne parle ordinairement qu'avec ironie de la puissance créatrice du poète, en tant que celle-ci n'est pas l'effet d'une intelligence consciente, et il la compare au talent du devin qui interprète les songes, le poète étant incapable de créer avant d'être devenu inconscient et d'avoir abdiqué toute raison. Euripide entreprit, comme l'avait entrepris aussi Platon, de montrer au monde le contraire du poète « insensé » ; son principe esthétique : « Tout doit être conscient pour être beau », est, comme je l'ai dit, le parallèle de l'axiome socratique : « Tout doit être conscient pour être bien ». Nous avons donc le droit de considérer Euripide comme le poète du socratisme esthétique. Et Socrate fut ce *second spectateur*, qui ne comprenait pas la tragédie ancienne et, à cause de cela, ne la respectait pas ; allié à lui, Euripide osa être le héraut d'un art nouveau. Si cet art devint la perte de la tragédie, c'est le socratisme esthétique qui en fut le principe meurtrier. Mais, pour autant que la lutte était dirigée contre l'esprit dionysien de l'art antérieur, nous reconnaissons en Socrate l'adversaire de Dionysos, le nouvel Orphée qui se lève contre Dionysos et, quoique certain d'être déchiré par les Ménades du tribunal athénien, force cependant le dieu tout-puissant à prendre la fuite ; et celui-ci, comme au temps qu'il fuyait devant le roi d'Édonide [146] Lycurgue, se réfugia dans les profondeurs de la mer, c'est-à-dire sous les flots mystiques d'un culte secret qui devait peu à peu envahir le monde entier.

13.

L'étroite affinité de tendance, qui existe entre Socrate et Euripide, n'échappa pas à leurs contemporains, et l'expression la plus éloquente de leur clairvoyance est cette légende, répandue dans Athènes, qui rapporte que Socrate avait coutume de collaborer aux œuvres d'Euripide. Dans les doléances des partisans du « bon vieux temps », ces deux noms étaient accolés, lorsqu'il s'agissait de désigner les corrupteurs du peuple, artisans de la déchéance progressive des forces physiques et morales, de la ruine de l'antique et rude vigueur de corps et d'âme des héros de Marathon [147], sacrifiée de plus en plus à une douteuse intellectualité. C'est sur ce ton mâtiné d'indignation et de mépris que la comédie d'Aristophane traite habituellement ces deux hommes, au grand scandale des jeunes, qui lui eussent, il est vrai, abandonné volontiers Euripide, mais ne pouvaient se faire à l'idée que Socrate fût représenté par Aristophane comme le *sophiste* [148] par excellence, le miroir et la somme de toutes les spéculations sophistiques. Il ne leur restait d'autre ressource que de mettre au pilori Aristophane lui-même, comme un Alcibiade de la poésie menteur et libertin. Sans m'attarder à défendre ici les intuitions profondes d'Aristophane, je continuerai à démontrer, par les témoignages du sentiment général de l'antiquité, la stricte homogénéité d'esprit et d'influence de Socrate et d'Euripide. Il est à remarquer notamment que Socrate, en sa qualité de contempteur de l'art tragique, s'abstenait d'assister aux représentations de la tragédie et ne se mêlait aux spectateurs que lorsqu'il s'agissait d'une nouvelle œuvre d'Euripide. Mais l'exemple le plus célèbre de l'association de ces deux noms nous est fourni par l'oracle de Delphes, qui proclama Socrate le plus sage des hommes, et ajouta en même temps qu'Euripide devait être classé immédiatement après lui.

En troisième ligne était nommé Sophocle, lui qui, comparé à Eschyle, pouvait se vanter de faire bien, parce qu'il *savait* ce que c'était que bien faire. Il est manifeste que c'est précisément le haut degré de lucidité de cette *sagesse*, qui distingue ces trois hommes comme les trois génies « conscients » de leur temps.

Cependant, ce fut Socrate qui prononça la parole la plus incisive à l'égard de la nouvelle et extraordinaire valeur accordée à la connaissance et au jugement. Il était le seul, en effet, qui s'avouât à lui-même *ne rien savoir*, tandis que, se promenant à travers Athènes, en observateur critique, visitant les hommes d'Etat, les orateurs, les poètes et les artistes célèbres, il rencontrait chez tous la présomption de la sagesse. Il reconnut avec stupéfaction que, même au point de vue de leur activité spéciale, toutes ces célébrités ne possédaient aucune connaissance exacte et certaine, et n'agissaient que par instinct. « N'agissaient que par instinct » : cette expression nous fait toucher du doigt le cœur et la moelle de la tendance socratique. Par ces mots, le socratisme condamne aussi bien l'art existant que l'éthique existante : de quelque côté qu'il dirige son regard scrutateur, il constate le manque de jugement et la puissance de l'illusion, et il en conclut à l'absurdité, à la condamnation de ce qui l'entoure. Partant de ce point de vue, Socrate crut devoir corriger l'existence : comme précurseur d'une culture, d'un art et d'une morale tout autres, lui le solitaire, il s'avança, la mine hautaine et dédaigneuse, au milieu d'un monde dont les derniers vestiges sont pour nous l'objet d'une profonde vénération et la source des plus pures jouissances.

Aussi, mis en présence de Socrate, un scrupule inouï

nous envahit et, sans cesse et toujours de nouveau, nous pousse à pénétrer le sens et la portée de cette énigmatique figure de l'antiquité. Quel est-il, celui qui, à lui seul, ose désavouer l'essence même de l'hellénisme, se substituer à Homère, à Pindare, à Eschyle, remplacer Phidias et Périclès [149], supplanter la pythie et Dionysos, et qui, comme l'abîme le plus insondable et la cime la plus haute, est certain par avance de notre admiration et de notre culte ? Quelle force démoniaque a le droit d'oser répandre dans la poussière ce breuvage magique ? Quel est ce demi-dieu, auquel le chœur invisible des plus nobles d'entre les humains doit crier : « Malheur ! Malheur ! Ce monde de beauté, tu l'as renversé d'un bras puissant ; il tombe, il s'écroule ! » (Goethe, *Faust*, I).

Un phénomène étrange nous est parvenu sous le nom du « Démon de Socrate » [150]. Dans certaines circonstances, lorsque l'extraordinaire lucidité de son intelligence paraissait l'abandonner, une voix divine se faisait entendre, et lui prêtait une assurance nouvelle. Lorsqu'elle parle, toujours cette voix *dissuade*. Dans cette nature tout anormale, la sagesse instinctive n'intervient que pour *entraver*, combattre l'entendement conscient. Tandis que, chez tous les créateurs, l'instinct est précisément la force positive, créatrice, et la raison consciente une fonction critique, décourageante, chez Socrate, l'instinct se révèle critique, et la raison est créatrice, — véritable monstruosité *per defectum* ! Et, en effet, nous constatons ici un monstrueux *défaut* de toute disposition naturelle au mysticisme, de sorte que Socrate pourrait être considéré comme le *non-mystique* spécifique, chez lequel, par une particulière superfétation, l'esprit logique eût été développé d'une façon aussi démesurée que l'est, chez le mystique, la sagesse instinctive. Mais, d'autre part, le pouvoir de faire un retour sur soi-même était absolument refusé à cet instinct impulsif de logique, qui apparaît chez Socrate ; dans ce torrent sans frein il montre une force de la nature comme nous en rencontrons seulement, pour notre stupéfaction et notre épouvante, dans les plus irrésistibles impulsions de l'instinct. Quiconque, à la lecture des écrits de Platon, a senti passer sur soi le souffle de cette naïveté et de cette sécurité divines de la doctrine socratique de la vie, reconnaît aussi que la formidable roue motrice du socratisme logique tourne, en quelque sorte, *derrière* Socrate, et que tout ceci doit être considéré au travers de Socrate comme au travers d'un fantôme. Mais Socrate lui-même avait le pressentiment de cet état de choses, et cela ressort pleinement de la noble gravité avec laquelle il se prévalait partout, et jusque devant ses juges, de sa prédestination divine. Il était tout aussi impossible de lui résister sur ce point que d'approuver son influence dissolvante et destructive des instincts. En présence de cet insoluble conflit, il ne restait, lorsqu'il fut traduit devant l'Aréopage, qu'une seule peine à lui appliquer, l'exil; on aurait pu le rejeter au-delà des frontières, comme quelque chose d'absolument énigmatique, d'inclassable, d'inexplicable, sans que la postérité se fût trouvée en droit d'accuser les Athéniens d'un acte odieux. Mais que la peine de mort, et non pas seulement l'exil, ait été prononcée contre lui, Socrate lui-même semble l'avoir recherché, avec la pleine conscience de ce qu'il faisait et sans éprouver devant la mort l'horreur instinctive de la nature : il marcha à la mort avec la même tranquillité qu'il avait, au dire de Platon, lorsque, comme le dernier des débauchés, il quittait le Symposion [151], aux premières lueurs de l'aurore, pour commencer un nouveau jour ; cependant que, derrière lui, sur les bancs et sur le sol, les compagnons de table endormis rêvent de Socrate, le véritable érotique. *Socrate mourant* devint l'idéal nouveau, insoupçonné jusque-là, de la noble jeunesse grecque : avant tous, Platon, le type de l'adolescent hellénique, s'est prosterné devant cette image avec toute la passion de son âme rêveuse.

14.

Figurons-nous à présent, semblable à l'œil unique et monstrueux d'un cyclope [152], l'œil de Socrate fixé sur la tragédie, cet œil que n'a jamais enflammé la noble ivresse de l'enthousiasme artistique, — rappelons-nous combien il était refusé à cet œil de se plaire au spectacle des abîmes dionysiens, — que devait-il apercevoir fatalement dans cet art tragique « sublime et glorieux », selon le mot de Platon ? Il y voyait quelque chose de parfaitement déraisonnable, des causes semblant rester sans effets, et des effets dont on ne pouvait discerner les causes, et avec cela un ensemble si confus et disparate qu'un esprit réfléchi en devait être choqué, et les âmes ardentes et sensibles dangereusement troublées.

Nous savons qu'il n'admettait qu'un seul genre de poésie, la *fable d'Ésope*, et cela certainement avec la bonhomie un peu narquoise de l'honnête Gellert[153] chantant les louanges de la poésie dans la fable de « L'Abeille et de la Poule » :

Pour moi, tu vois quel est son but :
A qui n'a pas beaucoup d'esprit,
Dire la vérité, par une allégorie.

Or, pour Socrate, jamais l'art tragique ne paraissait « dire la vérité », sans compter aussi qu'il s'adressait « à qui n'a pas beaucoup d'esprit », c'est-à-dire ne parlait pas aux philosophes : double raison pour s'en tenir éloigné. De même que Platon, il le classait parmi les arts complaisants qui ne peignent que l'agréable et non l'utile ; et il exigeait que ses disciples s'abstinssent rigoureusement de prendre part à des divertissements aussi peu philosophiques ; il y réussit si bien que le jeune poète tragique Platon, pour devenir élève de Socrate, commença par brûler ses poèmes. Enfin, lorsque la doctrine socratique se trouva en lutte avec des penchants invincibles, sa force, et en même temps l'influence de cette nature monstrueuse, fut encore assez grande pour dicter à la poésie elle-même des conditions nouvelles et jusqu'alors inconnues.

Le même Platon nous en fournit un exemple. Dans la condamnation de la tragédie et de l'art en général, il n'est certes pas resté en arrière du cynisme naïf de son maître, et pourtant, poussé par une impérative et tout artistique nécessité, il lui fallut créer une forme d'art qui a précisément une analogie intime avec les formes qu'il réprouvait [154]. Il ne fallait pas que l'on pût reprocher à l'œuvre d'art nouvelle le vice fondamental dont Platon faisait grief à l'art précédent, — qu'il était le pastiche d'un simulacre, la copie d'une apparence et, par conséquent, d'un ordre inférieur encore à celui du monde empirique [155] — : aussi voyons-nous Platon s'efforcer d'atteindre au-delà de la réalité, et de représenter l'Idée, qui fait le fonds de cette pseudo-réalité. Mais le penseur Platon était arrivé ainsi, par un détour, justement dans un domaine où, en tant que poète, il avait toujours été chez lui, et, dès ce moment, Sophocle et tout l'art ancien purent protester solennellement contre ses critiques. Si la tragédie avait absorbé en soi toutes les formes d'art antérieures, la même chose peut se dire, dans un sens excentrique, du dialogue platonicien. Fait d'un mélange de tous les styles et de tous les genres, il flotte entre la narration, le lyrisme, le drame, entre la prose et la poésie, et viole, en outre, la règle antique et rigoureuse de l'unité de forme du langage. Les écrivains *cyniques* l'ont dépassé dans cette voie par le bariolage du style, par la succession désordonnée des formes prosaïque et métrique, ils ont réussi à nous donner l'image littéraire du « Socrate furieux » qu'ils se plaisaient à représenter dans la vie. Le dialogue platonicien fut en quelque sorte le radeau qui servit de refuge à la poésie antique naufragée, avec tous ses enfants : resserrés dans un étroit espace, craintivement soumis au seul pilote Socrate, ils voguent alors à travers un monde nouveau qui jamais ne put se lasser du spectacle fantastique de ce cortège. Platon a réellement donné à la postérité le prototype d'une œuvre d'art nouvelle, du *roman*, qui peut être considéré comme la fable d'Ésope infiniment perfectionnée, et dans lequel la poésie est subordonnée à la philosophie dialectique de la même manière que, plus tard et pendant de longs siècles, cette philosophie fut subordonnée à la théologie : c'est-à-dire comme *ancilla*. Telle fut la condition nouvelle à laquelle Platon réduisit la poésie, sous l'influence démoniaque de Socrate [156].

Ici la *pensée philosophique* recouvre l'art de ses végétations, et le contraint à s'enlacer étroitement au tronc de la dialectique. La tendance *apollinienne* s'est métamorphosée en schématisation logique : nous avons déjà remarqué chez Euripide quelque chose d'analogue, et, en outre, une transposition de l'*émotion dionysiaque* en sentiments naturistes. Socrate, héros dialectique du drame platonicien, nous rappelle son parent le héros euripidien, qui doit défendre ses actes par des raisons et des arguments, et court si souvent ainsi le risque de dérouter notre pitié tragique. Qui pourrait méconnaître en effet la nature *optimiste* de la dialectique, qui triomphe à chaque conclusion et ne peut vivre que de froide clarté et de certitude, cet élément optimiste qui, dès qu'il a pénétré dans la tragédie, envahit ses régions dionysiennes et la conduit fatalement à sa propre perte — jusqu'au saut fatal dans le drame bourgeois ? Que l'on se figure les conséquences des préceptes socratiques : « La vertu est un savoir ; on ne pèche que par ignorance ; l'homme vertueux est l'homme heureux »[157]. Ces trois principes de l'optimisme sont la mort de la tragédie. Car, à présent, le héros vertueux doit être dialecticien ; à présent, entre la vertu et la sagesse, entre la foi et la morale, il faut qu'il y ait une liaison visible et nécessaire ; désormais, la conception transcendantale eschyléenne de l'équité est ravalée au principe superficiel et impudent de la « justice poétique », avec son habituel *deus ex machina*.

Dans cet art théâtral, nouveau, socratique et optimiste, quelle est alors la situation du *chœur* et en général de toute la substance dionyso-musicale de la tragédie ? Tout cela apparaît comme quelque chose de fortuit, comme une réminiscence inutile, voire superflue, des origines de la tragédie ; tandis que nous avons reconnu que le chœur ne peut être compris que comme *cause première*, principe générateur de la tragédie et du tragique en général. Déjà, chez Sophocle, on constate cet embarras à l'égard du chœur, — indice important qui nous montre que, chez lui, la matière dionysienne de la tragédie commence à se désagréger. Il n'ose plus confier au chœur le rôle émotif principal, et restreint son action à un tel point, que ce chœur semble à présent subordonné aux acteurs, comme s'il eût été transporté de l'orchestre sur la scène ; et, ainsi, en dépit de l'approbation d'Aristote [158], son caractère est définitivement altéré. Cette perturbation dans le rôle du chœur, mise en pratique par Sophocle, et même, d'après la tradition, recommandée par lui dans un de ses écrits, est la première étape de cette *annihilation* du chœur, dont les phases se succèdent avec une effrayante rapidité dans Euripide, Agathon [159] et la Nouvelle Comédie [160]. Armée du fouet de ses syllogismes, la dialectique optimiste chasse la *musique* de la tragédie : c'est-à-dire détruit l'essence même de la tragédie, essence qui ne peut être interprétée que comme une manifestation et une figuration d'états dionysiens, comme une symbolisation visible de la musique, comme le monde de rêve d'une ivresse dionysiaque.

Même si, déjà avant Socrate, nous devons admettre les effets d'une tendance antidionysienne qui atteint seulement en lui une extraordinaire et grandiose expression, nous ne devons pas renoncer à interpréter une apparition telle que celle de Socrate, que les dialogues platoniciens ne nous permettent pas de considérer uniquement comme une force négative et dissolvante. Et, si certain qu'il soit que la première conséquence du mouvement socratique fut une adultération de la tragédie dionysienne, un épisode significatif de la vie de Socrate lui-même nous oblige à nous demander s'il n'y a *nécessairement* entre le socratisme et l'art qu'une irréductible antinomie, et si la naissance d'un « Socrate artiste » est quelque chose d'absolument contradictoire en soi.

Cet implacable logicien eut en effet, de temps en temps, à l'endroit de l'art, le sentiment d'une lacune, d'un vide, d'un demi-reproche, d'un devoir peut-être inaccompli. Il racontait à ses amis, dans sa prison, qu'un même personnage lui était apparu en rêve, et qui lui répétait toujours les mêmes paroles : « Socrate, exerce-toi à la musique ! » Jusqu'à ses derniers jours, il s'était tranquillisé avec la pensée que la philosophie est le plus haut des arts des muses, et il ne pouvait s'imaginer qu'une divinité devait lui rappeler la « musique commune, populaire ». Finalement, pour soulager tout à fait sa conscience, il se décide, en prison, à s'occuper de cette musique qu'il estimait si peu [161]. Dans cet état d'esprit, il compose un hymne à Apollon et met en vers quelques fables d'Ésope. Ce qui le poussa à ces exercices, ce fut quelque chose d'analogue à la voix de son démon familier, ce fut une intuition apollinienne selon laquelle il était comme un roi barbare ne comprenant pas l'image d'une noble divinité, et qu'il courait le risque d'offenser cette divinité par son incompréhension. Le message de ce personnage s'adressant en rêve à Socrate est le seul indice d'un doute au sujet des limites de la nature logique : peut-être Socrate devait-il se dire à lui-même : ce qui ne m'est pas compréhensible n'est pourtant pas de ce fait l'incompréhensible ? Peut-être y a-t-il un domaine de la sagesse, d'où le logicien est banni ? Peut-être l'art est-il même un corrélatif nécessaire, un supplément de la science ?

15.

Dans l'ordre d'idées évoqué par ces interrogations suggestives, il faut exposer maintenant comment, jusqu'à aujourd'hui et pour toute postérité à venir, l'influence de Socrate s'est étendue sur le monde, comme une ombre qui s'allonge sans cesse sous les rayons du soleil couchant ; comment cette influence impose la nécessité d'une perpétuelle rénovation de l'*art*, et de l'art dans un sens désormais métaphysique, dans le sens le plus large et le plus profond ; — et comment la durée infinie de cette influence nous garantit la durée infinie de l'art.

Avant qu'il fût possible de reconnaître cette vérité, avant qu'il fût péremptoirement établi que tout art est aux Grecs, et aux Grecs depuis Homère jusqu'à Socrate, dans le rapport de la plus intime dépendance, les Grecs devaient nous faire un effet analogue à celui que Socrate produisait sur les Athéniens. A peu près de tout temps, les cultures successives ont essayé avec humeur de secouer le joug des Grecs, parce que toute création personnelle, en apparence absolument originale et très sincèrement admirée, semblait, à côté d'eux, perdre soudain la couleur et la vie et avorter en imitation maladroite, en caricature. Et à chaque instant éclate encore une fois le ressentiment amassé au fond du cœur contre ce petit peuple arrogant qui eut l'audace d'affubler, pour l'éternité, de l'épithète de « barbare » tout ce qui lui était étranger. Quels sont ces gens, se dit-on, qui, sans autre titre qu'un éclat historique éphémère, des institutions ridiculement bornées, une valeur morale douteuse, et dont le nom même est employé à l'égal d'une odieuse injure, revendiquent cependant entre les peuples une place à part et le rang qui, parmi la masse, appartient au génie ? Malheureusement on n'eut pas la chance de découvrir la ciguë qui aurait pu en finir tout uniment avec un pareil phénomène, car tout le poison produit par l'envie, la calomnie et la rancune ne put réussir à entamer cette insolente sérénité. Aussi, devant les Grecs, on a honte et on a peur. Qu'au moins un homme estime ici la vérité avant tout, et ose proclamer cette vérité, que, pareils au cocher qui conduit un char, les Grecs tiennent dans leurs mains les rênes de notre art, aussi bien d'ailleurs que de tout art, mais que, presque toujours, le char et les chevaux, de qualité trop basse, sont indignes de leurs glorieux conducteurs, qui se font alors un jeu de précipiter un tel attelage dans l'abîme qu'eux-mêmes franchissent aisément d'un bond, semblables à Achille au pied léger.

Pour valoriser le fait qu'un rôle directeur analogue fut également dévolu à Socrate, il suffit de reconnaître en celui-ci le modèle d'un type humain inconnu jusque là, le type de l'*homme théorique*[162], dont nous étudierons dès maintenant la signification et les fins. De même que l'artiste, l'homme théorique trouve, lui aussi, dans ce qui l'entoure une satisfaction infinie, et ce sentiment le protège contre la philosophie pratique du pessimisme dont les yeux de lynx ne luisent que dans les ténèbres. Si l'artiste, en effet, à toute manifestation nouvelle de la vérité, se détourne de cette clarté révélatrice, et contemple toujours avec ravissement ce qui, malgré cette clarté, demeure obscur encore, l'homme théorique se complaît et se rassasie au spectacle de l'obscurité vaincue, et il trouve sa joie la plus haute à l'avènement d'une vérité nouvelle, sans cesse victorieuse et s'imposant par sa propre force. Il n'y aurait pas de science, si elle n'avait d'autre but que la vérité et ne devait se préoccuper *uniquement* que de cette déesse toute nue et d'aucune autre chose. Ses adeptes se feraient bientôt l'effet de gens qui auraient projeté de creuser dans la Terre un trou vertical la traversant de part en part. Chacun d'eux s'apercevrait qu'en travaillant pendant sa vie entière avec la plus grande assiduité, il ne pourrait arriver à percer qu'une infime partie de l'énorme profondeur, et que le résultat de son travail serait anéanti sous ses yeux par le travail de son voisin, de sorte qu'un troisième paraîtrait agir très raisonnablement en choisissant, de son propre chef, une place nouvelle pour sa propre tentative. Si l'un d'eux réussit maintenant à démontrer péremptoirement l'impossibilité d'atteindre par ce moyen l'antipode, qui voudra persister encore au forage du puits primitif, s'il n'a pris le parti, entre temps, de s'accommoder d'y découvrir des gemmes ou des lois de la nature ? C'est pour cela que Lessing [163], le plus sincère des hommes théoriques, a osé déclarer qu'il trouvait plus de satisfaction à la recherche de la vérité qu'à la vérité elle-même ; et ainsi fut dévoilé, à la surprise, à la grande colère des savants, le secret fondamental de la science. Cependant, à côté de cet aveu isolé, de cet excès de franchise, sinon d'outrecuidance, on constate aussi une *illusion* profondément significative, incarnée pour la première fois dans la personne de Socrate : cette inébranlable conviction que la pensée, par le fil d'Ariane de la causalité, puisse pénétrer jusqu'aux plus profonds abîmes de l'Être, et ait le pouvoir non seulement de connaître, mais aussi de corriger l'existence. Cette noble illusion métaphysique est l'instinct propre de la science, qui la conduit et la ramène sans relâche à ses limites naturelles, où il lui faut alors se transformer en art, — but réel vers lequel tend ce *mécanisme*.

Considérons maintenant Socrate à la lumière de cette pensée : il nous apparaît alors comme le premier qui pût non seulement vivre, mais encore — qui plus est — mourir au nom de cet instinct de la science ; et c'est à cause de cela que l'image de *Socrate mourant*, de l'homme délivré, par le savoir et la raison, de la crainte de la mort, est l'écu armorial suspendu au portail de la science, pour rappeler à chacun que la cause finale de la science est de rendre l'existence concevable, et par cela même de la justifier : ce à quoi, naturellement, quand les raisons ne suffisent point, doit servir en fin de compte aussi le *mythe*, que je viens de montrer comme la conséquence nécessaire, comme le but réel de la science.

Lorsque l'on observe le spectacle offert depuis Socrate, ce mystagogue [164] de la science, par les divers systèmes philosophiques qui, semblables aux vagues de la mer, se poursuivent et se succèdent sans trêve ; en présence de cette universelle avidité de savoir qui s'est manifestée, avec une puissance que l'on n'eût jamais soupçonnée, dans toutes les sphères du monde civilisé, et qui, s'imposant à tous comme le véritable devoir de l'homme intelligent, a porté la science à la place suprême qu'elle occupe encore, et dont on n'a pu jamais complètement parvenir à la déposséder ; devant cet universalisme, tendu sur tout le globe terrestre comme un réseau de communes pensées et rêvant même de soumettre à ses lois un système solaire tout entier — ; et si, en outre, on considère en même temps la colossale pyramide du savoir aujourd'hui, on ne peut se défendre de voir en Socrate l'axe et le pivot de ce qui constitue l'histoire du monde. Qu'on imagine, en effet, la somme incalculable des forces absorbées par cette tendance universelle, consacrée, *non pas* au service de la connaissance, mais à la réalisation des désirs pratiques, c'est-à-dire égoïstes, des individus et des peuples ; il est probable qu'alors, au milieu des perpétuelles migrations des peuples et des luttes exterminatrices, l'amour instinctif de la vie serait tellement affaibli, et l'habitude du suicide devenue si générale, que l'individu croirait, comme l'habitant des îles Fidji [165], accomplir son devoir suprême de fils en tuant son père, et d'ami en égorgeant son ami : un pessimisme pratique qui pourrait même susciter l'épouvantable morale de l'anéantissement de peuples par pitié, — et qui, d'ailleurs, existe et a existé dans le monde, partout où l'art n'est pas apparu sous une forme quelconque, particulièrement sous celle de la religion ou de la science, comme remède et protection contre ce souffle empoisonné.

En face de ce pessimisme pratique, Socrate est le type de l'optimiste théorique, qui attribue à la foi dans la possibilité d'approfondir la nature des choses, au savoir, à la connaissance, la vertu d'une panacée universelle, et tient l'erreur pour le mal en soi. Pénétrer les causes et distinguer de l'apparence et de l'erreur la véritable connaissance, parut à l'homme socratique la vocation la plus noble, la seule digne de l'humanité ; et, depuis Socrate, ce mécanisme des concepts, jugements et déductions fut regardé comme la plus haute faveur, le présent le plus merveilleux de la nature, et estimé au-dessus de toutes les autres facultés. Les plus nobles actions morales elles-mêmes, les impulsions de la pitié, du sacrifice, de l'héroïsme et aussi cet état de l'âme auquel il est si difficile d'atteindre, comparable au calme silencieux de la mer immobile, et que le Grec apollinien nommait σωφροσύνη [166], tout cela, aux yeux de Socrate et de ses successeurs, jusqu'aux plus modernes de ses disciples, est du ressort de la dialectique de la connaissance et, comme tel, peut être enseigné. Pour celui qui a éprouvé personnellement la jouissance que procure la connaissance socratique, et qui sent combien cette connaissance s'efforce d'enserrer de cercles toujours plus vastes le monde des phénomènes, il n'y aura plus désormais, pour l'exciter à vivre, d'aiguillon plus puissant que l'âpre désir de poursuivre cette conquête et de tresser l'infranchissable réseau. Le Socrate de Platon apparaît alors à un homme ainsi disposé comme l'apôtre d'une forme toute nouvelle de la « sérénité grecque » et de la joie à l'existence, qui cherche à se manifester par des actes et y réussit le plus souvent par une influence maïeutique et éducatrice exercée sur de jeunes et nobles esprits, dans le but de susciter en eux le génie.

Et la science, éperonnée par sa puissante illusion, s'élance alors irrésistiblement jusqu'à ses limites, où vient échouer et se briser son optimisme latent inhérent à l'essence de la logique. Car la circonférence du cercle de la science est composée d'un nombre infini de points, et bien qu'il soit encore impossible de concevoir comment le cercle entier pourrait être jamais mesuré, l'homme supérieur et intelligent atteint fatalement, avant même d'avoir accompli la moitié de sa vie, certains points extrêmes de la circonférence, où il demeure interdit devant l'inexplicable. Lorsque, plein d'épouvante, il voit, à cette limite extrême, la logique s'enrouler sur soi-même comme un serpent et se mordre la queue, — alors surgit devant lui la forme nouvelle de la connaissance, la *connaissance tragique*, dont il lui est impossible de supporter seulement l'aspect, sans la protection et le secours de l'art.

Si nous tournons nos regards retrempés et réconfortés par la vision grecque vers les sphères les plus élevées du monde qui nous entoure, nous voyons cette avidité de l'insatiable connaissance optimiste, dont Socrate fut la première incarnation, se transformer brusquement en un besoin de résignation tragique et d'art ; tandis que, chez les esprits inférieurs, cette même avidité doit se manifester par un sentiment d'hostilité à l'art, et abhorrer, par-dessus tout, l'art tragique dionysien, comme nous en avons eu un exemple dans la lutte du socratisme contre la tragédie eschyléenne.

Et ici, l'esprit plein de trouble, nous frappons aux portes du présent et de l'avenir : ce « bouleversement » aboutira-t-il à de toujours nouvelles métamorphoses du génie, et précisément dans le sens du *Socrate s'exerçant à la musique* ? Le réseau de l'art, que ce soit sous le nom de Religion ou de Science, enveloppera-t-il le monde de mailles toujours plus fortes et plus délicates, ou est-il destiné à être déchiré en lambeaux dans le tourbillon de barbarie fiévreuse et qui se qualifie à présent de « modernité » ? — Inquiets, mais non sans espoir, nous demeurons un instant à l'écart, esprits contemplatifs auxquels il est accordé d'être témoins de ces luttes et de ces évolutions inouïes. Hélas ! C'est le charme de ces luttes que celui qui les contemple soit contraint aussi d'y prendre part !

16.

Nous avons essayé de démontrer par cet exemple historique comment, aussi sûrement que la tragédie ne peut naître que du seul génie de la musique, elle décline et meurt infailliblement en même temps que celui-ci. Pour adoucir cette assertion et faire connaître aussi les origines et la genèse de notre sentiment, il nous faut maintenant examiner sans détour les phénomènes contemporains analogues ; il faut nous mêler à ces combats qui se livrent, je viens de le dire, dans les milieux les plus élevés de notre monde moderne, entre l'insatiable optimisme de la connaissance et le tragique besoin d'art. Je négligerai volontairement les autres influences ennemies qui, à toute époque, ont fait tort à l'art et spécialement à la tragédie, et qui, encore aujourd'hui, se répandent d'autant plus victorieusement que, parmi les arts du théâtre, la farce et le ballet, par exemple, dans une floraison quasi luxuriante, s'épanouissent en répandant des parfums qui ne sont peut-être pas du goût de chacun. Je parlerai seulement du *plus illustre antagonisme* de la conception tragique du monde, et, par là, j'entends désigner la science, optimiste au plus profond de son essence, avec son ancêtre Socrate en tête. Et ces forces seront aussi appelées par leur nom, qui me semblent le gage d'une *renaissance de la tragédie* — et quelles autres bienheureuses espérances pour l'esprit allemand !

Avant de nous précipiter au milieu de ces combats, couvrons-nous de l'armure des connaissances que nous venons de conquérir. A l'encontre de ceux qui s'appliquent à faire dériver les arts d'un principe unique, comme la source de vie nécessaire de toute œuvre d'art, je contemple ces deux divinités artistiques des Grecs,

Apollon et Dionysos, et je reconnais en eux les représentants vivants et évidents de *deux* mondes d'art qui diffèrent essentiellement dans leur nature et leurs fins respectives. Apollon se dresse devant moi, comme le génie du principe d'individuation, qui seul peut réellement susciter la félicité libératrice dans l'apparence transfigurée ; tandis qu'au cri d'allégresse mystique de Dionysos, le joug de l'individuation est brisé, et la route est ouverte vers les Mères de l'Être, vers le noyau intime des choses. Ce contraste inouï, qui sépare comme un abîme l'art plastique, en tant qu'apollinien, et la musique, en tant qu'art dionysien, n'a été discerné que d'un seul parmi les grands penseurs, et cela si nettement que, sans le secours de la symbolique divine des Hellènes, il accorda à la musique le privilège d'une origine et d'un caractère particuliers la distinguant de tous les autres arts, pour la raison qu'elle ne serait pas, comme tous ceux-ci, une reproduction du phénomène, mais bien une image immédiate de la Volonté elle-même, et représenterait ainsi, *en face de l'élément physique, l'élément métaphysique du monde*, à côté de tout phénomène, la chose en soi (Schopenhauer, *Le Monde comme Volonté et comme Représentation*, I, p. 310)[167]. A l'appui de l'éternelle vérité de cette conception, la plus essentielle de toute esthétique, avec laquelle l'esthétique, au sens plus sérieux du mot, commence seulement, Richard Wagner a établi, dans son *Beethoven*[168], que la musique doit être jugée d'après des principes esthétiques tout différents de ceux dont on peut se servir à l'égard des autres arts plastiques, et surtout ne doit pas être appréciée selon la « catégorie » de la beauté ; encore qu'une esthétique erronée, au service d'un art faux et dégénéré, se soit habituée, sous l'influence de l'idée de beauté propre au monde plastique, à exiger de la musique un effet semblable à celui des œuvres de l'art plastique, c'est-à-dire la production *du plaisir aux formes belles*.

La constatation de ce prodigieux contraste m'entraîna irrésistiblement à examiner de plus près l'essence de la tragédie grecque et, partant, la manifestation la plus profonde du génie hellénique. Car, seulement alors, je crois être capable de maîtriser la magie qui me permettrait, au mépris de la phraséologie de notre esthétique courante, de poser, devant mon âme, le problème fondamental de la tragédie. C'est là que j'ai acquis une vue si étrange, si particulière de la réalité hellénique, que je me vis obligé d'en conclure que, nonobstant la morgue de ses façons, notre science hellénique classique semble jusqu'ici s'être exclusivement amusée d'un spectacle d'ombres chinoises et accommodée d'apparences superficielles.

Nous pourrions peut-être aborder ce problème fondamental en nous demandant : quel effet esthétique prend naissance lorsque ces impulsions artistiques apollinienne et dionysienne, scindées et distinctes en soi, concourent parallèlement à une action commune ? Ou, sous une forme plus concise : quel est le rapport de la musique à l'image et au concept ? — Schopenhauer, dont Wagner a proclamé, sur ce point spécial, la clairvoyance et la lucidité s'exprime à ce sujet de la manière la plus explicite dans le passage suivant que je reproduis ici en entier (*Monde comme Volonté et comme Représentation*, I, p. 309) : « D'après tout ce qui précède, nous pouvons considérer le monde des apparences, ou la nature, et la musique, comme deux expressions différentes d'une même chose, laquelle chose elle-même est ainsi, pour l'analogie de ces deux expressions, l'unique truchement intermédiaire dont la connaissance est indispensable pour distinguer cette analogie. En effet, la musique, si on la considère en tant qu'expression du monde, est une langue générale au plus haut degré, qui est même à la généralité des concepts dans un rapport identique à celui qui existe entre ceux-ci et les choses concrètes. Mais sa généralité n'est en aucune sorte cette généralité vide de l'abstraction ; elle est d'une tout autre espèce et inséparable d'une précision évidente et intelligible à chacun. Elle ressemble en cela aux figures géométriques et aux nombres, qui, en qualité de formes générales de tous objets possibles de l'expérience et applicables à tous *a priori*, ont un sens précis, non pas abstrait, mais intelligible à la perception et courant. Tous les efforts, toutes les émotions, toutes les manifestations de la Volonté, tous ces processus intérieurs à l'homme, jetés par la raison sous le concept négatif de "sentiment", peuvent être exprimés à l'aide de la multitude infinie des mélodies possibles, mais toujours exclusivement dans la généralité de la forme pure, sans la substance, toujours seulement en tant que chose en soi, non pas en tant que phénomène, en quelque sorte comme l'âme de l'apparence, incorporellement. Ce rapport intime, qui existe entre la musique et la véritable essence de toutes choses, nous explique aussi pourquoi, lorsqu'au prétexte d'une scène, d'une action, d'un événement, d'un milieu quelconque, résonne une musique adéquate, celle-ci semble nous en révéler la signification la plus secrète et s'affirme le plus exact et le plus lumineux des commentaires ; et nous comprenons également comment celui qui s'abandonne sans réserve à l'impression produite par une symphonie croit voir se dérouler devant ses yeux tous les événements imaginables de la vie et du monde. Cependant, à la réflexion, il ne peut alléguer aucune ressemblance entre ces tonalités et les objets évoqués par leur audition. Car, je l'ai déjà dit, la musique diffère de tous les autres arts en ceci qu'elle n'est pas la reproduction du phénomène, ou mieux, de l'adéquate objectivité de la Volonté, mais bien l'image immédiate de la Volonté elle-même, et représente ainsi, en face de l'élément physique, l'élément métaphysique du monde, à côté de tout phénomène, la chose en soi. On pourrait donc définir le monde aussi bien musique matérialisée que Volonté matérialisée : on comprend ainsi pourquoi la musique confère aussitôt à tout tableau, à toute scène de la vie réelle, une signification plus haute et cela, certes, avec une puissance d'autant plus grande que l'analogie est plus étroite entre sa mélodie et le phénomène dont il s'agit. C'est ce qui fait qu'il est possible d'adjoindre à la musique un poème comme chant, une description figurée comme pantomime, ou les deux réunis comme opéra. De tels tableaux isolés de la vie humaine, adaptés au langage général de la musique, ne lui sont jamais, de toute nécessité, connexes et corrélatifs ; ils n'ont avec elle d'autre rapport que celui d'un exemple quelconque vis-à-vis d'une notion générale ; ils représentent, grâce à la précision de la réalité, ce que la musique exprime à l'aide de la généralité de forme pure. Car les mélodies sont jusqu'à un certain point, comme les concepts généraux, un *abstractum* de la réalité. En effet celle-ci, c'est-à-dire le monde des choses concrètes, fournit le perceptible, le particulier et l'individuel, le cas isolé, aussi bien à la généralité des concepts qu'à celle des mélodies ; mais ces deux généralités sont à certains égards opposées l'une à l'autre, en ce sens que les concepts contiennent seulement les formes tout d'abord et en premier lieu abstraites de la perception, en quelque sorte l'écorce superficielle détachée des choses, et sont, par conséquent, des abstractions absolues, tandis que la musique donne l'essence la plus intime antérieure à toute forme, le cœur des choses. Ce rapport s'exprimerait parfaitement au moyen de la terminologie des scolastiques, en disant : les concepts sont les *universalia post rem*, mais la musique donne les *universalia ante rem*, et la réalité les *universalia in re*. — Ainsi qu'il a été dit déjà, la raison pour laquelle il est possible d'établir une relation entre une composition musicale et une représentation intuitive, est que toutes deux sont seulement des expressions totalement distinctes de la même essence intime du monde. Aussi lorsque, dans un cas déterminé, cette relation se manifeste avec évidence, lorsque le compositeur a su rendre, dans la langue générale de la musique, les mouvements de la Volonté qui constituent la matière essentielle, le noyau d'un événement donné, alors la mélodie du lied, la musique de l'opéra sont expressives. Mais cette analogie discernée par le musicien doit être chez lui le résultat d'une connaissance immédiate de l'essence du monde, à l'insu de sa raison, et non pas une imitation consciente, préméditée, et obtenue par l'intermédiaire des concepts. D'ailleurs, la musique n'exprime pas l'essence intime, la Volonté elle-même, elle est seulement l'imitation incomplète de son phénomène, ainsi qu'il advient pour toute musique strictement imitative »[169].

Donc, selon Schopenhauer, nous comprenons la musique immédiatement en tant que langage de la Volonté, et nous sentons notre imagination incitée à donner une forme à ce monde, invisible et pourtant vivant, d'esprits dont la voix nous parle, et à l'incarner dans un exemple analogue. D'autre part, l'image et le concept, sous l'influence efficiente d'une musique vraiment adéquate, acquièrent une signification supérieure. L'art dionysien exerce ainsi deux sortes d'effets sur les ressources artistiques apolliniennes : la musique excite à la *vision allégorique* de la généralité dionysienne, et la musique confère alors à l'image allégorique sa *signification la plus haute*. De ces faits positifs, compréhensibles en soi et accessibles à tout esprit sérieux et réfléchi, je conclus que la musique a le pouvoir de donner naissance au *mythe*, c'est-à-dire à l'exemple le plus significatif, précisément au mythe *tragique*, au mythe qui exprime en paraboles la connaissance dionysienne. A propos du phénomène du lyrique, j'ai montré comment, chez le poète lyrique, la musique aspire à manifester sa nature essentielle en des images apolliniennes. Figurons-nous, à présent, que la musique, à l'apogée de son essor, soit obligée de chercher à aboutir à une incarnation pareillement accomplie, nous devons admettre qu'elle sache trouver aussi l'expression symbolique adéquate à la sagesse dionysienne qui lui est propre ; et où nous faudrait-il découvrir cette expression, si ce n'est dans la tragédie, et, d'une façon générale, dans le concept du *tragique* ?

Le tragique ne peut être légitimement dérivé de la nature essentielle de l'art, telle qu'on la conçoit d'ordinaire uniquement selon les catégories de l'apparence et de la beauté ; le seul esprit de la musique nous fait comprendre qu'une joie puisse résulter de l'anéantissement de l'individu. Car, au spectacle des exemples isolés de cet anéantissement, s'éclaire pour nous le phénomène éternel de l'art dionysien, qui montre la Volonté dans sa toute-puissance, en quelque sorte derrière le principe d'individuation, l'éternelle vie au-delà de tout phénomène et en dépit de tout anéantissement. La joie métaphysique ressentie au tragique est une traduction de l'inconsciente sagesse dionysienne dans le langage de l'image. Le héros, la plus haute apparition de la

Volonté, est annihilé pour notre plaisir, parce qu'il n'est, malgré tout, qu'un phénomène, et que l'éternelle vie de la Volonté n'est pas effleurée par son anéantissement. « Nous croyons à la vie éternelle », proclame la tragédie ; tandis que la musique est l'Idée immédiate de cette vie. L'art plastique a un but tout différent : ici, Apollon triomphe de la souffrance de l'individu à l'aide de la glorification radieuse de *l'éternité de l'apparition* ; ici la beauté l'emporte sur le mal inhérent à la vie, la douleur est, dans un certain sens, mensongèrement supprimée des traits de la nature. Dans l'art dionysien et dans sa symbolique tragique, cette même nature nous parle d'une voix non déguisée, de sa voix véritable, et nous dit : « Sois tel que je suis moi-même ! Parmi la perpétuelle métamorphose des phénomènes, l'aïeule primordiale, l'éternelle créatrice, l'impulsion éternelle à exister, se satisfaisant éternellement à cette variabilité du phénomène ! »

17.

L'art dionysien lui aussi veut nous convaincre de l'éternelle joie qui est attachée à l'existence ; seulement, nous ne devons pas chercher cette joie dans les phénomènes, mais derrière les phénomènes. Nous devons reconnaître que tout ce qui naît doit être prêt pour un douloureux déclin, nous sommes contraints de plonger notre regard dans l'horrible de l'existence individuelle — et cependant la terreur ne doit pas nous glacer : une consolation métaphysique nous arrache momentanément à l'engrenage des migrations éphémères. Nous sommes véritablement, pour de courts instants, l'essence primordiale elle-même, et nous en ressentons l'appétence et la joie effrénées à l'existence ; la lutte, la torture, l'anéantissement des phénomènes, nous semblent désormais nécessaires, en face de l'intempérante profusion d'innombrables formes de vie qui se pressent et se heurtent, en présence de la fécondité surabondante de l'universelle Volonté. L'aiguillon furieux de ces tourments vient nous blesser au moment même où nous nous sommes, en quelque sorte, identifiés à l'incommensurable joie primordiale à l'existence, où nous pressentons, dans l'extase dionysienne, l'immuabilité et l'éternité de cette joie. En dépit de la terreur et de la pitié, nous goûtons la félicité de vivre, non pas en tant qu'individus, mais en tant que la substance vivante, *une*, qui nous enveloppe dans sa joie créatrice.

L'histoire des origines de la tragédie grecque nous révèle maintenant, avec une lumineuse précision, comment l'œuvre d'art tragique des Grecs naquit réellement du génie de la musique ; et, à l'aide de cette pensée, nous croyons avoir exactement interprété, pour la première fois, le sens primitif et si singulier du chœur. Mais nous devons convenir, en même temps, que la portée du mythe tragique, telle que nous l'avons établie, ne fut jamais perçue, avec une netteté manifeste, des poètes grecs, et moins encore des philosophes grecs ; le langage de leurs héros est, à certains égards, plus superficiel que leurs actes ; le mythe ne trouve, en aucune façon, dans le discours son objectivation adéquate. La succession des scènes et le spectacle des tableaux proclament une sagesse plus profonde que celle qu'il est possible au poète lui-même d'atteindre par le moyen des mots et des concepts. Un semblable phénomène peut être observé aussi chez Shakespeare, dont l'Hamlet [170], par exemple, dans une acception analogue, parle plus superficiellement qu'il n'agit, de sorte que c'est non pas des paroles, mais de la contemplation approfondie de tout l'ensemble que se déduit cette philosophie d'Hamlet précédemment exposée. En ce qui concerne la tragédie grecque, que nous connaissons en réalité uniquement sous la forme de drame parlé, j'ai même fait remarquer que cette dysharmonie entre le mythe et le verbe pourrait nous égarer aisément jusqu'à diminuer dans notre esprit la signification et l'importance de la tragédie, et à lui attribuer ainsi une portée plus superficielle que celle qu'elle dut avoir d'après le témoignage des anciens : car avec quelle facilité n'oublie-t-on pas que la plus haute idéalité et sublimation du mythe, refusée au poète, lui était accessible à tout instant, en tant que musicien créateur ! Pour nous, certes, il est presque nécessaire de reconstituer savamment la puissance prépondérante de l'action musicale, pour ressentir quelque chose de ce réconfort suprême qui doit être le propre de toute vraie tragédie. Pourtant, même cette toute-puissance de la musique, nous n'aurions pu l'éprouver que si nous avions été des Grecs ; car, dans la musique grecque à son apogée, — comparée à l'art infiniment plus riche qui nous est familier, — nous croyons seulement entendre le chant d'adolescent du génie de la musique, entonné d'une voix mal assurée. Les Grecs sont, comme le disent les prêtres égyptiens, d'éternels enfants, et, aussi dans l'art tragique, ils ne sont que des enfants qui ne savent pas quel jouet sublime s'est formé entre leurs mains — et y sera brisé.

Cette aspiration du génie de la musique à une manifestation plastique et mythique, qui va croissant des commencements de l'art lyrique jusqu'à la tragédie attique, tombe tout à coup, juste aussitôt après un superbe épanouissement, et disparaît, pour ainsi parler, de la surface de l'art hellénique ; tandis que la conception dionysienne du monde, engendrée par cette aspiration, se perpétue dans les mystères, et, dans ses plus extraordinaires métamorphoses ou dégénérations, n'arrête pas d'attirer à soi les natures les plus sérieuses. Ne surgira-t-elle pas quelque jour, sous forme d'art, de ses profondeurs mystiques ?

Ici se pose pour nous la question de savoir si la puissance antagoniste, dont l'action causa la perte de la tragédie, possède à tout jamais une force suffisante pour empêcher le réveil artistique de la tragédie et de la conception tragique du monde. Si l'ancienne tragédie était détournée de sa voie par une tendance dialectique orientée vers le savoir et l'optimisme de la science, il faudrait conclure de ce fait à une lutte éternelle entre la conception *théorique* et la conception *tragique* du monde ; et seulement après que l'esprit scientifique, arrivé jusqu'à ses propres limites, eût dû reconnaître, par la constatation de ces limites, le néant de sa prétention à une aptitude universelle, il serait permis d'espérer une renaissance de la tragédie ; en guise de symbole de cette forme de culture nous aurions à ériger

Socrate *s'exerçant à la musique*, au sens relaté plus haut. Dans cette comparaison, j'entends par esprit scientifique cette foi en la possibilité de pénétrer les lois de la nature et en la vertu de panacée universelle accordée au savoir, qui fut incarnée pour la première fois dans la personne de Socrate.

Quiconque veut bien songer aux conséquences les plus immédiates de cet esprit scientifique, qui va de l'avant toujours et sans trêve, comprendra aussitôt comment, grâce à lui, le mythe fut anéanti, et comment, par cet anéantissement, la poésie [171], dépossédée de sa patrie idéale naturelle, dut errer désormais comme un vagabond sans foyer. Si nous avons légitimement accordé à la musique la puissance d'engendrer de nouveau le mythe, nous aurons à rechercher l'empreinte de l'esprit scientifique également dans les manifestations où il s'affirme hostile à cette puissance de création mythique de la musique. Cet événement se signale dans la formation du *dernier dithyrambe attique*, dont la musique n'exprimait plus l'essence intime du monde, la Volonté elle-même, mais reproduisait insuffisamment et uniquement les phénomènes, dans une imitation obtenue par l'intermédiaire des concepts : musique intrinsèquement décadente, qui suscitait chez les natures véritablement musicales l'identique répulsion qu'elles éprouvaient aux tendances, mortelles pour l'art, de Socrate. L'instinct sûr et pénétrant d'Aristophane [172] a certainement démêlé la vérité, lorsqu'il réunit, en un commun objet de haine, Socrate lui-même, la tragédie d'Euripide et la musique des nouveaux dithyrambes, et reconnaît dans ces trois phénomènes les stigmates d'une culture décadente. Grâce à ce nouveau dithyrambe, la musique tourne perversement au pastiche, à la contrefaçon du phénomène, par exemple, d'une bataille, d'une tempête, et est ainsi, à coup sûr, totalement dépouillée de sa puissance de création mythique. En effet, si la musique ne cherche à nous satisfaire qu'en nous forçant à découvrir des analogies extérieures entre un événement de la vie ou un accident de la nature, et certaines figures rythmiques, telles résonances musicales caractéristiques, si notre intelligence doit s'accommoder de la simple constatation de ces analogies, nous sommes alors déchus à un état d'esprit où il nous est impossible de recevoir l'impression du mythique ; car le mythe veut être ressenti par la perception en tant que symbole unique d'une généralité et vérité immuable au plus profond de l'infini. La musique véritablement dionysienne nous apparaît comme ce miroir universel [173] de la Volonté du monde. Cet événement intuitif, dont l'image se réfracte dans ce miroir, grandit aussitôt dans notre sentiment jusqu'à devenir l'image parfaite d'une vérité éternelle. Au contraire, un tel événement intuitif est immédiatement démuni de son caractère mythique par la peinture musicale du nouveau dithyrambe ; ici la musique aboutit à une mesquine imitation du phénomène, qui la rend plus misérable, infiniment, que le phénomène lui-même ; et cette pauvreté de la musique ravale à ce point le rôle du phénomène sur notre sentiment, que, par exemple, une bataille, imitée musicalement de la sorte, s'épuise en bruits de marche, en sonneries caractéristiques, etc., et que ce sont justement ces choses superficielles qui attirent notre attention et retiennent notre esprit. La peinture musicale [174] est donc à tout égard la parodie de la puissance de création mythique de la vraie musique ; par elle, le phénomène est encore amoindri, alors que la musique dionysienne élève et amplifie le phénomène isolé jusqu'à en faire un symbole universel. Ce fut une éclatante victoire de l'esprit antidionysien lorsqu'il réussit, avec le développement du nouveau dithyrambe, à rendre la musique étrangère à sa propre nature et qu'il l'eut réduite à être l'esclave du phénomène. Euripide, qui, dans un sens plus élevé, doit être défini comme une nature absolument antimusicale, est, précisément pour cette raison, un partisan enthousiaste de la nouvelle musique dithyrambique, et il en prodigue avec une prodigalité de voleur tous les effets et toutes les manières.

Nous reconnaissons, d'autre part, l'action de cet esprit antidionysien ennemi du mythe, à l'importance croissante des raffinements psychologiques et de la *peinture des caractères* [175] dans la tragédie de Sophocle. Le caractère ne doit plus se laisser généraliser, amplifier en un type éternel, il doit au contraire agir individuellement par des traits accessoires et des nuances artificielles, par la plus minutieuse précision de toutes les lignes, en sorte que le spectateur ne reçoive plus l'impression du mythe, mais bien celle d'une vérité naturelle frappante et de la puissance d'imitation de l'artiste. Là aussi, nous retrouvons la victoire du phénomène sur la vérité générale, et le plaisir ressenti à une concrète et quasi anatomique préparation ; nous respirons désormais dans l'atmosphère d'un monde théorique qui prise la connaissance scientifique au-dessus de l'expression artistique d'une règle universelle. La tendance au caractéristique progresse rapidement. Alors que Sophocle peint encore des caractères entiers, et soumet le mythe au joug de leur développement raffiné, Euripide n'indique déjà plus que des traits de caractères marqués et bien définis, qui se puissent traduire en passions véhémentes ; dans la nouvelle comédie attique, il ne reste plus que des masques à *une seule* expression : vieillards frivoles, entremetteurs dupés, esclaves futés, qui reviennent inlassablement. Qu'est devenu, maintenant, le génie musical, créateur de mythes ? Ce qui reste encore de la musique, c'est dorénavant ou un moyen d'excitation ou un prétexte à souvenirs ; c'est-à-dire un stimulant des nerfs émoussés ou usés, ou bien de la peinture musicale. Dans le premier cas, le texte juxtaposé à la musique n'importe plus qu'à peine : chez Euripide, lorsque ses héros ou ses chœurs commencent à chanter, cela marche déjà à la débandade ; jusqu'où ont pu aller ses impudents successeurs ?

Mais c'est dans le *dénouement* des drames que se manifeste le plus nettement le nouvel esprit antidionysien. La fin de l'antique tragédie évoquait la consolation métaphysique, hors de laquelle le goût de la tragédie reste inexplicable ; ces harmonies de paix, émanées d'un autre monde, c'est peut-être dans *Œdipe à Colone* qu'elles résonnent le plus purement. Maintenant le génie de la musique a abandonné la tragédie, et celle-ci est morte, au sens strict du mot : car, où puiser désormais ce réconfort métaphysique ? Aussi, à la dissonance tragique, on chercha une convenable résolution terrestre ; le héros, après avoir été suffisamment torturé par le sort, obtenait par un beau mariage, par des hommages divins, une récompense bien méritée. Le héros était devenu un gladiateur auquel, après qu'il était congrûment écorché et couvert de blessures, on accordait éventuellement la liberté. Le *deus ex machina* a remplacé la consolation métaphysique. Je ne veux pas dire que la conception tragique du monde ait été universellement et définitivement anéantie par l'effort de l'esprit antidionysien ; nous savons seulement qu'elle dut s'enfuir du domaine de l'art, se réfugier, pour ainsi dire, dans le monde des ténèbres et dégénérer en culte secret. Mais, sur toute la surface de l'hellénisme, se déchaîna le souffle dévastateur de cet esprit qui se manifeste sous cette forme de la « sérénité grecque » que j'ai définie comme l'expression d'un bonheur de vivre sénile et infécond. Cette sérénité est la parodie de l'admirable « naïveté » des anciens Grecs qui doit être regardée, d'après le caractère que nous lui avons reconnu, comme la fleur de la culture apollinienne émergeant épanouie du fond d'un sombre abîme, comme la victoire remportée par la Volonté hellénique, grâce à sa vision de beauté, sur le mal et la philosophie du mal. L'aspect le plus noble de l'autre forme de la « sérénité grecque », l'alexandrine, est la sérénité de l'*homme théorique* : elle présente les mêmes signes distinctifs que j'ai montrés comme la conséquence de l'esprit antidionysien. — Elle combat la philosophie et l'art dionysiaques, elle prétend résoudre le mythe et met à la place de la consolation métaphysique une consonance terrestre, oui, un *deus ex machina* de son cru, à savoir le dieu des machines et des creusets, c'est-à-dire les forces des esprits de la nature découvertes et dépensées pour le service de l'égoïsme le plus élevé ; elle croit que le monde peut être amélioré à l'aide du savoir, que la vie doit être gouvernée par la science ; et, enfin, elle est capable aussi d'emprisonner l'homme individuel dans un cercle étroit de problèmes solubles, au milieu duquel il dit à la vie avec sérénité : « Je te veux : tu es digne d'être connue ».

18.

C'est un phénomène éternel : toujours l'insatiable Volonté trouve un moyen pour attacher ses créatures à l'existence et les forcer à continuer de vivre, à l'aide d'une illusion répandue sur les choses. Celui-ci est retenu par le bonheur socratique de la connaissance et par le rêve chimérique de pouvoir guérir grâce à elle la plaie éternelle de la vie ; celui-là est fasciné par le voile de beauté de l'art, qui flotte prestigieux devant ses yeux ; cet autre, à son tour, est pénétré de cette consolation métaphysique selon laquelle sous le tourbillon des phénomènes, l'éternelle vie poursuit son immuable cours ; sans parler des illusions plus basses et presque plus puissantes encore, ménagées à tout instant par la Volonté. Ces trois degrés d'illusions sont d'ailleurs réservés aux plus nobles natures, chez lesquelles le poids et la misère de l'existence suscite un dégoût plus profond et qui peuvent échapper à ce dégoût par le secours de stimulants choisis. C'est de ces stimulants qu'est constitué tout ce que nous nommons « culture » : suivant la proportion des mélanges, il résulte une culture plus spécialement *socratique*, ou *artistique*, ou *tragique*, ou bien, si l'on veut autoriser des exemplifications historiques, une culture alexandrine, ou hellénique, ou bouddhique.

Tout notre monde moderne est pris dans le filet de la culture alexandrine et a pour idéal l'*homme théorique*, armé des moyens de connaissance les plus puissants, travaillant au service de la science, et dont le prototype et ancêtre originel est Socrate. Cet idéal est le principe et le but de toutes nos méthodes d'éducation : tout autre genre d'existence doit lutter péniblement, se développer accessoirement, non pas comme aboutissement projeté, mais comme occupation tolérée. Une disposition d'esprit presque effrayante fait qu'ici pendant un long temps, l'homme cultivé ne fut reconnu tel que sous la forme de l'homme instruit. Même notre art de la poésie a dû se développer à partir d'imitations érudites, et, dans l'effet prépondérant de la rime, nous retrouvons comment s'est constituée notre forme poétique à l'aide d'expérimentations artificielles sur une langue non familière, une langue bien pertinemment savante. Combien devrait sembler incompréhensible à un authentique Grec le type, compréhensible en soi, de l'homme cultivé moderne, Faust [176], épuisant sans être assouvi jamais tous les domaines de la connaissance, adonné à la magie et voué au diable par la passion de savoir, ce Faust qu'il nous suffit de comparer à Socrate pour constater que l'homme moderne commence à pressentir la faillite de cet engouement socratique pour la connaissance, et qu'au milieu de l'immensité solitaire de l'océan du savoir il aspire à un rivage. Lorsque Goethe, à propos de Napoléon, déclare un jour à Eckermann : « Oui, mon ami, il y a aussi une productivité des actes », il rappelle ainsi, d'une manière charmante et naïve, que l'homme non théorique [177], est, pour les hommes modernes, quelque chose d'invraisemblable et de déconcertant, de sorte qu'il faut encore une fois la sagesse d'un Goethe pour concevoir, voire pour excuser un mode d'existence aussi insolite.

Et l'on ne doit plus se dissimuler désormais ce qui est caché au fond de cette culture socratique : l'illusion sans bornes de l'optimisme ! Il ne faut plus s'épouvanter si les fruits de cet optimisme mûrissent, si la société, corrodée jusqu'à ses couches inférieures par une telle culture, est peu à peu secouée par la fièvre de l'orgueil et des appétits, si la foi au bonheur terrestre de tous, si la croyance dans la possibilité d'une semblable civilisation scientifique se transforme peu à peu en une volonté menaçante, qui exige ce bonheur terrestre alexandrin et invoque l'intervention d'un *deus ex machina* « à l'Euripide » ! Remarquons-le, pour pouvoir durer, la civilisation alexandrine a recours au maintien de l'esclavage, mais, dans sa conception optimiste de l'existence, elle dénie la nécessité de cet état ; aussi, lorsque l'effet est usé de ses belles paroles trompeuses et lénitives sur la « dignité de l'homme » et la « dignité du travail », elle s'achemine peu à peu vers un épouvantable anéantissement [178]. Rien n'est plus terrible qu'un barbare peuple d'esclaves, qui a appris à regarder son existence comme une injustice et se prépare à en tirer vengeance non seulement pour soi-même, mais encore pour toutes les générations à venir. Contre la menace d'un tel assaut, qui oserait, en toute assurance, appeler à l'aide nos religions blafardes et épuisées qui, même dans leurs fondements, ont dégénéré jusqu'à devenir des religions savantes ; au point que le mythe, cette condition préalable nécessaire de toute religion, est désormais et partout sans force et que, même aussi dans ce domaine, règne à présent cet esprit optimiste que nous venons de définir comme le germe destructeur de notre société.

Pendant que l'imminence du malheur qui sommeille au sein de la culture théorique trouble de plus en plus l'homme moderne et qu'il cherche avec inquiétude, parmi le trésor de ses expériences, les moyens aptes à détourner le danger, sans bien croire lui-même à leur efficacité, tandis qu'il commence à percevoir les conséquences de ses propres errements, certaines natures supérieures, des esprits élevés, enclins aux idées générales, ont su, avec une incroyable perspicacité, employer les armes mêmes de la science pour montrer les limites et les conditions de la connaissance, et démentir ainsi péremptoirement la prétention de la science à une valeur et une aptitude universelles. Ces conditions ont, pour la première fois, fait reconnaître comme illusoire la présomption d'approfondir l'essence la plus intime des choses au moyen de la causalité. Le courage et la clairvoyance extraordinaires de Kant et de Schopenhauer ont réussi à remporter la victoire la plus difficile, la victoire sur l'optimisme latent, inhérent à l'essence de la logique, et qui lui-même fait le fond de notre culture. Alors que cet optimisme appuyé sur sa confiance imperturbable dans les *eternae veritates*, avait cru à la possibilité d'approfondir et de résoudre tous les problèmes de la nature, avait considéré l'espace, le temps et la causalité comme des lois absolues d'une valeur universelle, Kant révéla que, en vérité, ces idées servaient seulement à élever la pure apparence, l'œuvre de la Maïa, au rang de réalité unique et suprême, à la mettre à la place de l'essence véritable et intrinsèque des choses et à rendre par là impossible la connaissance réelle de cette essence, c'est-à-dire, selon l'expression de

Schopenhauer, à endormir plus profondément encore le rêveur (Monde comme Volonté et comme Représentation, I, p. 498)[179]. Cette constatation est la préface d'une culture que j'oserai qualifier de culture tragique, dont le caractère le plus essentiel est que la sagesse instinctive y remplace la science en qualité de but suprême : et cette sagesse, insensible aux diversions captieuses de la science, embrasse d'un regard immuable tout le tableau de l'univers et, dans cette contemplation, cherche à ressentir l'éternelle souffrance avec compassion et amour, à faire sienne cette souffrance éternelle.

Figurons-nous une génération grandissant avec cette intrépidité du regard, avec cette impulsion héroïque vers le monstrueux, l'extraordinaire ; imaginons l'allure hardie de ce tueur de dragons, la fière témérité avec laquelle ces êtres tournent le dos aux doctrines débiles de l'optimisme, pour « vivre résolument » d'une vie pleine et entière ! *Ne devait-il pas être nécessaire* que l'expérience volontaire de la gravité et de la terreur amenât l'homme tragique de cette civilisation à désirer un art nouveau, *l'art de la consolation métaphysique*, la tragédie lui appartenant comme une Hélène, et à s'écrier avec Faust[180] :

Et ne devais-je pas, avec une violence passionnée,
Faire naître à la vie la forme la plus divine ?

La culture socratique ne tient plus le sceptre de son infaillibilité que d'une main tremblante, ébranlée qu'elle est de deux côtés à la fois, par la crainte de ses propres conséquences qu'elle commence à pressentir peu à peu, et parce qu'elle-même n'a plus, dans la valeur éternelle de ses fondements, la confiance naïve de jadis ; et c'est alors un triste spectacle que celui de la danse de sa pensée, toujours en quête de formes nouvelles pour les enlacer avec ardeur, et qui les abandonne soudain en frissonnant, comme Méphistophélès les Lamies séductrices. C'est bien là l'indice que cette « faillite », dont chacun parle couramment comme du mal originel de la civilisation moderne. Effrayé et désappointé des conséquences de son système, l'homme théorique n'ose plus s'aventurer dans la débâcle du terrible torrent de glace de l'existence : anxieux et indécis, il court çà et là sur le rivage. Il ne veut plus rien posséder d'entier, comprenant la naturelle cruauté des choses. L'optimisme l'a énervé à ce point. En même temps, il sent combien une civilisation édifiée sur le principe de la science, doit s'écrouler dès l'instant qu'elle devient *illogique*, c'est-à-dire qu'elle recule devant ses conséquences. Notre art proclame cette universelle détresse. C'est en vain que, par l'imitation, on s'appuie sur toutes les grandes époques productrices ou des natures créatrices supérieures ; c'est en vain que, pour la consolation de l'homme moderne, on amoncèle autour de lui toute la « littérature universelle », et qu'on l'entoure des styles et des artistes de tous les temps, afin que, tel Adam au milieu des animaux, il leur puisse donner un nom, — il reste malgré tout l'éternel affamé, le « critique » sans joie et sans force, l'homme alexandrin qui est, au fond, un bibliothécaire et un prote, et qui perd la vue misérablement à la poussière des livres et aux fautes d'impression.

19.

On ne peut caractériser plus nettement la teneur intrinsèque de cette civilisation socratique qu'en la nommant la *civilisation de l'opéra*. Dans ce domaine, en effet, cette civilisation a révélé, avec une particulière naïveté, sa volonté et ses convictions, et cela à notre stupéfaction, si nous comparons la genèse de l'opéra et les manifestations notoires de l'évolution de l'opéra avec les éternelles vérités de l'apollinisme et du dionysisme. Je rappellerai d'abord l'avènement du *stilo rappresentativo* [181] et du récitatif. Est-il croyable que cette musique de l'opéra, tout extériorisée, incapable de recueillement, ait pu être acceptée et cultivée avec un engouement passionné, en quelque sorte comme la renaissance de toute musique véritable, à une époque où venaient de resplendir la sainteté et l'inexprimable sublime de la musique de Palestrina ? Et, d'autre part, qui voudrait attribuer à la sensualité, au besoin de divertissements, de la société florentine d'alors et à la vanité de ses chanteurs dramatiques, l'exclusive responsabilité de la vogue de l'opéra et de sa soudaine et frénétique expansion ? Que, dans le même temps et chez le même peuple, à côté de la voûte ogivale des harmonies de Palestrina, à laquelle avait travaillé tout le moyen âge chrétien, ait surgi cette passion pour un mode d'expression qui n'est musical qu'à moitié, je ne puis me l'expliquer que par l'action d'une *tendance extra-artistique* contribuant à l'essence du récitatif.

A l'auditeur qui veut percevoir avec netteté les paroles sous la maladie, correspond le chanteur qui parle plus qu'il ne chante, et, par ce demi-chant, souligne plus fortement l'expression pathétique du discours. Grâce à ce renforcement du pathos, il facilite la compréhension de la parole et fait violence à l'élément qui constitue l'autre moitié de la musique. Le véritable danger qui le menace alors est qu'il accorde quelquefois mal à propos la prépondérance à la musique, par quoi disparaîtraient aussitôt fatalement le pathétique et la clarté du langage ; et pourtant, il se sent poussé par ailleurs à abandonner sa voix à l'entraînement musical et à la faire valoir avec virtuosité. Ici, le « poète » vient à son secours, en sachant lui ménager suffisamment les occasions d'accents lyriques, de répétitions de mots et de phrases, etc., qui permettent au chanteur de se reposer en ces endroits dans l'élément purement musical, sans prendre souci des paroles. Cette alternance de discours passionnés, expressifs, bien que chantés à moitié, et d'exclamations complètement chantées, qui est l'essence du *stilo rappresentativo*, les brusques fluctuations de cet effort qui s'évertue à agir, tantôt sur le concept et sur la représentation, tantôt sur le tréfonds musical de l'auditeur, tout cela est quelque chose de si absolument antinaturel, de si profondément opposé aussi bien aux impulsions artistiques du dionysisme qu'à celles de l'apollinisme, que l'on est obligé d'en conclure que le récitatif a trouvé son origine en dehors de tout instinct artistique. D'après quoi, il nous faut définir le récitatif comme un amalgame des interprétations épique et lyrique et, à coup sûr, en aucune façon comme un mélange intime et stable, impossible à réaliser à l'aide d'éléments aussi totalement disparates, au contraire, comme une mosaïque, l'agglutination la plus hétérogène, comme une chose sans exemple dans le domaine de la nature et de l'expérience. *Mais tel n'était pas le sentiment des inventeurs du récitatif*; bien plus, ils se figuraient même, et avec eux tous leurs contemporains, avoir retrouvé dans ce *stilo rappresentativo* le secret de la musique antique et l'explication de l'ascendant inouï d'un Orphée [182], d'un Amphion [183], voire de la tragédie grecque. Le nouveau style fut considéré comme une résurrection de la musique la plus puissamment expressive, celle des anciens Grecs. Grâce à l'opinion unanimement acceptée, à la conception toute populaire que l'on s'était formée du monde homérique, *comme étant le monde originel*, on put même se laisser aller au rêve d'un retour aux commencements paradisiaques de l'humanité, où la musique aussi devait nécessairement avoir possédé cette pureté, cette puissance et cette innocence que, dans leurs pastorales, les poètes savaient évoquer d'une manière si touchante. Nous pénétrons ici jusqu'au plus profond du principe générateur de cette forme artistique toute spécialement moderne, l'opéra [184] : une impérieuse aspiration se crée à soi-même un art, mais une aspiration qui n'est pas d'ordre esthétique, l'attrait passionné pour l'idylle, la croyance à l'existence préhistorique d'un être humain artiste et bon. Le récitatif fut regardé comme la langue restaurée de cet homme primitif, l'opéra comme la patrie retrouvée de cette entité idyllique, de cette nature héroïque et bonne qui, dès qu'elle agit, obéit à un instinct artistique naturel, qui, dès qu'elle parle, chante pour le moins un peu, et chante soudain à pleine voix sous l'influence de la plus légère émotion. Peu nous importe aujourd'hui qu'au moyen de cette image reconstituée de l'artiste paradisiaque les humanistes de l'époque aient combattu l'antique conception théologique de l'homme prédestiné en soi au mal et à la damnation : ce qui confère à l'opéra la valeur d'une doctrine d'opposition, le sens d'un dogme de l'homme bon, mais lui accorde aussi la vertu d'un réconfort tutélaire contre le pessimisme auquel étaient entraînés spécialement et le plus fortement les esprits sérieux de ce temps, au milieu de l'épouvantable insécurité de l'existence. Il nous suffit d'avoir reconnu que le charme propre et, par conséquent, l'origine de cette forme d'art nouvelle, résulte de la satisfaction d'une aspiration absolument pas esthétique, de la glorification optimiste de l'homme en soi, de la conception de l'homme primitif comme l'homme naturellement artiste et bon. Ce principe fondamental de l'opéra s'est transformé peu à peu en une menaçante et terrible *exigence* qu'il nous est impossible de dédaigner en présence des mouvements socialistes contemporains. « L'homme primitif bon [185] » réclame ses droits : quelles perspectives paradisiaques !

Je veux ajouter encore une confirmation non moins évidente de mon assertion que l'opéra est le produit de notre culture alexandrine, et est basé sur les mêmes principes. L'opéra est l'œuvre de l'homme théorique, de l'amateur critique, et non de l'artiste : un des phénomènes les plus étranges de l'histoire de tous les arts. Ce fut une exigence d'auditeurs bien pertinemment anti-musicaux, que l'on dût avant tout comprendre les paroles ; de sorte qu'il ne serait possible ainsi d'espérer une renaissance de l'art musical que si l'on parvenait à découvrir une espèce de chant dans lequel le mot du texte domine le contrepoint comme le maître l'esclave, les paroles étant supposées plus nobles que l'harmonie qui les accompagne autant que l'âme est plus noble que le corps. C'est d'après la grossièreté ignorante et antimusicale de ces théories que fut réalisée, dans les commencements de l'opéra, l'association de la musique, de l'image et de la parole ; c'est aussi suivant les préceptes de cette esthétique que les poètes et les chanteurs distingués en tentèrent les premiers essais dans les milieux aristocratiques dilettantes de Florence [186]. L'homme artistiquement impuissant se crée à soi-même une forme d'art adéquate justement par cela même qu'il est l'homme anti-artistique en soi. Comme il ne se doute pas de la profondeur dionysiaque de la musique, il métamorphose pour son usage la jouissance musicale en une rationnelle rhétorique de la passion [187] faite de sons et de mots dans le *stilo rappresentativo*, et en un plaisir suprême aux artifices des chanteurs ; parce qu'il lui est refusé d'atteindre jusqu'à la vision, il réclame le secours du machiniste et du décorateur ; parce qu'il lui est impossible de concevoir la véritable nature de l'artiste, il évoque devant soi « l'homme primitif artistique » selon son goût, c'est-à-dire l'homme que la passion incite à chanter et à parler en vers. Il s'imagine être transporté dans un temps où la seule passion suffit à engendrer des chants et des poèmes ; comme si la passion avait jamais été capable de créer quelque chose d'artistique. Le postulat de l'opéra est basé sur une conception erronée de la nature de l'art, à savoir sur cette hypothèse idyllique que, en réalité, tout homme doué de sensibilité est un artiste. Dans cette acception, l'opéra est l'expression du dilettantisme dans l'art, la manifestation du dilettantisme qui dicte ses lois avec la sérénité optimiste de l'homme théorique.

S'il nous fallait agréger en un concept les deux principes efficients de la formation de l'opéra que nous venons de décrire, nous n'aurions autre chose à faire qu'à parler d'une *tendance idyllique de l'opéra* et à faire usage uniquement ici des expressions mêmes et de la démonstration de Schiller [188]. Ou bien, dit-il, la nature et l'idéal sont un objet de deuil, lorsque celle-là est représentée comme perdue et celui-ci comme n'étant pas atteint ; ou bien tous deux sont un objet de joie, s'ils sont représentés comme étant une réalité. Du premier cas résulte l'élégie au sens strict du mot ; du second, l'idylle dans sa signification la plus étendue. Il faut s'empresser de faire remarquer ce caractère commun des deux principes générateurs de l'opéra, que, par eux, l'idéal n'est pas conçu comme non atteint, ni l'état de nature considéré comme perdu. D'après cette manière de penser, il y aurait eu une époque primordiale où l'homme vivait au cœur même de la nature, et, dans cet état de nature, avait en même temps atteint à l'idéal de l'humanité, à une maîtrise artistique et une bonté paradisiaques ; nous serions tous les descendants de cet être primordial, il nous faudrait rejeter quelque chose de nous, en renonçant volontairement à un excès d'érudition, à un trop-plein de civilisation. Cette harmonie entre la nature et l'idéal, l'homme cultivé de la Renaissance[189] la retrouvait dans son opéra imité de la tragédie grecque et se transportait ainsi dans une réalité idyllique ; il se servait de cette tragédie, comme Dante se sert de Virgile, pour être conduit jusqu'aux portes du paradis : mais, à partir de là, il reprenait son indépendance pour aller plus loin encore et passait d'une imitation de la forme la plus élevée de l'art grec à une « restitution de toutes choses », à une reconstitution du monde d'art primordial de l'humanité. Quelle assurance ingénue dans ces efforts téméraires au sein de la culture théorique ! — on ne saurait se l'expliquer que par l'existence de cette croyance consolatrice que « l'homme en soi » constitue le héros d'opéra éternellement vertueux, qu'il est le berger qui éternellement chante et joue de la flûte, enfin que cet « homme en soi », doit nécessairement toujours se retrouver comme tel, au cas où, à un moment quelconque, il se serait perdu lui-même pendant quelque temps ; et on reconnaît ici l'authentique fruit de cet optimisme qui s'élève des profondeurs de la conception socratique du monde, comme une vapeur parfumée, aux relents douceâtres et perfides.

L'opéra ne nous offre donc nullement l'expression de cette douleur élégiaque que cause un deuil éternel, mais bien la sérénité d'une perpétuelle recouvrance, la jouissance confortable d'une idyllique réalité que, tout au moins, on peut à chaque instant se représenter comme réelle, — auquel cas il arrive parfois peut-être que l'on ait soudain le sentiment que cette prétendue réalité n'est plus qu'une fantasmagorie bouffonne et inepte, et que quiconque aurait le pouvoir de la comparer à la terrible gravité de la vraie nature, aux véritables scènes primitives des origines de l'humanité, devrait s'écrier avec dégoût : « Qu'on nous débarrasse de ce fantôme ! » On se tromperait pourtant si l'on se figurait pouvoir chasser cet être de mascarade qu'est l'opéra simplement par un grand cri, comme on fait pour un spectre ou un revenant. Celui qui veut détruire l'opéra doit engager la lutte contre cette sérénité alexandrine, qui s'y exprime si naïvement à travers sa conception favorite dont il est l'adéquate forme artistique. Mais qu'espérer pour l'art lui-même des effets d'une forme artistique dont les principes générateurs ne sont pas du domaine esthétique et qui est, plus vraisemblablement, échappée d'une sphère mi-morale, pour s'introduire à la dérobée dans le domaine de l'art, et ne peut dissimuler cette origine hybride que de temps en temps et par hasard ? De quels sucs se nourrit cet organisme parasite qu'est l'opéra, si ce n'est de la sève de l'art véritable ? Ne sera-t-il pas à prévoir que, sous l'influence de ses séductions idylliques, de ses captieux artifices alexandrins, la tâche la plus haute et la plus vraiment sérieuse de l'art — arracher le regard à l'horreur des ténèbres et épargner au sujet, par le baume salutaire de l'apparence, les affres des convulsions de la Volonté — ne se réduise à n'être plus qu'une occasion de plaisir, un moyen de distractions frivole ? Qu'adviendra-t-il des éternelles vérités du dionysisme et de l'apollinisme, avec cet amalgame de styles qui est l'essence du *stilo rappresentativo*, où la musique est considérée comme la servante et le texte comme le maître, où la musique est comparée au corps et la parole à l'âme ? où, dans le meilleur cas, le but suprême est une peinture musicale imitative, à peu près comme il en fut jadis dans le dernier dithyrambe attique ? où la musique est absolument dépossédée de sa vraie dignité de miroir dionysiaque du monde, de telle sorte que, devenue l'esclave des phénomènes, il ne lui reste plus d'autre rôle que celui d'imiter la modalité de formes des phénomènes et de provoquer un plaisir tout extérieur par le jeu des lignes et des proportions ? Un examen attentif montre que cette influence néfaste de l'opéra sur la musique coïncide exactement avec l'évolution tout entière de la musique moderne. L'optimisme latent, inhérent à la genèse de l'opéra et à l'essence de la civilisation qu'il représente, a réussi, avec une rapidité inquiétante, à dépouiller la musique de sa destination dionysiaque universelle et à lui imprimer le caractère plaisant d'un jeu aux arabesques des formes. Et l'on ne saurait peut-être comparer cette transformation qu'à la métamorphose qui fit, de l'homme eschyléen, l'homme de la sérénité alexandrine.

Mais si nous avons justement démontré par des exemples et légitimement affirmé la connexité qui se révèle entre la disparition de l'esprit dionysien et une modification insolite, une dégénération de l'homme grec frappante au plus haut point et inexpliquée jusqu'ici, — quelles espérances ne doivent pas renaître en nous lorsque les présages les plus certains nous garantissent l'avènement du processus *contraire, le réveil progressif de l'esprit dionysien* dans notre monde actuel ! Il n'est pas possible que la divine force d'Hercule sommeille éternellement en esclavage, dans les liens voluptueux d'Omphale. Du tréfonds dionysiaque de l'esprit allemand, une force a surgi, qui n'a rien de commun avec les principes fondamentaux de la culture socratique, et que cette culture est impuissante aussi bien à expliquer qu'à justifier, une force qui, au regard de cette culture, est au contraire quelque chose d'effrayant et d'inconcevable, quelque chose d'odieux et d'extravagant, *la musique allemande*[190], telle surtout qu'elle nous apparaît dans son radieux et puissant essor de Bach à Beethoven et de Beethoven à Wagner. Que peut essayer d'entreprendre, dans les circonstances les plus favorables, la curiosité positive et empirique du socratisme de nos jours, avec ce démon évoqué d'insondables profondeurs ? Ni l'arabesque dentelée[191] de la mélodie d'opéra, ni la machine arithmétique[192] de la fugue ou la dialectique du contrepoint[193] ne sont capables de livrer les formules dont la triple puissance aurait le pouvoir d'enchaîner ce démon et de le forcer à parler. Quel spectacle est celui de nos esthéticiens qui, armés du filet de leur idée spéciale de la « beauté », poursuivent le génie de la musique évoluant devant eux avec une déconcertante vitalité, et cherchent à s'en saisir, au milieu de préoccupations relevant aussi peu des lois de la beauté éternelle que de celles du sublime. On n'a qu'à regarder d'un peu plus près et en personne ces chaperons de la musique, lorsqu'ils crient avec une si infatigable ardeur « Beauté ! Beauté ! », pour voir s'ils se conduisent, en cette occurrence, comme les fils chéris de la nature, élevés et formés dans le giron du beau, ou s'ils ne cherchent pas plutôt ainsi un masque hypocrite pour dissimuler leur grossièreté naturelle, un prétexte esthétique pour excuser leur apathie et leur platitude : à ce propos, je pense, par exemple, à Otto Jahn [194]. Mais que le menteur et l'hypocrite prennent garde à la musique allemande ; car, au centre de toute notre culture, elle seule est le feu spirituel inaltéré, limpide et purificateur, d'où proviennent et où vont toutes choses entraînées dans une double orbite comme dans le système du grand Héraclite d'Ephèse [195] ; et tout ce que nous nommons aujourd'hui culture, formation, civilisation, doit comparaître un jour au tribunal de Dionysos, l'infaillible justicier.

Rappelons-nous alors, comment, grâce à Kant et à Schopenhauer, il fut possible à *la philosophie allemande*, dérivée de la même source de principes, d'anéantir, par la détermination de ses limites, le plaisir de vivre satisfait du socratisme scientifique : comment cette démonstration eut pour résultat une conception incomparablement plus profonde et plus sérieuse des problèmes éthiques et de l'art, et que nous pouvons définir en toute assurance comme la *sagesse dionysienne* saisie en concepts. Que signifie pour nous cette connivence mystérieuse de la musique et de la philosophie allemandes, si ce n'est l'avènement d'une nouvelle forme d'existence dont nous ne pouvons nous faire une idée du contenu qu'à l'aide d'analogies helléniques ? Car l'exemple des Grecs conserve pour nous, qui sommes arrivés à la ligne frontière de deux différentes formes d'existence, cette valeur inappréciable que toutes ces luttes et ces transitions nous sont présentées par lui sous un aspect classique et plein d'enseignement. Il semble seulement que nous revivions analogiquement, en quelque sorte dans l'ordre *inverse* [196], les grandes époques décisives de l'Hellénisme et que nous remontions en arrière, par exemple, de l'ère alexandrine jusqu'à l'époque de la tragédie. Nous éprouvons en même temps cette impression que la naissance d'une époque tragique n'aurait d'autre signification pour l'esprit allemand que celle d'un retour à sa propre nature, d'une bienheureuse recouvrance de soi-même, après que, durant un long temps, de monstrueuses forces étrangères eurent asservi au joug de leur forme cet esprit abandonné à une informe barbarie. Après avoir désormais retrouvé la source vive de sa véritable nature, il peut oser s'avancer enfin, débarrassé du harnais d'une civilisation romane, fier et libre en face de tous les peuples, s'il sait s'attacher inébranlablement aux seuls enseignements d'un peuple duquel on peut dire qu'apprendre de lui est déjà une gloire insigne et un honneur exceptionnel, le peuple grec. Et quand les leçons de ces maîtres suprêmes pourraient-elles nous être plus nécessaires qu'à l'heure présente, alors que nous assistons à la *renaissance de la tragédie*, et que nous sommes en danger d'ignorer d'où elle vient et de ne pouvoir nous expliquer le but qu'elle veut atteindre ?

20.

Si l'on voulait rechercher, avec l'impartialité d'un juge incorruptible, en quel temps et par quels hommes l'esprit allemand a fait jusqu'ici le plus puissant effort pour apprendre quelque chose des Grecs, et si nous admettions, en toute assurance, que ce mérite dût être uniquement attribué à la noble ardeur intellectuelle de Goethe, de Schiller et de Winckelmann[197], il faudrait cependant ajouter que, depuis cette époque et dès après les effets immédiats de ces efforts, la tendance à suivre la même voie pour conquérir la culture intellectuelle et se rapprocher des Grecs a diminué graduellement d'une manière inconcevable. N'aurions-nous pas le droit, pour ne pas désespérer tout à fait de l'esprit allemand, de tirer de là cette conclusion que, en certains points essentiels quelconques, il n'a pas été donné, même à de tels hommes, de pénétrer jusqu'au cœur de la nature hellène, et de consolider, par un lien passionné et durable, l'alliance de la culture allemande et de la culture grecque ? Peut-être une inconsciente constatation de cette impuissance découragea-t-elle les natures les plus sérieuses, et les induisit à douter d'elles-mêmes et de penser qu'après de semblables devanciers il leur était impossible de pousser plus loin dans la direction de cette tendance intellectuelle et d'atteindre jamais le but. Aussi voyons-nous depuis ce moment dégénérer de la façon la plus inquiétante le jugement relatif à la valeur des Grecs au point de vue de la culture intellectuelle. Dans les milieux les plus divers de l'esprit et de la sottise, on peut entendre l'identique expression d'une commisération dédaigneuse. D'autre part, de beaux parleurs exercent aux facéties de « l'harmonie grecque », de « la beauté grecque », de « la sérénité grecque » les talents d'une rhétorique inefficace. Et c'est justement dans les sphères dont ce pourrait être la dignité de fouiller sans se lasser le lit du fleuve grec au profit de la culture allemande, dans la caste des professeurs de l'enseignement supérieur [198], que l'on a le mieux appris à en prendre de bonne heure à son aise avec les Grecs ; et cela en allant souvent jusqu'à sacrifier avec scepticisme l'idéal hellénique et engager les études de l'antiquité dans une voie diamétralement opposée à leur but véritable. S'il est quelqu'un, dans ces milieux, qui ne soit pas épuisé complètement par la tâche assidue d'une méticuleuse correction des textes anciens ou d'une micrographie naturaliste, peut-être, à côté d'autres antiquités, cherchera-t-il aussi à s'approprier l'antiquité grecque d'un point de vue « historique », mais toujours selon la méthode et les façons pédantes de l'historiographie contemporaine. Si, en conséquence, la faculté intellectuelle et éducative avérée des écoles supérieures n'a jamais été plus faible, plus nulle qu'en ce moment, si le « journaliste », cet esclave du papier quotidien, a pu remporter la victoire sur le professeur d'université pour tout ce qui regarde la culture de l'esprit, et s'il ne reste plus à ce dernier d'autre ressource qu'un travestissement déjà souvent constaté, que de s'emparer désormais du ton et des manières du journaliste, et, s'assimilant « l'élégance légère » du métier, de se métamorphoser en un joyeux papillon intellectuel, — avec quel pénible désarroi, les esprits modernes façonnés à ce régime ne doivent-ils pas contempler ce phénomène qui ne saurait être à peu près entendu, par analogie, qu'en partant du plus profond du génie hellénique [199] encore incompris : le réveil de l'esprit dionysiaque et la renaissance de la tragédie ? A aucune époque artistique la prétendue intellectuelle et l'art véritable n'ont été aussi étrangers l'un à l'autre, aussi divergents qu'aujourd'hui. Nous comprenons pourquoi une aussi misérable culture hait l'art véritable : elle craint en lui l'instrument de sa ruine. Mais toute une forme de culture, je veux dire cette forme socratique et alexandrine, n'est-elle pas usée, finie, lorsqu'elle aboutit à ce sommet d'élégance et de langueur qu'est la civilisation contemporaine ? Si des héros de l'envergure de Schiller et de Goethe n'ont pu réussir à enfoncer la porte enchantée de la montagne magique de l'hellénisme, si leur plus puissant effort n'a su trouver d'autre expression que le regard mélancolique et passionné qu'envoie vers sa patrie, au delà des mers, l'Iphigénie de Goethe [200], assise sur le rivage barbare de Tauris, quelle espérance resterait aux épigones de tels héros, si, d'un tout autre côté, à une place ignorée jusqu'ici de toute culture, la porte ne s'ouvrait soudain d'elle-même devant eux, — aux harmonies mystiques de la musique tragique retrouvée.

Il faut souhaiter que personne n'essaie d'ébranler notre foi en une renaissance imminente de l'antiquité hellénique, car en elle nous plaçons notre seul espoir d'une régénération et d'une purification de l'esprit allemand par le sortilège du feu de la musique. Dans la désolation et la torpeur de la civilisation présente, quel autre indice pourrions-nous relever d'une promesse réconfortante pour l'avenir ? Nous cherchons en vain à découvrir une seule racine ayant poussé des branches vigoureuses, un coin de terre fertile et saine : nous ne voyons partout que sable ou poussière, léthargie ou consomption. Un solitaire désespéré ne saurait se choisir de meilleur symbole que le Chevalier accompagné de la Mort et du Diable, tel que nous l'a dessiné Dürer [201], le Chevalier couvert de son armure, à l'œil dur, au regard assuré, qui, seul avec son cheval et son chien, poursuit impassiblement son chemin d'épouvante, sans souci de ses horribles compagnons et pourtant sans espoir. Notre Schopenhauer fut ce Chevalier de Dürer : il lui manquait toute espérance, mais il voulait la vérité. Son pareil n'existe pas.

Mais comment ce morne désert de notre culture épuisée se métamorphose soudain sous le charme de l'enchantement dionysien ! Un ouragan entraîne toutes ces choses mortes, pourries, disloquées, avortées, les enveloppe dans un tourbillon de poussière écarlate, et, tel un vautour, les enlève dans les airs. Nos regards éblouis et déconcertés s'évertuent vainement à reconnaître alors ce qui vient de disparaître ; car ce qu'ils aperçoivent semble être sorti du gouffre pour remonter dans l'or de la lumière, superbe de fraîcheur et d'éclat, plein de vie, de passion et de désirs infinis. Siégeant au milieu de cette exubérance de vie, de souffrance et de joie, remplie d'une extase sublime, la tragédie écoute un chant lointain et mélancolique ; — il parle des mères de l'Être ; elles se nomment : Illusion, Volonté, Douleur. — Oui, mes amis, croyez avec moi à la vie dionysiaque et à la renaissance de la tragédie. Le temps de l'homme socratique est passé. Le thyrse à la main, couronnez-vous de lierre, et ne soyez pas étonnés si le tigre et la panthère viennent se coucher caressants à vos pieds. Osez maintenant être des hommes tragiques : car vous devez être délivrés. Vous devez escorter le cortège dionysien de l'Inde à la Grèce ! Armez-vous pour de rudes combats, mais croyez aux miracles de votre dieu !

21.

Abandonnant le ton de l'exhortation pour celui qui convient au penseur, j'affirme de nouveau que seulement des Grecs il est possible d'apprendre la véritable signification d'un tel brusque et miraculeux réveil de la tragédie, à l'égard des principes vitaux les plus secrets de l'âme d'un peuple. C'est le peuple des mystères tragiques qui livre les batailles persiques ; et, en revanche, le peuple qui a soutenu ces guerres a besoin de la tragédie comme remède nécessaire. Justement chez ce peuple qui venait d'être si profondément secoué durant plusieurs générations par les convulsions du démon dionysiaque, qui eût pu croire encore à un épanouissement aussi régulier et aussi puissant de l'esprit politique le plus élémentaire, de l'instinct patriotique le plus naturel, à un semblable débordement de la toute primitive et virile joie de combattre ? A chaque progrès marqué des impulsions dionysiaques, on doit cependant toujours sentir que cet affranchissement dionysien des entraves de l'individu se manifeste surtout au préjudice des instincts politiques, en incitant à l'indifférence et même à l'hostilité à leur endroit, alors que, d'autre part, Apollon, ordonnateur des cités, est aussi le génie du principe d'individuation et que l'État et l'amour de la patrie ne peuvent subsister sans l'assentiment de la personnalité individuelle. Pour sortir de l'état orgiastique, il n'y a pour un peuple qu'un chemin, celui du bouddhisme indien [202] qui, pour être seulement supporté avec son aspiration passionnée vers le néant, exige ces rares conditions extatiques qui transportent au-delà de l'espace, du temps et de l'individu ; de même que celles-ci nécessitent à leur tour une philosophie qui enseigne à surmonter, à l'aide d'une représentation, le dégoût indescriptible des états intermédiaires. Non moins fatalement, par ailleurs, la prépondérance absolue des instincts politiques entraîne un peuple dans la voie de la sécularisation la plus extrême, dont la plus grandiose expression, mais la plus effrayante, est l'*imperium romanum*...

Placés entre l'Inde et Rome et acculés à un choix trompeur, les Grecs ont réussi, avec une classique pureté, à inventer une troisième forme dont, certes, ils n'usèrent pas longtemps pour eux-mêmes, mais qui, précisément à cause de cela, est immortelle. Car si c'est une inflexible loi, applicable à toutes choses, que les favoris des dieux doivent périr de bonne heure, il est également assuré que c'est pour vivre alors éternellement avec les dieux. Que l'on ne requière donc pas de la plus noble parmi toutes les choses qu'elle ait la durable solidité du cuir ; l'implacable ténacité, par exemple, qui fut le propre de l'instinct national romain, ne compte vraisemblablement pas au nombre des attributs indispensables de la perfection. Mais si nous voulons savoir quel remède a permis aux Grecs de la grande époque, malgré l'extraordinaire énergie des déchaînements dionysiaques et des mouvements politiques, de ne s'épuiser ni dans l'extase de la méditation ni par une dévorante avidité d'hégémonie et de gloire mondiales, mais comment il leur fut accordé d'obtenir cet admirable mélange, — tel un vin généreux qui tout à la fois réchauffe et induit à la contemplation, — il faut nous rappeler cette puissance inouïe, qui exalte et stimule la vie populaire, cette force purifiante et libératrice de la *tragédie* dont nous ne pourrons pressentir la plus haute portée que si nous reconnaissons en elle, à l'exemple des Grecs, la somme intégrale de tous les éléments salutaires et prophylactiques, la médiatrice souveraine des qualités les plus violentes et, en soi, les plus néfastes du peuple.

La tragédie absorbe en elle l'orgiasme suprême[203] de la musique : elle porte ainsi directement la musique à sa perfection, chez les Grecs comme parmi nous, mais elle y ajoute le mythe tragique et le héros tragique qui, pareil à un formidable Titan, prend sur ses épaules le fardeau du monde dionysien dont il nous délivre. Tandis que, d'un autre côté, par ce même mythe tragique, elle sait soulager la personne du héros tragique de l'âpre désir de vivre cette vie, et rappelle, d'un geste admoniteur, le souvenir d'une autre existence et d'une joie plus élevée, entrevues par le héros combattant, auxquelles il se prépare, non par ses victoires, mais par sa défaite[204]. Entre la portée universelle de sa musique et l'auditeur soumis à l'influence dionysiaque, la tragédie introduit un symbole sublime, le mythe, et suscite chez celui-là l'illusion que la musique n'est qu'un suprême moyen de représentation, destiné à donner la vie au monde plastique du mythe. Ce noble subterfuge permet alors à la musique de mouvoir ses membres au rythme des danses dithyrambiques et de s'abandonner impunément à un sentiment orgiastique de liberté auquel, en tant que musique en soi, il lui serait interdit d'oser se livrer avec une telle licence, sans cette illusion. Le mythe nous protège contre la musique, et lui seul, d'autre part, donne à celle-ci la suprême liberté. La musique, en retour, confère au mythe tragique une signification métaphysique si pénétrante et si décisive que, sans cet auxiliaire unique, la parole et l'image fussent demeurées à jamais impuissantes à l'atteindre. Et c'est tout spécialement grâce à la musique que le spectateur de la tragédie est envahi de ce sûr pressentiment d'une joie suprême, à laquelle aboutit un chemin de ruine et de négation, de sorte qu'il croit entendre la voix la plus secrète des choses lui parler intelligiblement du fond de l'abîme.

Si, aux dernières propositions de cet exposé difficile, je n'ai réussi à donner peut-être qu'une expression provisoire, immédiatement accessible seulement à un petit nombre de mes lecteurs, j'en suis d'autant moins autorisé, juste en cet endroit, à renoncer d'entraîner avec moi mes amis dans une nouvelle tentative et de les prier de s'aider d'un seul exemple tiré de notre expérience commune pour admettre la thèse générale. Cet exemple ne saurait concerner ceux qui ont besoin de l'auxiliaire des tableaux, des péripéties scéniques, des paroles et des passions des personnages de l'action, pour ressentir le sentiment musical : car ceux-là n'entendent pas la musique comme une langue maternelle, et, malgré ce secours, ne dépassent pas le vestibule de la perception musicale, sans pouvoir pénétrer jamais jusqu'en ses sanctuaires les plus reculés ; nombre d'entre eux, comme Gervinus [205], n'arrivent pas ainsi même à ce vestibule. Je dois m'adresser uniquement à ceux dont le contact avec la musique est immédiat, pour qui la musique est, en quelque sorte, le giron maternel, et dont le commerce avec les choses est presque exclusivement constitué d'inconscients rapports musicaux. A ces musiciens authentiques je demande s'il leur est possible d'imaginer un être humain dont la réceptivité fût capable de supporter le troisième acte de *Tristan et Isolde* sans le secours de la parole et de l'image, comme une prodigieuse et unique phrase symphonique, sans suffoquer sous la tension convulsive de toutes les fibres de l'âme ? Celui qui aurait, comme ici, appliqué son oreille en quelque sorte au ventricule cardiaque du vouloir universel et senti le frénétique désir de vivre déborder et se répandre dans toutes les artères de l'univers avec le fracas d'un torrent ou le délicat éparpillement d'un ruisseau, ne devrait-il pas s'effondrer subitement ?

Sous l'enveloppe fragile comme verre et misérable de l'individu humain, devrait-il supporter de percevoir l'écho d'innombrables cris de joie et de douleur s'élevant de « l'immensité de la nuit des mondes », sans se réfugier aussitôt, à cet appel de berger de la métaphysique, dans sa patrie originelle ? Mais si on peut cependant supporter d'entendre dans son intégralité une telle œuvre sans renier l'existence individuelle, si une semblable création a pu être édifiée sans écraser son créateur, — d'où tirerons-nous la solution d'une pareille contradiction ?

Entre cette musique et notre plus haut émoi musical, s'interposent ici le mythe tragique et le héros tragique, et, au fond, seulement en tant que symboles des données les plus universelles, des phénomènes les plus généraux que seule la musique peut directement exprimer. Mais, comme symbole, le mythe resterait absolument inefficace et inaperçu à nos côtés, à aucun moment il ne pourrait nous détourner de prêter l'oreille aux résonances des *universalia ante rem*, si nous ressentions à titre d'êtres purement dionysiens. Là se manifeste la force *apollinienne*, ressuscitant, à l'aide du baume salutaire d'une bienheureuse illusion, l'individu presque anéanti. Nous croyons soudain ne plus voir que Tristan lui-même lorsqu'il gît là sans mouvement et demande d'une voix étouffée : « Le vieil air ! qu'éveille-t-il en moi ? » Et ce qui tout à l'heure nous semblait un sourd gémissement jailli des profondeurs de l'Être, cela signifie pour nous maintenant : « déserte et vide est la mer ! » Et où nous imaginions défaillir haletants, sous la détente convulsive de tous les sentiments et ne tenir plus que par un fil à cette existence, nous n'entendons et ne voyons à présent que le héros blessé à mort et pourtant ne mourant pas, s'écrier de désespoir : « Désir ! Désir ! Désirer, en mourant, ne pas mourir de désir ! » Et quand après une telle profusion et une telle outrance de dévorantes tortures, la joie frénétique du cor, presque comme la plus atroce de toutes ces tortures, nous fait éclater le cœur, alors, entre nous et cette « jubilation en soi », se dresse Kurwenal ivre de bonheur, criant vers le vaisseau qui porte Isolde. Si puissamment que la pitié nous pénètre, cependant, en un certain sens, cette pitié nous délivre de la souffrance originelle du monde, de même que le tableau symbolique du mythe nous sauve de la perception immédiate de l'Idée suprême du monde, comme la pensée et la parole nous préservent du débordement désordonné de l'inconsciente Volonté. Grâce à cette admirable illusion apollinienne, il nous semble que le module des sons se présente à nous sous la forme d'un monde plastique et, désormais, qu'en lui comme en la matière la plus délicate et la plus expressive, ait été modelé et sculpté purement et simplement le destin de Tristan et d'Isolde.

C'est ainsi que l'esprit apollinien nous arrache à la généralité dionysiaque et nous enthousiasme pour les individus ; sur eux il retient captive notre pitié, il assouvit par eux notre instinct de beauté, avide de formes grandioses et sublimes ; il fait défiler devant nos yeux des tableaux de vie et nous incite à saisir par la pensée le noyau vital qui y est contenu. Par la puissance inouïe de l'image, du concept, de l'enseignement éthique, de l'émotion sympathique, l'apollinisme arrache l'homme à l'orgiastique anéantissement de soi-même, et le trompe sur le caractère universel des contingences dionysiennes, l'entraînant à se figurer qu'il voit un tableau isolé du monde réel, par exemple Tristan et Isolde, et que *la musique* doit simplement le lui faire mieux *voir* et plus profondément. Quelle n'est pas la force de l'enchantement tutélaire d'Apollon s'il est capable de susciter en nous cette illusion que le dionysisme, au service de l'apollinisme, est véritablement apte à en exalter les effets et qu'enfin la musique est même essentiellement l'art représentatif d'un contenu apollinien ?

Par cette harmonie préétablie [206], qui règne entre le drame parfait et sa musique, le drame atteint à un degré de perspicuïté [207] suprême, inaccessible par ailleurs au drame parlé. Alors que les figures animées de la scène se simplifient devant nous, dans les mouvements indépendants des lignes mélodiques, pour la plus grande netteté de la ligne prépondérante, la simultanéité de ces lignes se fait entendre dans des modulations harmoniques qui traduisent, avec la plus délicate fidélité, les péripéties de l'action. A travers ces modulations, les relations des choses nous deviennent immédiatement perceptibles, et cela non pas d'une façon abstraite, mais d'une manière matériellement sensible, de même que nous reconnaissons aussi par elles que seulement dans ces relations peut se manifester dans toute sa pureté la nature essentielle et intime d'un caractère et d'une ligne mélodique. Et pendant que la musique nous force ainsi à voir mieux et plus profondément, et à étendre devant nous le voile de l'action comme un fin tissu de gaze, le monde de la scène est, pour notre œil spiritualisé, pénétrant jusqu'au dedans des choses, aussi infiniment agrandi qu'illuminé par une flamme intérieure. Que pourrait nous offrir d'analogue le poète littéraire qui, à l'aide d'un mécanisme moins parfait de beaucoup, par une voie indirecte, en partant de la parole et du concept, s'épuise à atteindre à cet épanouissement en profondeur et à ce rayonnement interne du monde perceptible de la scène ? Et si, à la vérité, la tragédie musicale s'adjoint également la parole, elle peut en même temps aussi montrer juxtaposées la cause fondamentale occulte et l'occasion génératrice de la parole et nous rendre intelligible le devenir du verbe de l'intérieur à l'extérieur.

Mais on pourrait pourtant tout aussi bien définir le processus que nous venons de décrire uniquement comme une admirable apparence, à savoir cette *illusion* apollinienne qui nous délivre de l'oppression et de la pléthore dionysiaque. Au fond, la relation de la musique au drame est juste le contraire : la musique est l'« Idée » vraie du monde, le drame n'est qu'un reflet, une ombre concrétée de cette Idée. Cette identité entre la ligne mélodique et la figure vivante, entre l'harmonie et les affinités caractéristiques de cette figure, est vraie dans un sens opposé à celui qui pourrait nous paraître exact au spectacle de la tragédie musicale. Nous pouvons bien rendre perceptibles à nos sens de la façon la plus évidente le mouvement, la vie, le rayonnement centrifuge de cette figure, elle reste toujours uniquement le phénomène qu'aucun pont ne relie à la véritable réalité pour nous conduire jusqu'au cœur du monde. C'est du fond de ce cœur que parle la musique ; et d'innombrables phénomènes de ce genre pourraient être successivement le prétexte de la même musique, sans parvenir à en épuiser jamais la substance ; ils n'en seraient jamais que les figurations extériorisées. L'antithèse populaire et totalement fausse de l'âme et du corps [208] ne saurait certes éclaircir en rien le problème complexe des relations de la musique et du drame, et est, au contraire, propre à tout embrouiller ; mais la grossièreté non philosophique de cette antithèse paraît être devenue, on ne sait trop pourquoi, un article de foi confessé volontiers par nos esthéticiens, tandis qu'ils n'ont rien appris, ou, pour des motifs pareillement ignorés, n'ont rien voulu apprendre, d'une opposition du phénomène et de la chose en soi.

Si l'on devait conclure de notre analyse que, dans la tragédie, l'apollinisme a remporté au moyen de son illusion une victoire complète sur l'élément dionysiaque primordial de la musique, et a transformé celle-ci en un instrument utilisable à des desseins, dont l'objectif est la suprême clarté du drame, — il y aurait certes à faire ici une très importante réserve. Sur le point le plus essentiel, cette illusion apollinienne est rompue et anéantie. Le drame qui, à l'aide de la musique, se déroule devant nous avec une telle illumination intérieure de tous les gestes et de toutes les figures qu'il nous semble voir, sous la brusque bascule des oscillations alternées, la tapisserie naître au métier du tisseur, — ce drame, en tant que tout intégral, arrive à produire un effet qui *dépasse tous les effets artistiques apolliniens*. Dans l'effet d'ensemble de la tragédie, le dionysisme reconquiert la prépondérance ; elle se termine par un accord dont l'harmonie n'eût jamais pu s'élever de la sphère de l'art apollinien. Et ainsi se révèle la vraie nature de l'illusion apollinienne pour ce qu'elle est, comme ce qui voile, sans cesse, pendant la durée de la tragédie, l'authentique action dionysiaque. Mais celle-ci est cependant assez puissante pour pousser à la fin le drame apollinien lui-même dans une sphère où il commence à parler le langage de la sagesse dionysienne, et où il se renie, lui-même et son évidence apollinienne.

Aussi, la difficile relation de l'apollinisme et du dionysisme dans la tragédie devrait ainsi, en réalité, être symbolisée par une alliance fraternelle de ces deux divinités. Dionysos parle la langue d'Apollon, mais Apollon parle finalement le langage de Dionysos : par quoi est atteint le but suprême de la tragédie et de l'art.

22.

Que le lecteur attentif veuille bien évoquer devant lui, d'après sa propre expérience, l'effet intégral et pur de tout mélange d'une véritable tragédie musicale. Je pense avoir décrit le phénomène de ce double effet, de manière qu'il puisse à présent s'expliquer les impressions qu'il a ressenties. Il se souviendra, en effet, qu'au spectacle du mythe représenté devant lui, il se sentait élevé à une sorte d'omniscience, comme si ses yeux ne possédaient pas seulement une faculté de vision superficielle, mais avaient aussi le pouvoir de pénétrer au plus profond des choses [209], comme si les effervescences de la Volonté, la lutte des motifs, le torrent débordant des passions lui étaient devenus, pour ainsi dire, matériellement visibles en une abondance de lignes et de figures mobiles et vivantes, et qu'il lui fût possible ainsi de plonger dans le plus délicat secret des émotions inconscientes. En même temps qu'il prend conscience de l'incomparable exaltation de ses facultés de vision et de sublimation, il a cependant l'impression non moins précise que cette longue suite d'effets artistiques apolliniens *ne* donne *pas* naissance à cette bienheureuse absorption dans la contemplation dénuée de Volonté que produisent chez lui par leurs œuvres l'artiste plastique et le poète épique, ces artistes proprement apolliniens : c'est-à-dire, dans cette contemplation, la justification du monde de l'individuation en tant que celui-ci est le but et la substance de l'art apollinien. Il contemple le monde transfiguré de la scène, et cependant il le nie. Le héros tragique lui apparaît avec une netteté et une beauté épiques, et cependant il se réjouit de son anéantissement. Il conçoit jusqu'au plus profond de l'action scénique et prend plaisir à se réfugier dans l'inconcevable. Les actions du héros sont pour lui justifiées et cependant il est exalté plus encore lorsque ces actes anéantissent leur auteur. Il frissonne aux douleurs qui frapperont le héros et il en pressent pourtant une joie plus haute et infiniment plus puissante. Il contemple mieux et plus profondément que jamais et cependant il souhaite d'être aveugle. A quoi devrons-nous avoir attribué cette prodigieuse scission interne, cet avortement de l'effort apollinien, sinon au charme *dionysiaque* qui, portant en apparence à leur apogée les émotions apolliniennes, est cependant assez puissant pour asservir à son usage ce débordement de la force apollinienne. On ne doit comprendre *le mythe tragique* que comme une représentation symbolique de la sagesse dionysienne à l'aide de procédés artistiques apolliniens ; il conduit le monde phénoménal jusqu'aux limites où celui-ci se nie soi-même et veut retourner se réfugier au sein de la véritable et unique réalité, où il semble alors entonner, avec Isolde, son métaphysique chant du cygne :

> Dans le flot houleux
> de l'océan des béatitudes,
> dans l'éclat sonore
> des vagues embaumées,
> dans l'unité tourmentée
> du souffle du monde
> s'engloutir — s'abîmer
> inconscient — joie suprême !

Ainsi, d'après les impressions de l'auditeur vraiment artiste, nous nous représentons comment l'artiste tragique lui-même crée ses figures ainsi qu'une exubérante divinité de l'individuation, — auquel sens son œuvre pourrait à peine être considérée comme une « imitation de la nature », — et nous voyons ensuite la force inouïe de son instinct dionysiaque anéantir tout ce monde des phénomènes, pour faire pressentir au-delà et par l'anéantissement de ce monde une primitive et suprême joie artistique au sein de l'Un-primordial. Certes, de ce retour au foyer originel, de l'alliance fraternelle des deux divinités artistiques dans la tragédie, ni de l'émotion autant apollinienne que dionysienne de l'auditeur, nos esthéticiens ne savent rien nous dire, tandis qu'ils ne se lassent pas de caractériser comme l'essence même du tragique : la lutte du héros contre la destinée, le triomphe de l'ordre moral universel ou la décharge de l'affectivité opérée par la tragédie. Une telle persévérance m'induit à penser que ce sont là peut-être des créatures inaptes à toute émotion esthétique, et qu'ils n'assistent au spectacle de la tragédie qu'en tant que moralistes. Jamais encore, depuis Aristote, on n'a donné de l'effet produit par le tragique, une explication à partir de laquelle on puisse induire des états d'âme artistiques, une participation esthétique des auditeurs. Tantôt les péripéties les plus sombres doivent exciter pitié et terreur [210] jusqu'à provoquer une décharge bienfaisante ; tantôt nous devons nous sentir grandis et transportés par la victoire de bons et nobles principes, par la vue du héros sacrifié aux exigences d'une conception morale du monde ; et s'il est absolument certain pour moi qu'à l'égard d'un grand nombre de personnes c'est précisément cela, et seulement cela, qui constitue l'effet de la tragédie, il en résulte avec une égale évidence que tous ces gens, ainsi que leurs esthéticiens interprétateurs, n'ont rien connu de la tragédie en tant qu'*art* suprême. Ce soulagement pathologique, la catharsis d'Aristote, au sujet de laquelle les philologues ne savent pas au juste si elle doit être classée parmi les phénomènes médicaux ou les phénomènes moraux, rappelle une remarquable intuition de Goethe. « Sans ressentir un vif intérêt pathologique, dit-il, je n'ai jamais pu arriver à traiter une situation tragique quelconque ; aussi les ai-je plutôt évitées que recherchées. Ne serait-ce pas vraiment l'un des mérites des anciens que, chez eux, le plus haut pathétique n'ait été en même temps qu'un jeu esthétique, alors que, pour nous, la vérité naturelle doit intervenir afin de produire un semblable résultat ? [211] » Il nous est permis désormais de répondre affirmativement à cette question si profonde après les merveilleuses expériences que nous avons réalisées, après avoir éprouvé tout à l'heure avec stupéfaction dans la tragédie musicale comment, en réalité, le plus haut pathétique peut cependant n'être qu'un jeu esthétique ; ce qui nous donne le droit de penser que, seulement à présent, on peut essayer de décrire le phénomène originel du tragique avec quelque chance de succès. Quant à celui qui, maintenant encore, ne sait parler que de ces effets vicariants émanés de sphères extra-esthétiques, et qui ne se sent pas émancipé de la routine du processus pathologico-moral, il ne peut que désespérer de sa propre qualité d'esthète. Contre quoi, à titre de compensation inoffensive, nous lui recommandons l'interprétation de Shakespeare à la manière de Gervinus et la découverte laborieuse de « la justice poétique ».

Ainsi la renaissance de la tragédie fait renaître également *l'auditeur esthétique*, auquel s'était substitué jusque-là, dans les salles de théâtre, un étrange quiproquo, aux prétentions mi-morales et mi-savantes, le « critique ». Dans la sphère où il avait vécu jusqu'alors, tout était artificiel et fardé seulement d'une apparence de vie. L'artiste exécutant ne savait vraiment plus, en effet, comment s'y prendre avec un semblable auditeur aux manières de critique, et il lui fallait épier anxieusement, en compagnie de son inspirateur le dramaturge ou le compositeur d'opéra, les derniers restes de vie dans cette entité prétentieuse, vide et incapable de sentir. Cependant, jusqu'ici, c'était de « critiques » de cette espèce qu'était constitué le public ; l'étudiant, l'écolier, voire la créature féminine la plus ingénue, étaient préparés à leur insu, par l'éducation et les journaux, à recevoir d'une œuvre d'art une impression identique. Les plus nobles natures parmi les artistes escomptaient, auprès d'un tel public, l'excitation des sentiments moraux et religieux, et l'évocation vicariante de la « loi morale universelle » intervenait à l'endroit précis où le spectateur devait être fasciné par un effet artistique d'une puissance irrésistible. Ou bien quelque mouvement grandiose, tout au moins troublant, de la vie politique ou sociale contemporaine, était représenté par le dramaturge, si bien que l'auditeur pouvait oublier sa fatigue critique et s'abandonner aux sensations qu'il eût éprouvées à des époques d'enthousiasme patriotique ou belliqueux, ou devant la tribune du parlement, ou encore à la condamnation du crime et de l'infamie ; de sorte que cette méconnaissance des fins propres de l'art dut çà et là aboutir directement au culte du tendancieux. Mais alors il se produisit ce que l'on eut à constater de tout temps dans les arts factices : un abâtardissement très rapide de ces tendances ; au point que, par exemple, la tendance de faire du théâtre un instrument d'éducation morale du peuple, qui, du temps de Schiller, était prise au sérieux, est classée désormais parmi les antiquités invraisemblables d'une culture abolie. Tandis que le critique détenait le pouvoir au théâtre et au concert, le journaliste à l'école, la presse dans la société, l'art dégénérait à n'être plus qu'un objet d'agrément de la plus basse espèce et la critique esthétique était utilisée comme le moyen de cohésion d'une sociabilité vaine, dissipée, égoïste et, par-dessus tout, misérablement vulgaire, dont l'état d'esprit est donné à comprendre par Schopenhauer dans sa parabole du porc-épic ; si bien qu'à aucune époque on ne bavarda autant sur l'art tout en en faisant aussi peu de cas. Mais est-il possible d'avoir encore des relations avec un homme en état de parler de Beethoven et de Shakespeare ? Chacun pourra répondre à cette question selon son sentiment : il fera voir, en tout cas, par sa réponse, ce qu'il entend sous le nom de « culture », en supposant toutefois qu'il essaie de répondre à cette interrogation et n'en reste pas déjà stupéfait à perdre la parole.

En revanche maint esprit doué par la nature de facultés plus nobles et plus délicates, quoique devenu peu à peu, de la manière que j'ai dite, un critique barbare, pourrait avoir quelque chose à dire de l'effet aussi inattendu qu'incompréhensible ressenti, par exemple, à une belle représentation de *Lohengrin*. Seulement peut-être était-il dépourvu de tout guide pour l'avertir et l'éclairer, de sorte que cette impression prodigieusement hétérogène et pourtant incomparable, qui le secoua à cet instant, demeura isolée et, comme un mystérieux météore, s'éteignit après un éclat passager. Ce jour-là, il avait pressenti ce qu'est l'auditeur esthétique.

23.

Celui qui veut connaître bien exactement de soi-même, à quel degré il est allié aux véritables auditeurs esthétiques ou s'il appartient à la communauté des esprits socratiques-critiques, n'a qu'à se demander sincèrement quel état d'âme est le sien au contact du *miracle* représenté sur la scène ; s'il lui semble que soit alors froissé son sens historique en quête d'une rigoureuse et psychologique causalité ; si, par une indulgente concession, il admet le miracle à peu près comme un phénomène familier à l'enfance et auquel il demeure étranger ; ou bien s'il éprouve ici quelque autre chose. C'est à cela, en effet, qu'il pourra mesurer jusqu'à quel point il est capable de comprendre le *mythe*, cette image du monde en raccourci qui, en tant qu'abrégé du monde phénoménal, ne peut se passer du miracle. Toutefois, vraisemblablement et avec un examen rigoureux chacun, ou presque, se sentira assez désagrégé par l'esprit d'analyse critique et historique de notre culture pour arriver, quasiment avec l'aide de l'érudition, par l'intermédiaire d'abstractions, à croire à une existence réelle du mythe dans le passé. Mais, sans le mythe, toute culture est dépossédée de sa force naturelle, saine et créatrice ; seul un horizon constellé de mythes parachève l'unité d'une époque entière de culture. Seul le mythe peut préserver de l'incohérence sans but les forces de l'imagination et du rêve apollinien. Les images du mythe doivent être les gardiens démoniaques, invisibles et omniprésents, propices au développement de l'âme adolescente, et dont les signes annoncent et expliquent à l'homme sa vie et ses combats ; et l'État lui-même ne connaît pas de lois non écrites plus puissantes que le fondement mythique qui atteste sa connexité avec la religion et ses origines dans le mythe.

Que l'on considère à présent l'homme abstrait privé du mythe, l'éducation abstraite, la morale abstraite, le droit abstrait, l'État abstrait ; qu'on se représente l'errance désordonnée de l'imagination artistique non maîtrisée par l'ascendant d'un mythe familier ; qu'on imagine une civilisation n'ayant pas de foyer originel fixe et sacré, mais condamnée, au contraire, à épuiser toutes les possibilités et à se nourrir péniblement de toutes les cultures, — voilà le présent, en tant que le résultat de cet esprit socratique qui s'est voué à la destruction du mythe. Et, au milieu de tous les vestiges du passé, l'homme privé de mythes demeure éternellement affamé, creusant et fouillant pour trouver quelques racines, lui fallût-il les découvrir en bouleversant les antiquités les plus lointaines. Que signifie ce monstrueux besoin historique de l'inquiète civilisation moderne, cette compilation d'autres innombrables civilisations, ce désir dévorant de connaître, sinon la disparition du mythe, la perte de la patrie mythique, du giron maternel mythique ? Que l'on dise si les contorsions sinistres et fébriles de cette civilisation sont autre chose que le geste avide de l'affamé se jetant sur de la nourriture, — et qui voudrait apporter encore quelque chose à une telle civilisation qui, quoi qu'elle absorbe, demeure insatiable et, dès qu'elle y touche, transforme l'aliment le plus substantiel et le plus salutaire en « Histoire et Critique »[212] ?

Il faudrait cruellement désespérer de notre âme allemande si le génie de notre peuple était désormais aussi indissolublement inféodé et identifié à sa civilisation que nous pouvons l'observer avec horreur dans la France civilisée ; et ce qui fut longtemps le plus grand privilège de la France et la cause de son extraordinaire ascendant, justement cette identification du peuple et de sa civilisation pourrait nous forcer, sous cet aspect, à estimer comme un bienfait que notre civilisation si sujette à caution n'ait jusqu'à présent rien de commun avec le noble fonds de notre caractère national. Plutôt, toutes nos espérances tendent ardemment à reconnaître, sous l'inquiétude et le désarroi de notre civilisation et sous les convulsions de notre culture, une force originelle, cachée, superbe, foncièrement saine, qui, certes, ne se manifeste puissamment qu'à des moments exceptionnels, pour s'assoupir ensuite et rêver encore d'un réveil futur. De cet abîme a surgi la Réforme allemande, et, dans son choral, résonna pour la première fois la mélodie de l'avenir de la musique allemande. Profond, plein d'ardeur et de vie, débordant de bonté et d'infinie délicatesse, le Choral de Luther [213] retentit comme le premier appel dionysiaque traversant un épais taillis, aux approches du printemps. En un écho émulateur lui répondit l'orgueilleux et prédestiné cortège des rêveurs dionysiens auxquels nous sommes redevables de la musique allemande, — et à qui nous devrons *la renaissance du mythe allemand !*

Je le sais, c'est vers un haut sommet de méditation solitaire, jusqu'où peu seulement le suivront, qu'il me faut à présent entraîner le lecteur qui m'accompagne avec sympathie ; qu'il ne perde pas courage et sache que, pour cette ascension, nous serons soutenus par nos guides radieux, les Grecs. Nous leur avons emprunté, pour purifier nos idées esthétiques, ces deux figures divines qui gouvernent chacune un domaine particulier de l'art, et la tragédie grecque nous a amenés à pressentir les effets de leur rencontre et de leur stimulation réciproque. Le déclin de la tragédie grecque nous apparut comme la suite d'une remarquable disjonction de ces deux instincts artistiques primordiaux. Ce processus correspondait à une dégénération et à une métamorphose du caractère national grec, nous obligeant à de graves réflexions et nous montrant combien l'art et le peuple, le mythe et les mœurs, la tragédie et l'État, sont de toute nécessité étroitement entremêlés dans leurs fondements. Ce déclin de la tragédie fut aussi le déclin du mythe. Jusqu'alors les Grecs étaient involontairement obligés de rattacher à leurs mythes toute leur existence et même à ne la concevoir qu'à l'aide de ces rapports, par quoi le présent le plus immédiat devait se présenter aussitôt à eux *sub specie aeterni* et, en un certain sens, en dehors du temps. Mais, aussi bien l'État que l'art baignaient dans ce torrent intemporel pour y trouver le repos des soucis et des passions de l'instant. Et la valeur d'un peuple, — comme d'ailleurs aussi celle d'un homme, — se mesure précisément à cette seule faculté de pouvoir marquer du sceau de l'éternité les événements de son existence ; car il est ainsi, en quelque sorte, désécularisé et manifeste sa conviction profonde et inconsciente de la relativité du temps et du sens véritable, c'est-à-dire métaphysique, de la vie. Lorsque au contraire un peuple commence à se concevoir soi-même historiquement et à renverser autour de soi les remparts mythiques, on constate en même temps d'ordinaire une sécularisation décidée, une rupture avec l'inconsciente métaphysique de son existence antérieure et toutes les conséquences éthiques qui s'ensuivent. L'art grec, et en particulier la tragédie grecque, a retardé la disparition du mythe. Il a fallu les exterminer ensemble pour pouvoir vivre, sans foyer et sans frein dans le désert de la pensée, de l'usage et du fait. Et même alors cet instinct métaphysique essaie encore de se créer une expression transfigurée, quoique affaiblie, dans le socratisme scientifique venant à la vie. Mais, au niveau le plus bas, ce même instinct aboutit seulement à une recherche fiévreuse, qui s'égara peu à peu dans un pandémonium de mythes et de superstitions amoncelés de toutes provenances : dans ces circonstances, l'Hellène garda l'insatisfaction au cœur, jusqu'à ce qu'en tant que *Graeculus*[214], il parvînt à dissimuler cette fièvre sous un masque d'insouciance et de sérénité grecques, ou à s'abrutir tout à fait dans quelque morne idolâtrie orientale.

Depuis la résurrection de l'Antiquité alexandrino-romaine, au quinzième siècle[215], après un long entracte malaisément descriptible, nous nous sommes rapprochés de cet état d'esprit de la manière la plus extravagante. Au niveau supérieur, le même exubérant désir de savoir, le même insatiable bonheur de découvrir, l'identique monstrueuse sécularisation ; en même temps, on erre à l'aventure comme un vagabond sans patrie, on se presse avidement à des tables étrangères ; c'est une frivole apothéose de l'actualité ou une indifférence aveugle et blasée du « présent », tout cela *sub specie saeculi* ; ces mêmes symptômes nous font deviner un vide semblable au cœur de cette civilisation, l'anéantissement du mythe. Il semble à peine possible de greffer un mythe étranger avec un succès durable sans qu'il en résulte un irrémédiable dommage pour l'arbre inoculé. Celui-ci est quelquefois peut-être assez vigoureux et sain pour expulser cet élément étranger au prix de terribles efforts, mais il lui faut le plus souvent dépérir étiolé misérablement ou épuisé par une croissance morbide. Notre confiance est assez haute dans la pure et forte essence intime de l'âme allemande pour oser attendre d'elle cette expulsion d'éléments étrangers implantés par violence, et admettre que l'esprit allemand puisse reprendre conscience de soi-même. Quelques-uns seront peut-être d'avis que cet esprit doive entreprendre la lutte en éliminant tout d'abord l'élément latin ; à cette fin, il pourrait reconnaître dans la bravoure victorieuse et la gloire sanglante de la dernière guerre une exhortation et un stimulant extérieur, mais aussi la nécessité intérieure dans la pensée émulatrice de rester toujours dignes des nobles précurseurs dans cette voie, de Luther aussi bien que de nos grands artistes et poètes. Pourtant, qu'il ne croie jamais pouvoir livrer de tels combats sans les dieux du foyer, sans la patrie mythique, sans une « restitution » de toutes choses allemandes ! Et si l'Allemand hésitant devait chercher autour de soi un guide, pour le ramener dans sa patrie depuis longtemps perdue, et dont il ne connaît plus qu'à peine les chemins et les sentiers, — qu'il écoute le joyeux appel de l'oiseau dionysiaque, qui voltige au-dessus de sa tête et veut lui montrer son chemin.

24.

Parmi les effets artistiques propres à la tragédie musicale, nous avons eu à relever une *illusion* apollinienne, qui a pour but de sauver d'une identification immédiate avec la musique dionysiaque, pendant que notre émotion musicale peut librement se soulager dans un domaine apollinien et au spectable interposé d'un monde intermédiaire visible. En même temps nous avons cru remarquer à quel point ce soulagement nous rendait profondément visible et intelligible le monde intermédiaire de l'action scénique, le drame, et cela à un degré inaccessible pour tout autre art apollinien. De telle sorte qu'il nous fallut reconnaître ici, où l'esprit de la musique donne, en quelque sorte, des ailes à l'art apollinien et l'emporte dans son essor, l'apogée de la puissance de cet art, et, dans cette alliance fraternelle d'Apollon et de Dionysos, l'aboutissement suprême des fins artistiques tant apolliniennes que dionysiennes.

Certes, malgré cette illumination intérieure due à la musique, l'image lumineuse apollinienne n'atteignait pas l'effet caractéristique des manifestations moindres de l'art apollinien. Ce que peuvent l'épopée ou le marbre animé, — forcer le regard contemplatif à une quiétude extatique en face du monde de l'individuation, — il lui fut impossible de l'atteindre, en dépit d'une vie et d'une clarté supérieures. Nous avons contemplé le drame et pénétré d'un œil clairvoyant jusqu'à l'intérieur du monde agité de ses motifs, — et cependant il nous semblait ne voir se dérouler devant nous qu'un tableau symbolique, dont nous croyons presque deviner le sens le plus profond, et que nous souhaitions écarter comme un rideau, pour voir au-delà de l'image primitive. L'absolue clarté du tableau [216] ne nous suffisait pas ; car celui-ci paraissait aussi bien dissimuler que révéler quelque chose ; et tandis que, par sa révélation symbolique, il semblait inviter à déchirer le voile, à démasquer l'au-delà mystérieux, cette lumineuse et intégrale évidence retenait cependant le regard fasciné, et le protégeait d'une vision plus profonde.

Celui qui n'a pas éprouvé cette sensation de devoir à la fois contempler quelque chose et aspirer au-delà de cette contemplation, se représentera difficilement combien, en présence du mythe tragique, ces deux processus coexistent clairement et distinctement et sont simultanément ressentis ; mais les spectateurs véritablement esthétiques attesteront avec moi que, parmi les effets propres à la tragédie, cette superposition d'impressions est le plus merveilleux. Que l'on transpose maintenant ce phénomène du spectateur esthétique en un processus analogue de l'esprit chez l'artiste tragique, et l'on aura compris la genèse du *mythe tragique*. Il partage avec la sphère artistique apollinienne la pleine joie à l'apparence et à la contemplation, et, en même temps, il nie cette joie et trouve une satisfaction plus haute encore à l'anéantissement du monde visible de l'apparence. Le contenu du mythe tragique est tout d'abord un événement épique avec la glorification du héros combattant. Mais d'où provient alors cette impulsion, en soi énigmatique, qui fait que le malheur dans la destinée du héros, les victoires douloureuses, la torture des motifs contradictoires, bref l'illustration de la sagesse de Silène ou, exprimé esthétiquement, l'horrible et le monstrueux, soient représentés avec une telle prédilection, toujours de nouveau, sous d'innombrables aspects, et juste à l'époque la plus juvénile et la plus exubérante de la vie d'un peuple, si de tout ce spectacle même ne résulte pas une joie plus haute ?

Car, que cela se passe en réalité aussi tragiquement dans la vie, c'est ce qui serait le moins idoine à expliquer l'avènement d'une forme artistique, si l'art n'est pas seulement une imitation de la réalité naturelle, mais bien un supplément métaphysique de la réalité naturelle, juxtaposé à elle pour aider à la surmonter. Le mythe tragique, en tant que partie intégrante de l'art, s'emploie pleinement aussi à susciter cette transfiguration métaphysique, qui est celle de l'art en général. Mais, que transfigure-t-il en exposant à nos yeux le monde phénoménal sous l'image du héros malheureux ? Rien moins que la « réalité » de ce monde phénoménal, puisqu'il nous dit justement : « Voyez ! Regardez bien ! Voilà votre vie ! Voilà l'aiguille qui marque les heures à l'horloge de votre existence ! »

Et c'est afin de la transfigurer devant nous que le mythe montrerait cette vie ? Mais si cela n'est pas, en quoi consiste alors la joie esthétique que nous procure aussi le défilé de ces tableaux [217] ? Je parle de la joie esthétique et je sais fort bien qu'un grand nombre de ces scènes peuvent produire en outre une délectation morale, soit sous la forme de la pitié ou par le triomphe d'une loi sociale. Mais si l'on voulait dériver l'effet tragique de ces seules causes morales, comme c'est d'ailleurs depuis trop longtemps l'usage en esthétique, qu'on ne se figure pas avoir fait ainsi quelque chose pour l'art ; car dans son domaine l'art doit exiger avant tout la pureté[218]. La première et indispensable condition des éclaircissements du mythe tragique est de rechercher la joie spéciale qui lui est propre dans la seule sphère purement esthétique, sans le secours de la pitié, de la terreur, de la noblesse morale. Comment l'horrible et le monstrueux, matière du mythe tragique, peuvent-ils susciter une joie esthétique ?

Ici, il est nécessaire de nous lancer avec hardiesse dans une métaphysique de l'art ; j'en profite pour rappeler cette proposition précédemment avancée que le monde et l'existence ne peuvent paraître justifiés qu'en tant que phénomènes esthétiques. Dans ce sens, le mythe tragique a précisément pour objet de nous convaincre que même l'horrible et le discordant ne sont qu'un jeu artiste joué avec soi-même par la Volonté, dans la plénitude éternelle de son allégresse. Ce phénomène originel et difficile à concevoir de l'art dionysien est directement compris et immédiatement saisi grâce à la merveilleuse signification de la *dissonance musicale*. Car la musique, juxtaposée au monde, est seule capable de donner un concept de ce qu'il faut entendre par justification du monde en tant que phénomène esthétique[219]. La joie que suscite le mythe tragique et la jouissance que procure la dissonance dans la musique ont une origine identique. Le dionysisme, avec sa joie primitive en face même de la douleur, est la commune matrice d'où naquirent la musique et le mythe tragique.

Grâce au rapport musical de la dissonance que nous avons appelé à notre aide, le problème difficile de l'effet tragique n'est-il pas notablement éclairci ? Si nous comprenons donc enfin ce que cela veut dire, dans la tragédie, de vouloir contempler et en même temps d'aspirer au-delà de cette contemplation, cet état il nous faudrait le caractériser, à l'égard de l'emploi artistique de la dissonance, à savoir : que nous voulons entendre et qu'en même temps nous aspirons au-delà de ce que nous entendons. Cette aspiration vers l'infini, ce coup d'aile du désir, au moment où nous ressentons la plus haute joie de la claire perception de la réalité, nous rappellent que, dans ces deux états, nous devons reconnaître un phénomène dionysiaque qui, toujours et sans cesse, nous révèle l'assouvissement d'une joie primitive dans le jeu de créer et de détruire le monde individuel ; à peu près comme Héraclite le Ténébreux comparait la force créatrice de l'univers au jeu d'un enfant qui s'amuse à poser des cailloux çà et là, à édifier des tas de sable et à les renverser [220].

Pour apprécier exactement la capacité dionysiaque d'un peuple, il ne faut donc pas penser seulement à la musique de ce peuple, il n'est pas moins indispensable de tenir compte du mythe tragique de ce peuple, comme second témoignage de cette capacité. Avec cette étroite affinité de la musique et du mythe, on doit s'attendre, de la même façon, à ce qu'une dégénération ou une corruption de celui-ci entraîne un dépérissement de celle-là : si du moins le déclin du mythe est le signe d'un amoindrissement des facultés dionysiaques. Sur l'un et l'autre point, l'examen de l'évolution de l'esprit allemand ne pourrait nous laisser aucun doute : dans l'opéra comme dans le caractère abstrait de notre existence dénuée de mythes, dans un art déchu au rôle d'agrément, aussi bien que dans une vie gouvernée par les seuls concepts, s'était dévoilée la nature anti-artistique autant que délétère de l'optimisme socratique. Mais il y avait de réconfortants présages venus attester que, malgré tout cela, l'esprit allemand, intact dans sa santé resplendissante, dans sa profondeur, et dans sa force dionysiaque, ainsi qu'un chevalier étendu assoupi, reposait et rêvait au fond d'un abîme inaccessible. De cet abîme s'élève vers nous le lied dionysiaque pour nous donner à entendre qu'encore aujourd'hui ce chevalier allemand rêve, en des visions bienheureuses et graves, son mythe dionysiaque séculaire. Que nul ne croie que l'esprit allemand ait à jamais perdu sa patrie mythique, s'il comprend si clairement encore le chant des oiseaux qui parle de cette patrie. Un jour, il se trouvera éveillé dans la fraîche vigueur du matin d'un sommeil inouï ; alors il tuera des dragons, anéantira les gnomes perfides et réveillera Brunehilde — et la lance de Wotan lui-même ne pourra lui barrer le chemin !

Amis, qui croyez à la musique dionysienne, vous savez aussi ce qu'est pour nous la tragédie. Nous possédons en elle, engendré de nouveau par la musique, le mythe tragique, — vous pouvez mettre en lui tout votre espoir et oublier par lui la pire souffrance ! Mais la pire souffrance est, pour nous tous, — le long avilissement dans lequel le génie allemand, arraché à son foyer et à sa patrie, vécut domestiqué par des gnomes perfides. Vous comprendrez aussi mes espérances.

25.

La musique et le mythe tragique sont, à un égal degré, l'expression de la capacité dionysiaque d'un peuple, et ils sont inséparables. Tous deux émanent d'une sphère de l'art située par-delà l'apollinisme ; tous deux transfigurent une région d'harmonies joyeuses où délicieusement s'évanouit la dissonance, tout comme l'horrible image du monde ; tous deux jouent avec l'aiguillon du dégoût, confiants dans la puissance infinie de leurs enchantements ; tous deux justifient par ce jeu l'existence « du pire des mondes » lui-même. Mesuré à l'apollinisme, le dionysisme se manifeste ici comme la force d'art originelle et éternelle, qui appelle à l'existence le monde phénoménal tout entier, au milieu duquel une nouvelle illusion transfiguratrice est nécessaire pour retenir à la vie le monde animé de l'individuation. Si nous pouvions imaginer la dissonance devenue créature humaine, — et qu'est l'homme, sinon cela ? — pour pouvoir vivre, cette dissonance aurait besoin d'une magnifique illusion qui lui cachât à elle-même sa vraie nature sous un voile de beauté. Telle est la véritable intention d'art d'Apollon sous le nom duquel nous résumons toutes ces illusions sans nombre de la belle apparence qui rendent, en chaque instant, l'existence digne d'être vécue et nous incitent à vivre l'instant qui suit [221].

Mais, en même temps, de ce fondement de toute existence, du fond dionysiaque du monde, il ne doit pénétrer dans la conscience de l'individu humain que juste l'exacte mesure [222] dont il est possible à la puissance transfiguratrice apollinienne de triompher à son tour ; de telle sorte que ces deux instincts d'art aient à déployer leurs forces dans une proportion rigoureusement réciproque, selon la loi d'une éternelle équité. Partout où nous voyons les puissances dionysiaques se soulever violemment, il faut aussi qu'Apollon, enveloppé d'un nuage, soit déjà descendu vers nous ; et une prochaine génération contemplera certainement ses plus splendides manifestations de la beauté.

La nécessité de l'action de cette puissance s'imposerait le plus sûrement à chacun par intuition, s'il lui arrivait de se sentir transplanté, fût-ce en rêve, dans une existence de l'antiquité grecque. Vivant sous les hauts péristyles ioniens, en face d'un horizon coupé de lignes nobles et pures, voyant autour de soi, comme en un miroir, son image reflétée, transfigurée en un marbre radieux, entouré d'êtres humains aux allures majestueuses et aux mouvements gracieux, qui parlent avec des gestes rythmés une langue harmonieuse, — ne lui faudra-t-il pas, au spectacle de cet intarissable débordement de beauté, élever les bras vers Apollon et s'écrier : « Bienheureux peuple des Hellènes ! Combien doit être grand parmi vous Dionysos, si le dieu de Délos juge nécessaire d'employer de tels enchantements pour guérir votre ivresse dithyrambique ! » Mais, à qui serait ainsi disposé, un vieillard athénien pourrait répondre, en fixant sur lui le regard sublime d'Eschyle : « Ajoute encore ceci, étrange passager : combien dut souffrir ce peuple pour pouvoir devenir si beau ! Et maintenant viens à la tragédie, et sacrifie avec moi sur l'autel des deux divinités ! »

NOTES

ESSAI D'UNE CRITIQUE DE SOI-MÊME

1.

1. Nietzsche a participé à la guerre de 1870-1871 en tant qu'engagé volontaire ; il fut affecté aux ambulances. Professeur à l'Université de Bâle depuis 1869, il y était arrivé comme « apatride », le 19 avril, pour y commencer ses cours aux premiers jours de mai. Il avait, en effet, renoncé à sa nationalité prussienne en acceptant la chaire professorale en Suisse.

Le 19 juillet 1870, la guerre éclate entre la France et l'Allemagne ; et, le 8 août, Nietzsche écrit au conseiller Vischer, affirmant qu'il « doit » s'acquitter de ses devoirs patriotiques ; il décide alors de prendre un congé « pour la dernière moitié du semestre d'été ». Dès le 11 août, il reçoit le congé demandé à condition de respecter une certaine neutralité en rejoignant une unité sanitaire. Entre le 13 et le 22 août, on retrouve Nietzsche à l'hôpital d'Erlangen, où il reçoit rapidement sa formation d'infirmier. Le 27 août, il passera sur le champ de bataille de Woerth, où il assistera à une inhumation militaire, et chargera les armes et les équipements des victimes. Après deux jours et deux nuits de route à panser sans discontinuer les plaies parfois gangrenées, et à dormir dans des wagons à bestiaux au milieu de blessés graves, dès le 2 septembre, il dut se faire hospitaliser à Erlangen pour dysenterie et diphtérie. Voir la *Biographie*, tome I, de Curt Janz (1978), très explicite sur tous ces événements (traduction de Marc B. de Launay, Violette Queuniot, Pierre Rusch, Maral Ulubeyan, Paris, Gallimard, 1984).

2. Les Grecs occupaient essentiellement les réflexions de Nietzsche. A Bâle, où il partageait son enseignement classique, grec et latin,

entre l'Université et le Pedagogium (c'est-à-dire les élèves des classes préparatoires du lycée), il consacra plusieurs séances de cours, durant le premier semestre, à l'histoire de la poésie lyrique grecque, aux *Choéphores* d'Eschyle, au *Phédon* de Platon, au 18e chant de *l'Iliade*, consacré à Achille. Il tint sa leçon inaugurale, le 28 mai, sur Homère. Pour le semestre d'hiver, sans devoir nécessairement les donner, il prépara des cours sur l'*Histoire des philosophes préplatoniciens*, sur les biographies de Socrate et de Platon, un séminaire sur les *Erga* d'Hésiode, également des cours sur le *Prométhée* d'Eschyle, et enfin sur la rythmique et la métrique de la tragédie attique. Aux élèves du Pedagogium, il dispensa, le même semestre, des enseignements sur *Les Travaux et les Jours* d'Hésiode, sur l'*Électre* de Sophocle, le *Protagoras* de Platon. Il se proposait quelques cours d'exégèse sur *Œdipe roi* de Sophocle et les *Erga* d'Hésiode (mais également sur les *Académiques* de Cicéron).

En même temps que son enseignement à Bâle, Nietzsche poursuivait ses recherches philologiques sur l'Antiquité hellénique, comme l'attestent les trois volumes des *Philologica* (Kröner XVII, 1910 ; XVIII, 1912 ; XIX, 1913) et qui sont loin d'avoir épuisé les manuscrits philologiques de Nietzsche. Les textes édités concernent sa production des années 1866-1876.

3. Sous le concept de l'art grec, Nietzsche reliait sa méditation à une conception de l'art considéré comme une force de la nature, conjointe à la présence même du Mythe. Ce n'était certes pas pour accepter la thèse réaliste de l'art : le réalisme dans l'art étant, pour Nietzsche, une illusion. Au contraire, l'art grec, en fusion avec la vie quotidienne grecque étroitement reliée à l'État et à la Religion, comporte, aux yeux de Nietzsche, la manifestation d'une surabondance de moyens d'expression. Prenant son inspiration à la source même du Mythe, l'art grec ne saurait se laisser périr sous l'emprise de la science socratique. Y a-t-il eu un conflit entre l'art et le savoir ? C'est ce que Nietzsche croit déceler dans les dialogues de Platon (428-347 av. J.-C.). En tout cas, Nietzsche apprécie et reconnaît l'art grec comme le symbole d'une vérité originelle qu'il oppose à la vérité socratique, cette dernière se confirmant comme le fondement d'une civilisation, qui est devenue la nôtre, tout entière absorbée dans la poursuite du savoir abstrait, qu'elle place ainsi en priorité sur toutes les autres valeurs.

Ainsi, dans la philosophie nietzschéenne, le concept de l'« art grec » est-il le pendant théorique du concept de la « science moderne » : alors que pour les Modernes tout tourne autour de l'axe du savoir abstrait, pour les Anciens tout tournait, grâce au Mythe souverain, autour de l'art.

Comme le confirment les textes du recueil intitulé *Le Livre du philosophe* (collection GF ; Flammarion, Paris, 1991), les analyses de *La Naissance de la tragédie* proposent l'art grec comme un art authentique sous le jumelage d'Apollon et de Dionysos, compris en tant que remède aux dangers de la civilisation et, en particulier, à ceux de la civilisation moderne née du socratisme. La tragédie de l'existence ne peut se trouver justifiée que dans la compréhension et l'assimilation de l'essence du tragique, que les spécialistes en philologie classique n'ont pas su repérer comme il le fallait. Telle est le fond de la pensée de Nietzsche. Aussi, dans cette perspective, ce que signifie la concept de l'art grec pour Nietzsche, c'est tout simplement que les Grecs ont su endiguer le déchaînement naissant du savoir, au profit d'une civilisation fondée sur l'art tragique.

4. La valeur (*Wert*), la justification (*Rechtfertigung*) ou la signification (*Bedeutung*) de l'existence préoccupent Nietzsche. En quoi, il emboîte le pas à Schopenhauer à qui il prêtera bientôt l'intention de définir la valeur au risque de « nier l'univers », et qu'il critiquera de transformer l'art en un chemin qui mène à la négation de la vie. De Schopenhauer, Nietzsche tire d'abord le pessimisme, pour le convertir ensuite en son contraire. Fin octobre et début novembre 1965, Nietzsche lut l'œuvre maîtresse de Schopenhauer (1788-1860), *Le Monde comme Volonté et comme Représentation* (1819). Alors, il était étudiant à l'Université de Leipzig, où il venait de s'inscrire, après deux premiers semestres d'études passés à Bonn. Cette lecture fut pour lui une révélation : il pouvait contempler son propre reflet dans le miroir tendu par Schopenhauer. L'intensité de l'influence schopenhauerienne dura deux années pendant lesquelles Nietzsche vécut dans la mortification et l'ascétisme. Mais, il refusa ensuite de se penser soi-même sous le signe du renoncement.

5. Socrate (469-399 av. J.-C.) représente pour Nietzsche sa propre antithèse, en même temps qu'il le reconnaît comme son parent. Dans son introduction aux cours (été 1872, 1873 et 1876) concernant les philosophes préplatoniciens (*Nietzsches Werke*, Kröner Verlag, XIX, p. 127), Nietzsche pose la question « qu'apprenons-nous par l'histoire de leur philosophie en ce qui concerne les Grecs ? » Comme témoin de cette civilisation, Socrate a beaucoup préoccupé Nietzsche. Surtout, Nietzsche juge ce qui se trouve au fondement de la philosophie socratique, et il ne peut admettre que la dialectique puisse indiquer le chemin de la vertu, comme semblent vouloir l'imposer Socrate et Platon. C'est pourquoi il disqualifiera les philosophes postsocratiques. Il ira jusqu'à considérer toute cette philosophie comme un « symptôme morbide ».

2.

6. Le « problème hérissé de cornes » renvoie à la présence du Minotaure. Le Minotaure, le taureau de Minos, est une entité légendaire, un monstre aux cornes de taureau, avec des oreilles et une queue de type bovin, mais un tronc humain, et des bras et des jambes caractéristiques de l'espèce humaine. L'archéologue anglais, sir Arthur Evans (1851-1941), fit des fouilles en Crète (1900-1908), et découvrit le palais préhistorique de Knossos, ainsi que des lieux sacrés et des autels comportant des têtes et des cornes de taureau. De plus, le rite dépeint sur le sarcophage de Hagia Triada représente un taureau captif et agonisant, dont le cou répand tout son sang (sacré) : c'est ce que rapporte l'article de R. Paribeni, paru dans *Monumenti antichi della R. Accademia del Lincei*, XIX, 1906, p. 6, t. 1-3.

Les Athéniens avaient assassiné le fils de Minos et la ville d'Athènes fut châtiée de ce crime par les dieux qui lui envoyèrent la peste et la famine, à moins que l'offrande annuelle ne fût faite, au monstre crétois, de sept jeunes gens et de sept jeunes filles. Le Minotaure, moitié homme, moitié taureau, était enfermé dans le Labyrinthe construit par Dédale. Les deux premières années, le sacrifice eut lieu. A la troisième année, Thésée intervint — Homère (*Odyssée*, 12, 631) le dit né de l'union du dieu Poséidon et de la fille du roi de Trézène, Aethra — ; il accompagnerait la caravane et risquerait sa vie pour préserver Athènes d'un nouveau malheur. Au moment de mettre son plan à exécution pour affronter le Minotaure, Thésée plut à la fille du roi, Ariane, qui voulut l'aider par ses conseils et surtout grâce à un peloton de fil que Thésée n'aurait qu'à dérouler en avançant dans les sentiers du Labyrinthe. Il avait également obtenu d'elle une couronne lumineuse pour éclairer son chemin. Thésée affronta le Minotaure, son « problème hérissé de cornes », et le vainquit.

Nietzsche souligne la difficulté du problème qu'il a rencontré, en ce qui le concerne, et qui, tout en étant esthétique, n'en est pas moins empreint d'une gravité mettant en péril la vie même. Jusque-là, l'esthétique moderne et contemporaine laissait croire que l'art n'était qu'un agrément de la vie. Par son livre sur la tragédie, Nietzsche veut souligner l'importance de l'art dans la finalité de l'existence, en tant que l'art représente un élément essentiel de la métaphysique, telle que Nietzsche la conçoit. La pratique des arts et la conception esthétique sont, l'une et l'autre, décisives en ce qui concerne la philosophie d'une civilisation. C'est dire que ces deux domaines peuvent détenir le secret de la destinée spirituelle de l'humanité. Le problème de l'origine de la tragédie ne peut demeurer un pur exercice d'érudits. C'est, pour Nietzsche, un problème crucial qui se pose à notre civilisation marquée du sceau de la science.

En 1886, dans l'autocritique, le « problème hérissé de cornes » semble concerner plus spécialement, non pas simplement l'art, mais bien la science. Plus explicitement, il s'agit maintenant de « la science sous l'optique de l'art et (de) l'art sous l'optique de la vie ». Il est aisé, toutefois, de reconnaître une approche plus évoluée du même problème. A la base, il s'agit du problème qu'explicite un texte datant de l'automne 1872 : il y est question de « Considérations sur le conflit de l'art et de la connaissance » (qu'on se réfère au *Livre du philosophe*, I). Ce thème de réflexion se maintiendra chez Nietzsche, au cours de son évolution intellectuelle, en effet, soit que l'accent portât, comme en 1872, davantage sur l'art, ou, comme en 1886, davantage sur la science. Dans le premier cas, l'art est proposé dans la référence au mythe ; dans le second, il est confronté à la vie.

7. Le terrain de l'art nous apparaît comme le terrain privilégié où se posent les principaux problèmes de la philosophie de Nietzsche et, en particulier, le problème épistémologique nietzschéen par excellence (cf. l'article publié dans les *Nouvelles lectures de Nietzsche, Cahiers l'Age d'Homme*, N° 1, 1985, pp. 61-69 : Angèle Kremer-Marietti, « Le "terrain de l'art". Une clé de lecture du texte nietzschéen »).

Dans le texte de 1886 ici présent, Nietzsche estime que le problème de la science ne peut être correctement posé dans les termes ni sur le terrain même de la science, mais plutôt sur le terrain de l'art. On peut deviner ce qui motive cette exigence ; c'est déjà une question de métalangage : il ne faut pas que l'objet critiqué et la critique dirigée sur lui aient la même perspective, ni le même terrain, sous peine d'une nullité de la critique. Dans cette voie, l'œuvre tout entière de *La Naissance de la tragédie* a pour effet d'établir et de fixer le « terrain de l'art », qui est le terrain de toutes les fictions (*Erdichtungen*), artistiques ou scientifiques. C'est, en tout cas, pour Nietzsche le fondement originaire du philosopher véritable qui pose les trois problèmes suivants :

1) le problème de la science dans le rapport à la destinée moderne ;
2) le problème de la tragédie de la vie que n'assume plus l'art de la tragédie ;
3) le problème du sens commun au mythe et à la musique.

3.

8. Dionysos est resté un certain temps pour Nietzsche le « dieu (encore) inconnu ». L'avant-dernier paragraphe de *Par-delà le bien et le mal* », section 295, évoque le temps éloigné de sa jeunesse, où Dionysos s'est imposé à Nietzsche. La figure de Dionysos est, dès lors, devenue une présence prépondérante dans le vie et dans la pensée de Nietzsche. Déjà, le poème de l'année 1864, adressé « *Au dieu inconnu* », à l'époque où Nietzsche quittait l'école de Pforta, donne les bases pour faire comprendre de quelle intrusion l'esprit de Nietzsche était la victime ; il fait pressentir l'assiduité prochaine de cette étrange présence. (Lire « *Dem unbekannten Gott* », dans *Gedichte und Sprüche* von Friedrich Nietzsche, Alfred Kröner Verlag in Stuttgart, 1921. Cf. Angèle Kremer-Marietti, *L'Homme et ses labyrinthes*, Collection 10/18, Union Générale d'Éditions, Paris, 1972 ; pp. 138-150, « Le dieu inconnu ».) En fait, plus précisément, c'est dès 1863, à l'âge de dix-neuf ans, que le jeune Nietzsche offrit ses prémices à Dionysos, comme l'indique sans conteste le poème de cette année-là, intitulé « Auf Dionysos (cf. dans *Études germaniques*, 1969, 2, pp. 223-233, notre article intitulé « La Pensée de Nietzsche adolescent »).

9. Les philologues et, en particulier Ritschl (1806-1876), le professeur de Nietzsche à l'Université de Leipzig, ne comprirent rien à l'intention, non plus qu'à la forme ni au fond, de sa première œuvre publiée. Par sa finalité dans une philosophie de la culture, *La Naissance de la tragédie* n'avait pas été écrite comme doivent l'être les mémoires philologiques, mais plutôt comme une épopée, une sorte de poème philosophique vibrant, que les psychanalystes d'aujourd'hui diraient marqué du sceau de l'affect. C'était, en effet, la passion qui parlait ; et elle aurait même dû chanter, écrit Nietzsche, en 1886. Son style imagé a, certes, pu surprendre les spécialistes et les choquer. Le tout finit même par constituer rétrospectivement pour son auteur un « livre impossible », qui aurait dû s'adresser aux philologues, pour être lu d'eux, dans leur langage et avec leurs méthodes. Faute de quoi, Nietzsche ne put évidemment pas les convaincre. Passant, en outre, sans transition et brutalement, de l'Antiquité aux temps présents, et, inversement, des problèmes contemporains aux préoccupations des Anciens, le livre ne ménageait pas la sensibilité du spécialiste.

En l'occurrence, un professeur en philologie déploiera sa machine de guerre contre Nietzsche, devenant l'étrange « philologue de l'avenir ». L'attaque, soigneusement préparée, fut portée, le 30 mai 1872, par le professeur Ulrich von Wilamowitz-Möllendorf (1848-1931), ancien pensionnaire de Pforta, de quatre ans le cadet de Nietzsche. Mais, sans doute, sous la colère du cadet de Pforta, y eut-il encore bien autre chose : l'opposition de deux écoles historiques, celle de Berlin avec Treitschke, Mommsen, à laquelle appartenait Wilamowitz, et celle de Leipzig, avec Bachofen, Burckhardt, et Nietzsche évidemment. Défendant l'histoire et la critique, Wilamowitz ne fit qu'une bouchée de l'impudent, qu'il destituait désormais de tout statut philologique honorable. Que M. Nietzsche renonce à sa chaire ! Telle était la condamnation de Wilamowitz. Qu'on lise cette *Philologie de l'avenir*. Wilamowitz lui-même regrettera son écrit impulsif quand il croira que, si Nietzsche, sept ans plus tard, se décide à démissionner de ses fonctions à Bâle, c'est à cause de ce pamphlet virulent. Ritzchl ne prit le livre de Nietzsche que comme « un spirituel délire » ; à vrai dire, il lui était insupportable de voir la science et l'esprit scientifique bafoués comme ils l'étaient par Nietzsche : d'après lui, son ancien étudiant donnait le mauvais exemple aux générations montantes.

Le 26 mai, l'ami de Nietzsche, le professeur de Kiel, Erwin Rohde (1845-1898) avait fait paraître un excellent commentaire du livre dans la *Norddeutsche allgemeine Zeitung*. Mais cet article donna lieu à une nouvelle réplique de Wilamowitz. Tout ce débat est scrupuleusement consigné dans la publication de Karlfried Gründer, *Die Streit um Nietzsches* Geburt der Tragödie, *die Schriften von E. Rohde, R. Wagner, U. von Wilamowitz-Möllendorf* (Olms, 1968).

Il faut noter que Nietzsche était parfaitement informé de la tradition philologique. Voir à ce propos : Angèle Kremer-Marietti, *Nietzsche et la rhétorique* (Les Presses Universitaires de France, Paris, 1992).

4.

10. La recherche de l'origine de la tragédie attique est-elle proposée à titre de question psychologique dans *La Naissance de la tragédie*, ainsi que Nietzsche l'énonce dans l'autocritique de 1886 ? Revenant sur le problème posé, il l'évoque, en effet en termes psychologiques de : « désir », « souffrance », « sensibilité », « mélancolie », « douleur » et « joie ». En 1872, même des mots comme « rêve » et « ivresse », ou « instincts d'art », « volonté », « bonheur » et « souffrance » ne sont pas à prendre empiriquement : en ce sens, ils ne sont pas psychologiques. Au contraire, Nietzsche place directement le débat dans un « monde intermédiaire », imaginaire et symbolique, et, par conséquent, nullement empirique — surtout ni réaliste ni phénoménal ! En fait, c'est dans les termes du transcendantalisme de Kant et de Schopenhauer que Nietzsche expose la conception nouvelle qui est la sienne.

11. Périclès (495-429 av. J.-C.) représente pour Nietzsche l'orateur, maître de son verbe, à la tenue majestueuse, et qu'il oppose au non moins admirable Démosthène (384-322 av. J.-C.), tout entier livré à une déclamation passionnelle. Thucydide (456-400 av. J.-C.), exilé à la suite de l'échec d'une mission qui lui avait été confiée, écrivit le

récit de la guerre du Péloponnèse (431-404 av. J.-C.) : son histoire resta inachevée, s'arrêtant à l'année 411.

Voyant que la guerre du Péloponnèse était inévitable, Périclès avait pris les devants, en en précipitant le déclenchement par le blocus de Mégare. Thucydide rapporte les événements, année par année, et selon les campagnes d'été ou d'hiver. La méthode historique de Thucydide vise à l'impartialité ; mais l'historien ne recule pas devant la composition des grands discours dont son histoire est parsemée. Périclès ne laissa pour tout écrit que des plébiscites, aussi fallut-il reconstituer ses discours, comme c'était le cas pour la plupart des figures historiques. Et, c'est ce que fit Thucydide pour la grande oraison funèbre que Périclès prononça en l'honneur des soldats tués au champ d'honneur. Voir le livre II, XXXV-XLVI, de l'*Histoire* de Thucydide (traduction par A. Loiseau, Garnier, Paris, 1879). « Nous avons le goût du beau, mais avec économie ; nous nous livrons à la philosophie, mais sans nous amollir ; nous possédons des richesses pour les employer dans l'occasion, et non pour en tirer vanité » (p. 106). En effet, Périclès présente les Grecs sous un jour heureux plutôt que sombre.

Mais, comme Nietzsche le souligne parfaitement, « les personnalités de l'*Histoire* de Thucydide s'expriment dans les sentences de Thucydide : elles ont, selon son concept, le plus haut degré possible de raison : Là, je reconnais le Grec » (Kröner XIV, p. 241).

12. Nietzsche cherche à deviner le sens de ce qui pourrait être un phantasme grec, hautement symptomatique. Pourquoi les Grecs représentaient-ils sous la forme du satyre le rêveur dionysien ? Quelle vérité hellénique peut-il se cacher sous cette entité du satyre ? Remarquons, toutefois, que le satyre est généralement présenté comme une divinité, mais, dans son apparence visible, il est en fait la synthèse de l'homme et du bouc, réconciliant ainsi l'homme et la nature, ou l'homme et l'animal. Les satyres, nantis de cornes et de pieds fourchus, faisaient partie de la confrérie du Bacchos grec : ce dernier, étant une manifestation adoucie de divinités exotiques, était issu de la combinaison du Dionysos attique, agricole, associé à Déméter, du dieu thrace Sabazios, du dieu lydien Bassareus, de l'Iacchos d'Eleusis et du crétois Zagreus. Les satyres étaient dits fils de Pan et originaires d'Arcadie.

13. Le philosophe Épicure (341-271 av. J.-C.) fut-il un optimiste ? Et fut-il un malade ? Dans la philosophie d'Épicure, Nietzsche voit naître les premières tendances de l'esprit scientifique. Aussi ce philosophe représente-t-il pour Nietzsche tantôt le symbole du « bonheur de l'après-midi de l'Antiquité », tantôt, plus nettement, la décadence grecque (Kröner XV, p. 437). Nietzsche persiste à percevoir dans ce philosophe le bonheur d'un souffrant.

5.

14. La conception de l'art comme « l'activité essentiellement métaphysique » se comprend à partir d'une réflexion sur le tragique et sur la musique. Car, ainsi que Nietzsche l'affirme, ce qui fait pressentir la délivrance du monde, c'est la tragédie (Kröner IX, p. 230) ; or, la tendance tragique est issue de l'Esprit de la musique.

A partir de cette constatation, Nietzsche formule une prophétie, ou énonce une espérance : dans *Richard Wagner à Bayreuth* (1876), il voit la fin de l'humanité marquée par le sentiment tragique. La métaphysique inhérente à la musique est évidente, quand on comprend, avec Nietzsche, que la tragédie fait se produire la dégradation de la musique dans les choses, celle de l'Être-vrai dans l'apparence. La tragédie attique, avec Sophocle et Eschyle, a permis que se réalisât, sur la scène de l'amphithéâtre, un contact privilégié : celui de l'Être et des choses, avec la participation profonde du spectateur. On comprend, dès lors, pourquoi Nietzsche poursuit Euripide de son ressentiment : ce dernier a voulu introduire dans la tragédie le rationalisme et le naturalisme qui ne pouvaient que tout gâcher.

15. La philosophie de Schopenhauer a classé la morale dans le monde phénoménal, dans la mesure où elle introduit le sentiment de la pitié, un élément empirique, comme critère des valeurs morales. Mais Nietzsche n'admettra pas la pitié comme vertu : il la trouvera « dangereuse » (Kröner XV, p. 54).

Appliquant à tous les problèmes sa clé philosophique, la distinction entre représentation (*Vorstellung*) et volonté (*Wille*), qu'il a forgée et calquée sur la distinction kantienne entre phénomène (*Erscheinung*) et chose en soi (*Ding an sich*), Schopenhauer va se fonder sur la formule kantienne de la Préface de la *Critique de la raison pratique* (1790), faisant, de la liberté, « la *ratio essendi* de la loi morale » et, de la loi morale, « la *ratio cognoscendi* de la liberté ». C'est pourquoi, Schopenhauer écrit d'abord un mémoire sur la liberté de la volonté, le *Preisschrift über die Freiheit des Willens*, couronné en 1839 par la Société Royale de Norvège, avant d'écrire le *Preisschrift über die Grundlage der Moral*, qui ne fut pas couronné en 1840 par la Société Royale Danoise, au jugement de laquelle il l'avait soumis. Le philosophe publia les deux essais en 1841 sous le même titre : *Les Deux Problèmes fondamentaux de l'éthique (Die beiden Grundprobleme der Ethik)*. Schopenhauer édifie une véritable cosmologie de la Volonté opposée à toute théologie. Il professe l'unité de la Volonté, c'est-à-dire la suspension du principe de raison concernant l'espace, ainsi que l'indestructibilité ou la suspension du principe de raison concernant le temps ; enfin, la liberté. Cette dernière détermination, précisée dans le livre II du *Monde comme Volonté et comme Représentation*, est développée dans le second essai, *Sur le fondement de la morale*. Avant Nietzsche et Freud (1856-1939), Schopenhauer avait déjà fait ressortir, dans le livre IV de son écrit de 1819, les deux aspects de la Volonté, scindée en affirmation (*Bejahung*) et négation (*Verneinung*). Il montrait la nécessité d'impliquer dans le domaine de la morale la référence à un autre domaine — c'est, d'ailleurs, ce domaine qui se précise avec Nietzsche comme étant la « psychologie des profondeurs » : c'est-à-dire, ainsi que l'explique Nietzsche, « une morphologie et une théorie de l'évolution de la volonté de puissance » (voir la section 23 de *Par-delà le bien et le mal*, 1re partie), et qui s'accomplit avec Freud comme étant la psychanalyse.

6.

16. Le livre de Schopenhauer, *Le Monde comme Volonté et comme Représentation* (abrégé en MVR), connut trois éditions (1819, 1844, 1859), du vivant de Schopenhauer qui lui-même modifia légèrement les deux dernières. Après sa mort, une quatrième édition fut élaborée, avec l'addition de quelques modifications, apportées par Julius Frauenstädt à partir de l'exemplaire personnel corrigé de sa main par le philosophe. En 1865, Nietzsche dut lire un exemplaire de la quatrième édition. Les publications ultérieures de l'ouvrage reproduisirent la quatrième édition. Il y eut ensuite une nouvelle édition (sans date) faite à Halle, Verlag von Otto Hendel, qui prit pour base le texte de la troisième édition, car Schopenhauer avait expressément souhaité ne plus vouloir modifier son texte. Le texte du MVR que nous utilisons est celui de Halle.

Schopenhauer affirme que la tragédie a pour tendance et fin ultime d'aboutir à la résignation (MVR, Suppléments au livre III, chapitre XXXVII) : par quoi, on voit qu'ici Nietzsche se distingue franchement de Schopenhauer. Il ne veut pas mettre l'art tragique au service du pessimisme : jusqu'en 1888, la leçon de la tragédie n'est pas la résignation (Kröner XVI, p. 821). Cependant, Nietzsche reconnaît s'être approprié le pessimisme de son précurseur, pour très vite en prendre résolument le contre-pied (Kröner XV, p. 463).

17. La « plus récente musique allemande », qui est celle de Wagner (1813-1883), préoccupe beaucoup Nietzsche en 1886, parce qu'il voudrait qu'on oublie la « wagnèrerie » qui fut la sienne dans *La Naissance de la tragédie*. D'ailleurs, à propos des deux « phares » qui éclairent cette œuvre, Nietzsche sera très explicitement négatif surtout dans les années 1881-1882 : « Bien au-dessus de Wagner j'ai aperçu la tragédie musicale — et bien au-dessus de Schopenhauer j'ai entendu la musique qui accompagne la tragédie de l'*existence* » (traduction Bianquis, Kröner XII, 1re partie, p. 451). Mais en 1884, Schopenhauer, Wagner et les Grecs sont mis par Nietzsche à égalité (Kröner XII, 1re partie, p. 444). Et, vers 1885, il verra dans Wagner, « un dangereux intermède ». Mais il ne s'agit pas d'une courbe de faveur qui irait en fléchissant.

Nietzsche, en 1888, va faire remonter cette courbe, puisqu'il voudrait qu'on juge les deux génies, non plus d'après leur « type d'aliénation mentale », mais d'après le « type de décadence » qu'ils représentent. C'est-à-dire, non pas du point de vue de la signification de leur individualité propre en tant que telle, mais du point de vue de leur signification par rapport à la société qui est la leur, autrement dit de leur signification relative à la spiritualité d'une civilisation dans son destin.

Nietzsche aurait abandonné sa « métaphysique de l'artiste » dès 1877 ? En 1888, il continue à méditer sur l'apport métaphysique de la tragédie et de la musique. Même si ses réflexions sur la personnalité de Wagner se sont montrées sans aménité dans les années 1881-1882, Nietzsche ne formule-t-il pas encore de lumineux hommages à l'adresse de la création wagnérienne ? En 1888, il écrit encore des lignes magnifiques sur la musique de Wagner. D'une part, il prétend affirmer qu'il ne supporte pas qu'on admire chez Wagner cette fameuse « décomposition du style » ; et, d'autre part, il reconnaît en Wagner celui qui pense la musique en vue du drame, et qui, pour cette raison, est à la fois un peintre et un poète. Tel Victor Hugo pour la poésie, pour la musique Wagner a su découvrir : « la splendeur pittoresque et la puissance du son, le symbolisme du son, du rythme, des timbres harmoniques ou dissonants, la force suggestive de la musique, toute cette « sensualité » de la musique que Wagner a fait prédominer » (traduction Bianquis, Kröner XVI, p. 838).

Wagner, que Nietzsche a même considéré, un moment, comme le plus grand événement qu'il y eût jamais pour la philologie — événement auquel participaient Schopenhauer et Goethe (1749-1832) — mais que les philologues n'ont jamais voulu remarquer — passait aux yeux de Nietzsche pour un romantique incurable.

7.

18. Le personnage de Faust est, avec celui de Hamlet, le symbole de l'homme moderne, par opposition à l'homme antique. D'ailleurs, il subsiste, selon Nietzsche, l'alternative pour l'Allemand d'être soit un Faust, soit un simple philistin. En tout cas, dans *Humain, trop humain*, l'idée du personnage de Faust semble, par excellence, avoir été la pensée la plus tragique qui fût jamais ! Ainsi est signifiée la pensée tragique de l'homme moderne qui se serait perdu par l'aiguillon du savoir et du pouvoir conjugués. Le *Faust* de Goethe présente un inventaire de l'inconscient moderne.

19. La consolation métaphysique est ce que peut procurer la tragédie. Mais ce n'est pas dans la simple référence à la consonance musicale que la tragédie opère la consolation métaphysique. La tragédie n'accomplit pas la résolution de la contradiction : si elle passe le baume de l'art sur la douleur humaine, ce n'est pas pour prodiguer un sentiment comme la résignation, ainsi que le veut Schopenhauer. L'intérêt de la tragédie attique tient essentiellement dans son partage entre le dionysisme et l'apollinisme. Son but n'est pas d'entraîner la résignation, mais d'établir la justification du mal. L'homme en tant que « dissonance incarnée » a besoin de la consolation métaphysique de la tragédie, seule capable de justifier son être contradictoire.

PRÉFACE A RICHARD WAGNER

20. Le *Beethoven* de Wagner avait paru à Lucerne en 1870, à l'occasion de l'anniversaire du centenaire de la naissance de Beethoven (1770-1827). Il fut lu solennellement pour la célébration de cet anniversaire. Empruntant à Schopenhauer sa philosophie de l'essence de la musique, telle qu'elle apparaît dans le livre III, § 52, du *Monde comme Volonté et comme Représentation*, Wagner réussit à la commenter et à l'appliquer pour caractériser la musique de Beethoven et de ses prédécesseurs.

Alors que, dans *La Naissance de la tragédie*, Nietzsche évoque l'admirable course solaire de la musique allemande, de Bach à

Beethoven et de Beethoven à Wagner, il lui arrivera de voir comme un blasphème le fait de vouloir comparer Wagner à Beethoven. Nietzsche reconnaît en Beethoven le musicien qui osa faire parler les passions.

Notons que Wagner profite de cette méditation sur l'essence de la musique et sur Beethoven pour émettre des opinions personnelles sur l'art et la mode, sur le goût français et l'esprit allemand, sur les préjugés esthétiques de l'époque. *La Naissance de la tragédie* lui emprunte certaines de ces topiques.

Quant à la référence de Nietzsche à Beethoven, elle demeure constante chez Nietzsche : pour lui, ce compositeur n'est pas un classique, mais le premier grand romantique. En 1868, Nietzsche avait déjà composé un long et fervent poème sur la mort de Beethoven dont on peut lire des fragments importants : « *Beethovens Tod* » (cf. *Gedichte und Sprüche, op. cit.*, pp. 42-46).

21. L'art comme « la tâche la plus haute et l'activité essentiellement métaphysique de cette vie » est l'une des formules que Nietzsche partageait avec Wagner à Tribschen, dans la communion avec la philosophie de Schopenhauer. En fait, c'est Leibniz qui a inspiré Schopenhauer, quand il donne la définition suivante de la musique : « un exercice inconscient en métaphysique dans lequel l'esprit ne sait pas qu'il est en train de philosopher » : traduction d'une citation latine de Leibniz, parodiée par Schopenhauer (MVR, III, § 52). Leibniz affirmait seulement que la perception est « un exercice inconscient en arithmétique dans lequel l'esprit ne sait pas qu'il est en train de compter » (Lettre 54, in *Leibnitii epistolae*, Collectio Kortholti).

LA NAISSANCE DE LA TRAGÉDIE

1.

22. Les « concepts » sont opposés aux « figures », comme le monde de l'abstraction est opposé au monde de l'art. Mais il est vrai cependant que Nietzsche reconnaît que tout mot peut être considéré comme un concept, c'est-à-dire n'est plus le son unique recouvrant une intuition originaire ; et cela, dès qu'il est prononcé plus d'une fois en référence à cette intuition originaire. Cf. *Le Livre du philosophe*, III, « Introduction théorétique sur la vérité et le mensonge au sens extra-moral », p. 122.

L'opposition entre les concepts et les figures est développée chez Schopenhauer (MVR, III, § 50) : « le concept ne peut jamais être la source, et sa communication ne peut être le but d'une œuvre d'art » (Halle, I, p. 259). Et, lorsque le concept est donné dans une poésie allégorique, on l'exprime ou le soutient au moyen d'une peinture. Schopenhauer poursuit en déclarant que les Idées, par opposition au concept, sont sensibles et perceptibles. Quant aux Idées platoniciennes, elles sont l'objectivation de la Volonté (MVR, III, § 52, Halle, I, p. 278).

Cette opposition est donc fondamentale. Elle permet de poser, plutôt que des concepts esthétiques ou métaphysiques, qui seraient abstraits, les deux grandes « figures » sensibles, que sont Apollon et Dionysos, en tant que symboles. Sur l'origine de cette référence et de l'usage symbolique qu'en fait Nietzsche, plusieurs hypothèses ont été soulevées. L'article de H. Wagenvoort « Die Entstehung von Nietzsches *Geburt der Tragödie* », paru dans *Mnemosyne*, XII, Leiden, 1959, donne à penser que Nietzsche prît connaissance du livre de Jules Michelet, *La Bible de l'humanité* (1864), par l'intermédiaire d'Erwin Rohde : et cela, dès 1866. D'autres hypothèses invoquent une autre source : il s'agirait surtout d'une œuvre sur Dionysos du peintre et illustrateur allemand Bonaventura Gemelli, que cite effectivement Nietzsche dans sa lettre à Rohde du 16 juillet 1872. Mais cette dernière lecture n'exclut pas nécessairement la première. En outre, on oublie que l'opposition Apollon/Dionysos a déjà été vue par Plutarque (46-120 ap. J.-C.) et exposée dans « *Sur l'"E" de Delphes* ». A Delphes, en effet, Dionysos avait contracté une alliance avec Apollon grâce au courant religieux de l'orphisme. Cf. A. Kirchoff, *Über das delphische Jahr* (Monatsberichte der Berliner Akad., 1864).

23. Dans le livre I, 28, du *De rerum natura*, Lucrèce (94-55 av. J.-C.) s'adresse aux hommes en leur parlant des dieux : « prêtez attention aux images de béatitude qui en proviennent, et, au lieu de les écarter comme des simulacres importuns, faites qu'elles inspirent votre conduite et votre vie » (Les Belles Lettres, Paris, 1942, traduction Ernout). Car le rêve et la vision de l'esprit (livre IV, 721-775) ne sont possibles, selon Lucrèce, qu'à partir de l'existence de simulacres subtils qui voyagent dans l'air et se rencontrent pour former des images en frappant nos yeux et notre esprit.

24. Nietzsche n'a pas le souvenir exact du texte de Schopenhauer auquel il se réfère. En fait, c'est dans l'Appendice du MVR, intitulé « Critique de la philosophie kantienne », que Schopenhauer écrit, mais à propos de Kant : « Une telle clarté dans la connaissance et un tel discernement dans la présentation du caractère onirique du monde tout entier est réellement ce qui constitue la base de toute la philosophie de Kant » (Halle, I, Anhang, p. 6).

Schopenhauer s'exprime dans une métaphore pour affirmer que « la vie et les rêves sont les pages d'un seul et même livre » (MVR, I, § 5, Halle, p. 19). La métaphore du livre et de ses pages est poursuivie par le philosophe pour faire comprendre que la « lecture systématique » concerne la vie réelle, mais que nous continuons souvent à lire de cette manière, même lorsque l'heure de la récréation a sonné ; de plus, telle page lue isolément n'est pas liée à l'ensemble des pages lues selon une lecture consistante et studieuse du volume entier. Aussi, on verra que le livre avec ses pages tient au statut du sujet, puisque, par ailleurs, dans l'Appendice, Schopenhauer approuve la pensée de Kant qu'il résume comme suit : « pas d'objet sans sujet » (MVR, Anhang, Halle, I, p. 22).

25. Étant donné le parti-pris de la figure et de l'image contre le concept abstrait, qui est donc celui de Nietzsche, on admettra que nombre de ses évocations puissent rester « allusives » et ne constituer

qu'un mode d'expression purement métaphorique : l'Enfer de *La Divine Comédie* de Dante semble jouer ce rôle de pure métaphore.

26. Le principe d'individuation (*principium individuationis*) est une notion propre à Schopenhauer dans MVR, adoptée par Nietzsche dans *La Naissance de la tragédie*. L'expression apparaît dans le livre II, section 23, où Schopenhauer dit que la pluralité en fait aussi partie, étant donné qu'elle est conditionnée dans l'espace et le temps. Au livre III, § 43, le *principium individuationis* est explicitement présenté comme étant l'équivalent du principe de raison suffisante, et au livre III, § 51, il apparaît comme étant la forme du phénomène. Dès lors, il est aussi la forme de la connaissance possible aux individus en tant que tels (§ 52). En dernier ressort, seul le phénomène est subordonné au *principium individuationis* (livre IV, § 60).

Quant à Nietzsche, qui l'utilise ici dans une citation de Schopenhauer, extraite du livre IV, § 63, il rapporte cette notion à Apollon — qui représente, ainsi que Nietzsche l'écrit quelques lignes plus loin, « l'image divine et splendide du principe d'individuation ». Ce principe ne commande pas seulement les phénomènes (*Erscheinungen*), mais encore l'apparence (*Schein*), et même la belle apparence (*der schöne Schein*).

27. S'agit-il d'orgies sacéennes ou *satréennes* ? Car il y eut originairement des rites orgiastiques dans la tribu des Satrai ou Satrae ou Satyres, en Thrace. C'est ce qu'enseigne Hérodote, dans ses *Histoires*, VII, 110 et 111. D'anciennes pièces de monnaie découvertes en Macédoine confirment ses affirmations. L'archéologue britannique, William Ridgeway (1853-1926) découvrit et analysa ces pièces de monnaie : cf. son ouvrage, *Early Age of Greece* (1901), vol. I, p. 343, ainsi que celui de Jane Harrison, *Prolegomena to the Study of Greek Religion* (1903), Meridian Books, New York, 1955, p. 379.

28. Dionysos manifeste la réconciliation de l'homme et de la nature, de l'homme et de l'animal. C'est pourquoi la légende raconte que, lorsque le Bacchos avançait entouré de ses ménades en folie, la terre recouvrait la fécondité de l'âge d'or, le miel dégouttait des arbres et le lait coulait dans les ruisseaux. Les bêtes féroces étaient sous le joug.

29. L'Un-primordial (*das Ur-Eine*) est l'une des notions que Nietzsche a calquée sur celles de Schopenhauer. En effet, chez ce dernier philosophe, se rencontrent des termes tels que : la conscience originaire (*Urbewusstsein*), la pensée originaire (*Urdenken*), les éléments originaires de l'existence (*Urelemente des Daseins*), les lois fondamentales du monde (*Urgrundgesetze der Welt*), le phénomène originaire (*Urphänomen*), la source originaire de toute réalité (*Urquelle der Realität*). De même, on trouve des concepts relatifs à l'origine (*Ursprung*) aussi bien des choses, des concepts, et du monde. Le « voile de Maïa » (notion indienne) recouvre tout ce qui vient de l'origine, comme tout ce qui relève, dans la philosophie de Schopenhauer, de la Volonté, opposée à la Représentation.

La notion nietzschéenne d'Un-primordial concerne le chaos antérieur à tout cosmos, avant que n'opérât le principe d'individuation. C'est le magma originaire d'où est sorti le monde avec ses individus, c'est donc aussi la mère de l'Être ; mais, avant tout, c'est la matrice originaire d'où la vie est sortie avec ses organismes. L'Un-primordial est induit par le Dionysos de Nietzsche ; il s'oppose au principe d'individuation d'Apollon.

30. Extrait de l'« *Hymne à la joie* » de Schiller (1759-1805), qui forme la partie chorale de la *Neuvième symphonie* de Beethoven.

Sur sa conception de Dionysos, Nietzsche n'est pas très précis. Il se plaît à confondre toutes les légendes. Ici, il renvoie aux Mystères d'Éleusis en usant, métaphoriquement, de cette référence schillérienne-beethovénienne. Or, les Mystères d'Éleusis racontent l'histoire de Déméter, au moment où elle a interrompu son jeûne en buvant un breuvage au pavot et son deuil en souriant aux plaisanteries de Jambé. Tel est le noyau de ce Mystère qui comportait un double symbolisme : d'une part, la chute du blé dans le sillon et celle de l'âme dans la mort ; d'autre part, la résurrection du grain dans la moisson et celle de l'homme dans la vie d'outre-tombe. Ensuite, se sont ajoutés d'autres épisodes mêlant à cette histoire Iacchos, fils de Déméter. Les Éleusinies étaient des fêtes religieuses très prisées, célébrées dans l'Attique. Sous les noms de Jacchos et de Zagreus, Dionysos avait sa place dans le culte rendu à Déméter.

2.

31. L'identification mystique à l'Un-primordial libère l'individu du poids de son individualité et l'anéantit dans l'unité originaire.

32. L'artiste ne vient qu'après la nature, qui possède les forces d'art proprement dites, et qu'il ne peut qu'« imiter » : il ne les possède pas directement. A travers la création artistique, c'est, en effet, la nature qui s'exprime. Nietzsche supprime ainsi l'opposition entre l'art et la nature qui traverse toute la civilisation grecque antique. Telle est l'œuvre de Dionysos, le dieu qui permet la fusion totale avec la nature.

33. Contrairement à la manière dont Nietzsche invoque Aristote (384-322 av. J.-C.), précisément, par sa thèse de l'imitation de la nature, Aristote souligne l'opposition entre l'art et la nature. Là, où, pour Nietzsche, l'artiste est un homme qui participe des forces d'art de la nature, pour Aristote, l'artiste n'est qu'un « imitateur », mais dans le sens que l'artiste n'est pas le medium animé des forces d'art de la nature tel que le voudra Nietzsche. Car la *mimesis* aristotélicienne est davantage « représentation » que création vive et elle varie selon les genres poétiques. Cf. Aristote, *Poétique*, I, 1447a, 10.

34. Les rêves des Grecs ont, pour Nietzsche, leurs « symptômes » dans l'image des satyres enjôleurs, ou des ménades dévoreuses de chair fraîche, dans la représentation de l'Olympe, dans la célébration de Dionysos, tard venu dans l'Olympe, après l'époque d'Homère et avant celle de la frise du Parthénon où Dionysos siège parmi les dieux.

35. Le nom de Shakespeare (1564-1616) est maintes fois cité par Schopenhauer. Dans *La Tempête*, il relève le vers de l'acte IV, scène 1 : « Nous sommes de la même étoffe dont sont faits les rêves ». Cf. MVR, I, § 5.

36. Malgré toutes ses forces mauvaises, Méduse, l'une des trois gorgones — celle qui avait le don de transformer en pierre quiconque

la regardait —, reste, pour la puissance, inférieure à Dionysos. On sait que Persée, le héros grec (mi-homme, mi-dieu), rapporta, de son voyage vers l'Occident, la tête de Méduse, et qu'il devint le roi d'Argos.

37. L'art dorique se distingue de l'ordre ionique par sa simplicité et une certaine austérité. L'architecture dorique donne une impression de lourdeur, à l'opposé de l'art ionien, à l'aspect plus léger. Les constructions d'ordre dorique ont une colonne sans piédestal, reposant sur un stylobate de trois degrés. Les métopes illustrent des récits à épisode, et le tympan couronnant le tout représente, par exemple, pour le Parthénon, la naissance d'Athéna.

38. Le rythme au battement régulier caractérise la musique dite apollinienne. La musique, sous le signe d'Apollon, était elle aussi une architectonique sonore d'ordre dorique. Platon (*Lachès*, 188d) et Aristote (*Politique*, VII, 1343b, 11) ont manifesté leur préférence pour l'harmonie dorienne. L'harmonie (ou mode) était le système des intervalles établis entre le son final et les autres sons de la mélodie. C'est donc le repos final sur un son déterminé qui distinguait les modes les uns des autres (cf. Gevaert, *Histoire et Théorie de la musique dans l'Antiquité*, 1875-81, I, pp. 129-130).

39. Le dithyrambe était originellement le chant de louanges chanté en l'honneur de Dionysos. Dithyrambe est, au commencement, le nom de Dionysos enfant, fils de la déesse Terre, adopté par Zeus qui le présente aux Olympiens (Jane Harrison, *op. cit.* p. 411).

40. Le mouvement de tous les membres réalise une danse qui est en elle-même une nouvelle symbolique, apte à signifier l'insignifiable, à « dire » à sa manière l'indicible.

41. La force symbolique de la musique s'accroît en rythme, dynamique et harmonie : au début de sa *Poétique*, Aristote expose qu'il y a trois composantes essentielles de l'art qui se retrouvent toutes trois présentes dans certains arts, et qui sont le rythme, l'harmonie et la métrique, comme dans le dithyrambe, précise-t-il.

3.

42. La création du monde olympien tout entier procède du même instinct apollinien. Au départ, il faut considérer le massif montagneux du nom de l'Olympe, dont le sommet atteint 1985 mètres, et est situé au nord de la Thessalie. C'est Zeus qui a désigné l'Olympe comme la résidence des dieux. Du moins, depuis l'époque d'Homère (*Odyssée*, VI, 42-46) en est-il ainsi, le secret des Olympiens est cependant bien gardé, car aucun mortel ne l'a percé.

43. Silène est le nom du père nourricier de Bacchos. Nietzsche évoque la légende de Silène, compagnon de Dionysos — rapportée par Ovide dans ses *Métamorphoses* (XI, 85 et suivants) — et qui fut ramené à son maître par le roi Midas.

44. Moros en grec signifie : ce qui est en partage. Moira est un nom pour le Destin. Les Moirai sont encore les Filles de la Nuit, que les Latins appelleront les Parques.

45. Le demi-dieu Prométhée est l'un des Titans : il fait partie du quadrige auquel appartiennent également Atlas, Ménœtios et Épiméthée. Bienfaiteur de l'humanité, il déroba le feu du ciel et

devint le symbole de l'orgueil humain. Nietzsche l'a évoqué une ou deux fois comme un exemple : Prométhée est heureux quand il a pitié des hommes et il souffre quand il envie Zeus. Nietzsche écrivit un fragment intitulé « *Prométhée* », en 1874 (Kröner X, pp. 487-489).

46. Œdipe tua son père et épousa sa mère, Homère en fait le roi de Thèbes. Sophocle écrivit deux tragédies sur le thème d'Œdipe : *Œdipe-roi* (430 av. J.-C) et *Œdipe à Colone* (406 av. J.-C).

47. Les Atrides descendaient de Tantale qui servit aux dieux un festin sacrilège.

48. Les Étrusques, peuple d'Italie, avaient pour patrie d'origine l'Étrurie. Hérodote en fait des émigrants d'Asie Mineure (*Histoire*, I, 94). Ils eurent une période d'apogée au VIe siècle av. J.-C., mais furent soumis par les Romains au IIIe siècle av. J.-C.

49. Le monde olympien est un monde intermédiaire, parce qu'il s'identifie à l'apparence de l'apparence, grâce à quoi, dans la représentation de Nietzsche, les Grecs pouvaient supporter la tragédie du destin et l'*hybris*, c'est-à-dire l'infraction par excellence, ou la démesure.

50. La théogonie des Titans présente le règne d'une famille de divinités qui dominèrent par la violence. Les Titans furent jetés dans le Tartare par Zeus. Schopenhauer (MVR, I, § 7) évoque Chronos (le plus jeune des Titans qui déposséda du trône Ouranos) parce qu'il représente le commencement du temps.

51. La « Volonté » hellénique rappelle la notion schopenhauerienne de Volonté comme étant ce qui est au-delà de la représentation du miroir olympien dont le rôle était de transfigurer aux yeux des Grecs leur propre image.

52. Achille dit « au pied léger » domine dans le camp grec de la guerre de Troie, en face d'Hector, fils de Priam. L'histoire de la vengeance d'Achille est racontée par Homère dans l'*Iliade*, décrivant quelques semaines de la neuvième année de cette guerre.

53. Homère ne mentionne pas le culte des héros qui prit naissance pendant la période mycéenne pour se développer à l'époque classique. Entre les véritables ancêtres de la généalogie et les dieux de la fiction on trouve les figures intermédiaires d'Héraclès, d'Esculape et de Dionysos.

54. Schiller (1759-1805) a écrit quelques textes d'une *Esthétique (Aesthetische Schriften)*, entre 1791 et 1793. Les deux premiers essais proviennent d'un cycle de conférences données à Iéna. L'une, « De la cause du plaisir que nous prenons aux objets esthétiques » (« Über den Grund des Vergnügens an tragischen Gegenständen »), date de 1791, et l'autre, « De l'art tragique » (« Über die tragischen Kunst »), date de 1792 (cf. Schiller, *Œuvres*, Paris, 1880-1910).

55. Le personnage central de l'*Émile* (1762) de Rousseau (1712-1778) pouvait représenter le type du « naïf », dans la mesure où l'on pouvait être convaincu, comme le prétendait son éducateur, qu'il était possible de suivre la nature de l'homme en évitant toute influence sociale ou historique sur l'éducation.

56. Nietzsche est l'auteur d'un discours intitulé « Homère et la philologie classique » (« Homer und die klassische Philologie ») qu'il

prononça comme leçon d'ouverture à l'Université de Bâle, le 28 mai 1869 (Kröner IX, pp. 1-25).

57. Schiller a approfondi, en 1793, la notion de sublime dans deux essais : « Du sublime » (« Ueber das Erhabene ») et « De la grâce etde la dignité » (« Ueber Anmut und Würde »).

58. L'illusion apollinienne est ce qui domine les phénomènes et les transforme en « belle apparence ». Nietzsche la rapproche de l'illusion qui procède de l'instinct.

59. La transfiguration du génie et de l'art peut se comparer à la sublimation de soi-même, propre à l'individu, ou à la glorification d'un peuple dans sa représentation symbolique.

60. En suivant l'optique nietzschéenne, Homère, « l'artiste naïf », était comme la statue érigée pour la commémoration de la victoire sur le mal et, en particulier, sur la violence qui régnait dans la Grèce préhistorique.

4.

61. Nietzsche reprend le thème schopenhauerien de l'égale importance de la vigilance et du rêve (cf. MVR, I, § 5, Halle, p. 19). Nietzsche, derrière Schopenhauer et Lucrèce, affirme que le rêve continue parfois nos préoccupations du jour ou nos occupations représentées comme si elles étaient encore vécues ; ainsi, le rêve joue-t-il un rôle d'apaisement en ce qui concerne la douleur et de justification relativement à une situation difficile. Enfin, il peut accomplir un désir : Freud n'est pas loin.

62. La représentation est ce qui apparaît de l'Un-primordial, selon Nietzsche, ou de la Volonté, selon Schopenhauer qui invoque à ce propos également la chose en soi, car « la volonté est la chose en soi, le contenu intérieur, l'essence du monde, mais la vie, le monde visible, le phénomène, n'est que le miroir de la volonté » (MVR, IV, § 54).

63. Si la vie quotidienne, à travers le reflet de l'illusion, est « apparence », et non pas la chose en soi elle-même, de la même façon le rêve, qui est un reflet lié aux images de la vie quotidienne, est « l'apparence de l'apparence ».

64. La *Transfiguration* (1518-1520), commencée en 1518, est restée inachevée. Ce fut la dernière peinture de Raphaël (1483-1520). Schopenhauer, de son côté, associe régulièrement, dans son discours, Raphaël au Corrège (1489-1543). A propos du Corrège on parle de « luminisme », car il rend l'éclat de la lumière.

65. Nietzsche donne une très belle analyse du tableau de Raphaël. La première apparence est un spectacle de douleur.

66. Une réciproque nécessité relie la « première apparence », qui n'est que le symbole de la réalité profonde, résumée dans l'idée de l'éternel conflit qui génère le monde, et un « monde nouveau d'apparences », auquel les acteurs de la scène de la première apparence sont aveugles parce qu'ils sont prisonniers de cette première apparence. Ces deux mondes sont en relation réciproque : l'un est la condition de l'autre. Sans la douleur du monde, l'artiste ne serait pas incité à créer un monde nouveau d'apparence, contrepoids du premier monde.

67. L'individu est la loi formelle de cette civilisation de l'individua-

tion à laquelle on peut ramener l'art apollinien, car il concrétise le principe même de la mesure hellénique. C'est en quoi Apollon l'esthète est fondamentalement éthique.

68. La beauté apollinienne se complète de la connaissance de soi, qui est la base de la mesure, indispensable pour résister à la démesure.

69. Prométhée fut puni de son trop grand amour des hommes : la démesure reçoit sa sanction. Nietzsche analyse la mythologie pour sonder la psyché grecque qui s'y révèle.

70. Œdipe se trouva entraîné à commettre des forfaits : le destin déjoue le cours des existences. Dans l'inconscience qui était celle d'Œdipe il était possible de plonger dans la démesure. N'est-ce pas le sort du héros tragique ?

71. Les Titans, qui jouent, dans la psyché hellénique, la partition de la démesure, représentent désormais l'extrême de la démesure. Les Grecs sentaient confusément qu'ils vivaient à nouveau, avec le dionysisme, cette démesure titanique qu'ils rejetaient. Mais pour eux Dionysos était le repère de la profondeur, invisible mais présente.

72. On voit que ce dont relève la démesure, c'est la nature déchaînée dans le joie ou la douleur, et aussi bien dans une connaissance qui est une véritable épreuve. La démesure est vécue par le « chœur démoniaque des voix du peuple » qui fait d'elle une présence illimitée, entraînante, à laquelle s'oppose une autre présence, atténuée, discrète, celle de la mesure, à travers la psalmodie et les accords de l'artiste apollinien.

73. Apollon, le dieu de la justice, de l'ordre, de la beauté, de la musique et de tous les arts, le maître de la lyre, est aussi le maître des oracles, le dieu de Delphes, car il y a son principal sanctuaire. Selon Virgile, dans l'*Énéide*, VI, 46 et suiv., des vapeurs s'exhalaient du rocher, alors la prêtresse d'Apollon, la pythie, entrait en extase et prononçait des paroles incohérentes qu'un prêtre interprétait.

74. Les Doriens s'établirent en Grèce les derniers, au XIe siècle av. J.-C. — Ils anéantirent la civilisation mycénienne. Leurs arts de prédilection étaient l'architecture et la lyrique chorale qu'on retrouve dans la tragédie attique.

75. Allusion au mythe des races dont traite Hésiode (VIIIe au VIIe av. J.-C.) dans *Les Travaux et les Jours* (106-200). Hésiode rappelle les diverses époques par lesquelles l'humanité est passée : après l'âge d'or originaire jusqu'à l'âge de fer qui est celui des temps présents. La race d'airain, la quatrième, est celle des héros ou demi-dieux.

76. On peut voir en quoi le dionysisme était dévastateur : après l'époque olympienne, succédant à l'époque titanesque, le culte dionysiaque, venant selon Hérodote de la tribu des Satrai en Thrace, faisait renaître en Grèce la violence supposée être propre aux temps archaïques.

77. Avec la conception dorienne du monde, Nietzsche implique les caractères généraux des constitutions doriennes : celles-ci sacrifiaient l'individu à l'État.

78. Les quatre périodes artistiques dont fait état Nietzsche sont sans doute calquées sur les quatre premiers âges dont parle Hésiode : d'or, d'argent, de bronze et d'airain.

79. L'art dorique concrétiserait les instincts esthétiques distingués

par Nietzsche. Et la tragédie attique serait l'un de ces accomplissements. Avant le livre de l'Allemand Benndorf (1838-1907) sur le théâtre attique (1875), que Nietzsche ne peut connaître en 1871, il y avait eu l'ouvrage du philologue anglais Donaldson (1811-1861) sur le théâtre des Anciens, en 1860.

80. Durant les fêtes consacrées à Dionysos, le chœur chantait le *dithyrambe* tout en dansant autour de l'autel (la *thymèle*) où était immolé un bouc (*tragos*). C'est du dithyrambe qu'est née la tragédie. Un Dorien, du nom de Pratinas, conçut le *drame satyrique*, composé de satyres, qui servira d'appendice dans la trilogie classique.

81. Antigonos Ier, appelé Antigone le Cyclope ou Monophtalmos (382-301), fut un général d'Alexandre le Grand. Il voulut, après la mort de ce dernier, s'emparer de l'Empire d'Asie ; il se donna le titre de roi, en 306. Mais Cassandre, le fils d'Antipater, déclara la guerre à Antigone qui fut vaincu et tué devant Ipsos.

5.

82. Nietzsche présente comme une image d'Épinal le tableau, gravé sur des gemmes, d'un Homère rêveur contemplant un Archiloque (VIIe s. av. J.-C.) belliqueux : Homère, qui s'exprimait en vieil ionien, le plus ancien écrivain d'Europe et le premier auteur d'épopée qui soit connu, avec Archiloque, le plus ancien auteur de poésie lyrique grecque, et dont l'Antiquité faisait l'égal d'Homère. Archiloque fut l'initiateur des rythmes à trois temps. Il n'employa que des iambes (comme le trochée, constitué de trois temps simples réunis en un ensemble rythmique). Il créa ce qu'on appela le « vers archiloquien » et le « distique archiloquien », composé de l'hexamètre et de la seconde moitié du pentamètre.

83. La métaphysique esthétique de Nietzsche associe le poète lyrique et le musicien, ainsi que ce fut le cas pour Archiloque. L'explication qui suit fait partie de cette métaphysique.

84. L'évocation à laquelle se livre Nietzsche témoigne du fait que la passion du poète lyrique dépasse la simple sphère de l'individu, et qu'elle est en fait l'apparence d'une réalité plus profonde et plus « métaphysique » (dans le sens que Nietzsche donne à ce terme). Les premières ménades étaient des nymphes sauvages qui recueillirent Bacchos enfant des mains d'Hermès.

85. Après Eschyle (525-456 av. J.-C.), le premier des trois grands tragiques athéniens, et Sophocle (496-406 av. J.-C.), vient Euripide (485-406 av. J.-C.). Il s'intéressa à la philosophie sous l'influence d'Anaxagore, de Protagoras et de Socrate. Dix-neuf de ses pièces ont été conservées (sur 92). La pièce intitulée *Les Bacchantes* dut être sa dernière création (en 407-406).

86. Voir MVR, I, § 51.

87. Contrairement à Schopenhauer, Nietzsche justifie le monde et l'existence, en tant que ce sont des phénomènes esthétiques : au niveau de l'art. Car l'artiste réussit à s'élever et à nous élever au-dessus du sujet individuel.

88. S'identifiant à l'artiste primordial du monde, l'artiste humain jouit d'un pouvoir d'identification bien supérieur à la moyenne de ses semblables. Il se dédouble en artiste dionysien et en artiste

apollinien. Le processus dionysiaque lui a fait abdiquer sa subjectivité. Ainsi, l'artiste Archiloque se voit comme Archiloque souffrant, mais il sait que ce n'est pas lui-même en tant qu'individu qu'il voit, c'est une vision, c'est le génie de la nature. L'art lyrique n'est donc pas, pour Nietzsche, ce que Schopenhauer en pense. Car le véritable artiste, tel que Nietzsche le conçoit, est transformé en un medium en qui triomphe l'unique sujet, qui est l'éternelle essence de l'art. C'est pourquoi la chanson populaire (*Volkslied*) est fondamentalement le « miroir musical du monde ».

6.

89. *L'Enfant au cor merveilleux* est un recueil bien connu de chansons populaires allemandes ; il a été publié, en 1808, par Arnim et Brentano. Schopenhauer cite ce recueil dans le même fragment 51, mais pour appuyer sa thèse selon laquelle quiconque éprouve un sentiment individuel est capable de composer une chanson populaire de cette qualité. Ce qui est permanent pour Schopenhauer, c'est, pour tout humain, la possibilité de percevoir les mêmes sentiments que ceux qui inspirèrent ces chants ; telle est donc la constante : elle est humaine. Pour Nietzsche, la constante dépasse l'homme individuel et la subjectivité de ses sentiments : c'est en quoi Nietzsche tend vers une véritable métaphysique de l'art et s'oppose à Schopenhauer.

90. Terpandre d'Antissa, de Lesbos, appartient à la période archaïque de l'histoire de la musique grecque. C'est un musicien grec du VIIe siècle av. J.-C. — Il inventa l'heptachorde ou lyre à sept cordes et aussi une notation musicale. En 645, il introduisit à Sparte, où il fonda une école de musique, ses *nomes* (*nomoi*) à l'usage de la cithare et du chant. Il est l'auteur de petits préludes.

91. Pindare (518-438 av. J.-C.) fait partie de la période athénienne de l'histoire de la musique grecque. C'est le plus grand poète lyrique grec. Il écrivait dans le dialecte dorien littéraire. En 1858, Donaldson lui avait consacré une étude. Quelques fragments nous sont parvenus de ses hymnes et dithyrambes. Mais ses *Odes triomphales* (au nombre de 45) ont été intégralement conservées.

92. Olympos le jeune (660-620 av. J.-C.) est le deuxième grand maître grec : il créa le mode enharmonique et introduisit la musique instrumentale des Phrygiens, ainsi que la mesure sesquialtère avec une *thesis* de 2 temps et une *arsis* de 3 temps. Il écrivit des nomes pour flûtes, sans paroles : il fut le premier à écrire de la musique sans paroles. De l'harmonie phrygienne, Aristote juge qu'elle provoque enthousiasme et *catharsis* (*Politique*, V, 1340b, 5).

93. Le terme « musique » avait dans l'Antiquité un sens très étendu. C'est le terme « harmonique » qui désignait la science de la succession des sons ; tandis que la rythmique était la science de la succession des durées. Rudolph Westphal (1826-1892) publia avec August Rossbach *Metrik der griechischen Dramatiker und Lyriker* (1854-1865) en trois volumes. Wesphal publia également, en 1861, l'*Encyclopédie musicale* d'Aristide Quintilien (100 ap. J.-C.) où sont nombreuses les considérations pythagoriciennes sur l'influence et la nature de la musique. Les *Éléments harmoniques* d'Aristoxène de Tarente (IVe siècle) sont publiés en traduction allemande, en 1868.

Platon développe sa théorie de la musique dans les livres 3 et 4 de sa *République*. Quant à Aristote, il traite de la musique au livre 8 de sa *Politique*, et au livre 4 de ses *Problèmes*.

94. Voir, MVR, IV, § 58.

95. La symbolique universelle de la musique se comprend dans le sens où la musique exprime l'Un-primordial. Le langage ne fait qu'imiter la musique. Thèse opposée à celle de Rousseau pour qui la mélodie *imite* les accents des langues.

96. Chez Nietzsche, comme chez Schopenhauer, se maintient en permanence la distinction kantienne entre le phénomène et la chose en soi. Nietzsche affirme que le langage concerne les phénomènes, tandis que la musique concerne l'Être en soi.

7.

97. La thèse de Nietzsche selon laquelle la tragédie est née de la musique est fondée sur la thèse que la tragédie est née du chœur tragique. Soit que, pour les uns, la tragédie fût originellement le chant du bouc (*tragos*), soit que, pour les autres, par exemple Schrader (1855-1919), elle fût le chant du grain de blé (également : *tragos*), de toute façon elle fut avant tout un chant.

98. La thèse du « spectateur idéal » pour expliquer l'existence du chœur est de August Wilhelm von Schlegel (1767-1845) qui publia, en 1809-1911, un écrit sur l'art et la littérature dramatiques, *Über dramatische Kunst und Literatur*. Cf. la note 158.

99. L'œuvre publiée par Schlegel en 1809 était un cours professé à l'Université de Vienne la même année. Il comparait Sophocle et Shakespeare. C'est à la Ve leçon de son cours que Schlegel expose sa théorie sur le rôle du chœur dans l'ancienne tragédie.

100. Schiller écrivit une tragédie, *La Fiancée de Messine*, qui fut représentée en 1803. Il avait tenté de faire la synthèse entre l'âme antique et le sentiment moderne.

101. La galerie de figures de cire du Musée Grévin à Paris n'a été créée qu'en 1882. La galerie de Madame Tussaud, à Londres, est plus ancienne.

102. Toute mythologie implique un « état de nature » imaginaire.

103. Dans son *Beethoven*, Wagner est l'adepte de Schopenhauer (MVR, III, § 52) pour qui la musique est la copie de la Volonté même. Tandis que les autres arts ne parlent que de l'ombre, la musique, elle, parle de l'essence.

104. La vue et l'audition du chœur des satyres avaient pour effet, sur le spectateur, de supprimer les acquis de la civilisation, les limites des lois et des institutions, ainsi que les contraintes sociales.

105. Le concept d'histoire universelle provient de Hegel. Cf. A. Kremer-Marietti, « Hegel et Nietzsche », in *Bulletin de la Société Française d'Études Nietzschéennes*, septembre 1959.

106. L'extase dionysiaque repose sur l'oubli (léthargique) du monde des phénomènes.

107. Schopenhauer écrit que le vouloir-vivre s'éteint chez Hamlet tout comme chez les autres héros tragiques (MVR, III, § 51). Pour Nietzsche, Shakespeare n'est pas non plus totalement affranchi du moralisme : il châtie les passions. Mais, selon *Aurore* (Kröner IV,

p. 226), se trompe quiconque croit que l'exemple de Macbeth détourne de l'ambition.

8.

108. L'homme « vrai » serait donc celui qui se cache en profondeur sous les effets de la civilisation. N'y a-t-il pas là une interprétation assez proche de celle de Rousseau, cependant avec une herméneutique très différente ?

109. Les serviteurs de Dionysos ne connaissent l'allégresse que parce qu'ils découvrent la connaissance de la vérité et de la nature.

110. L'acteur se dédouble : il puise en lui-même les forces qui permettront d'édifier le personnage du rôle qu'il doit interpréter, mais celui-ci se détache concrètement de sa personne individuelle.

111. La vision en profondeur (de haut en bas) est celle de l'initié. Dans *Par-delà le bien et le mal*, aphorismes 2, 30, 59, 286, Nietzsche reprendra ce type de vision pour l'attribuer à l'Ésotérique.

112. Se voir soi-même, mais dans un autre corps, c'est ce que l'on pourrait appeler une autoscopie, mais qui, dans la dynamique de l'art, renverrait une image métamorphosée de soi-même. Ce processus passe, aux yeux de Nietzsche, pour être une garantie du caractère universel et objectif de « jeu » de l'acteur. Celui-ci, pour emprunter les termes de Schopenhauer, deviendrait la Volonté elle-même que sa propre Représentation lui ferait appréhender par l'action.

113. L'épopée est un poème en hexamètre qui narre des aventures héroïques et empreintes de merveilleux.

114. La scène de la tragédie n'est qu'une vision qui fait pressentir l'action. Rappelons qu'originairement la scène était composée de tréteaux peu élevés ; devant elle, l'orchestre était réservé aux évolutions du chœur ; et, au-delà, en demi-cercles concentriques, s'élevaient les gradins. Les acteurs étaient des hommes masqués, chaussés de cothurnes. La représentation avait lieu le jour.

115. Le héros tragique n'est pas « en chair et en os » devant les yeux du spectateur, il se situe en deçà de l'apparence, entre le spectateur et l'acteur ; c'est une projection phantasmatique de la psyché du spectateur, incitée par les exhortations du chœur.

9.

116. Sophocle met le mythe sous le joug. Les spectateurs se reconnaissent, et le drame, devenu humain, perd de sa grandeur cosmique. Toutefois, Sophocle n'a pas visé à un théâtre moral.

117. La trinité du destin d'Œdipe porte la marque de la sagesse dionysienne, qui est une « abomination antinaturelle », nous dit Nietzsche.

118. Le *Prométhée enchaîné* est la première pièce d'une trilogie. Grâce à Eschyle, on sait ce qu'était une trilogie tragique, par la seule qui ait été transmise, l'*Orestie* (458), comprenant *Agamemnon*, *Les Choéphores*, et *Les Euménides*. Eschyle est le meilleur porte-parole de l'essence de la tragédie grecque, qui pose les grandes questions métaphysiques : le destin, le sens de la vie, et l'ivresse existentielle. Après Thespies, qui donna une représentation en 534 av. J.-C. (à l'occasion des Dionysies) et innova avec *un* personnage en se mettant

lui-même face au chœur, dans le rôle du commentateur, Eschyle imposa un *deuxième personnage* (notons que l'*Orestie* en comporte trois). Il a ainsi permis le dialogue et rendu le drame possible. La tragédie eschyléenne met en scène la souffrance survenue après l'*hybris*.

Les vers du *Prométhée* de Goethe cités par Nietzsche sont exactement ceux que cite Schopenhauer dans MVR, IV, § 54.

119. Prométhée concerne une humanité naïve. Nietzsche dans son évolution poursuit la même idée en 1885. Cf. Kröner XVI, p. 900 : « Je signale une chose nouvelle : certes, pour une démocratie, la barbarie est un péril, mais on ne la cherche que dans les bas-fonds. Il existe *une autre sorte de barbares*, qui viennent des hauteurs : une race conquérante et dominatrice qui se cherche une matière qu'elle puisse modeler. Prométhée était un barbare de cette sorte » (traduction Bianquis).

120. Le Palladium est la statue de Pallas protectrice de Troie.

121. Le crime de Prométhée débouche sur le don le plus précieux. C'est un exemple de « sagesse dionysienne ».

122. Dans la pensée de Nietzsche, le péché actif, masculin, dont Prométhée représente le type, s'oppose au péché passif, féminin, conçu par le judéo-christianisme.

123. La tragédie procède de la « sagesse dionysienne » ; elle relève d'une civilisation qui ose affronter la cruauté et l'âpreté de l'existence.

124. Symétrique de la « sagesse dionysienne », règne la « sagesse apollinienne », comme son opposée, mais non comme sa contradiction.

125. Atlas est le Titan qui soutient le ciel sur ses épaules (Hésiode, *Théogonie*, 517).

10.

126. Quand il n'y avait aucun personnage sur scène et que la tragédie n'était encore constituée que de son noyau, le chœur, Dionysos était le seul héros de la scène et même l'unique personnage, mais invisible. Avec la création d'un, de deux, de trois personnages et plus, le héros tragique demeure toujours Dionysos, derrière l'apparence des personnages.

127. Autour d'Apollon il ne règne pas une atmosphère d'inquiétude. Il a des oracles à Delphes et à Délos. C'est un dieu tutélaire, un guérisseur et un purificateur moral. A chaque printemps, Apollon ramène le char lumineux sur les labours. On l'adorera plus tard comme dieu du soleil.

128. Zagreus est le nom de Dionysos dans l'orphisme sous l'influence duquel il devint le symbole de la vie universelle. A ce titre, selon Plutarque, il a été démembré, a abandonné la vie et ensuite est revenu à la vie. La mythologie nous enseigne que Dionysos, dieu de la métamorphose, jouit d'une identité multiple. De même, la nature de l'état dionysiaque n'est pas unique ni simple. Le nom de Dionysos est, en effet, associé, au moins, à deux types d'ivresse : 1) au premier degré, celle qui est la conséquence de l'absorption d'une boisson fermentée, dont l'exemple est explicitement donné par la peinture d'un vase (British Museum, Catalogue E. 439, planche XV) montrant un dieu sauvage, le Dionysos de Thrace, dansant dans un état de

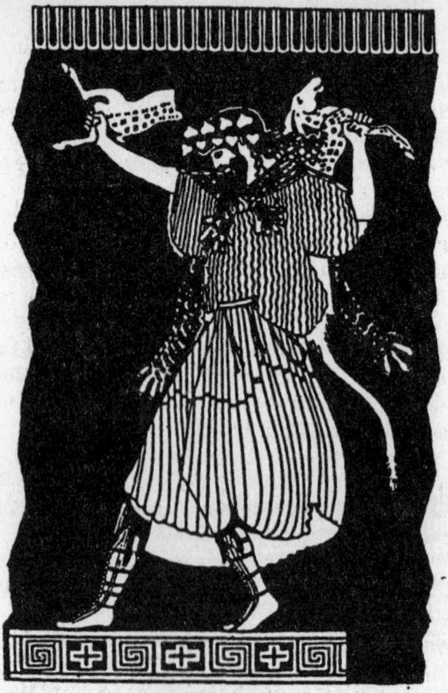

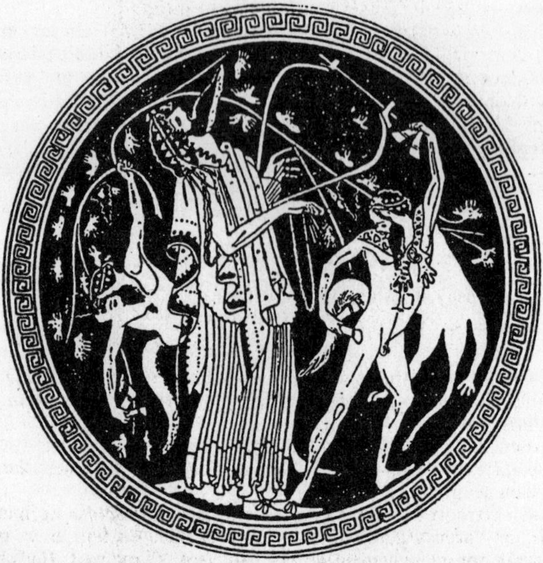

violente ébriété ; 2) au second degré, celle qui accompagne la jouissance de la musique, dont l'exemple est aussi clairement donné par la peinture d'un autre vase (Bibliothèque Nationale, Catalogue 576) montrant un auditeur artiste raffiné dont la tête est renversée sous l'extase qu'il ressent à l'audition des sons mélodieux de sa grande lyre, Voir Jane Harrison, *op. cit.*, p. 450-451. Le sens de ces deux images montre assez la distance qui les sépare. Les deux pôles de l'ivresse comme intoxication ou de l'ivresse comme possession divine sont à la base des modes qui président aux divers rites orgiastiques ou extatiques.

129. Une légende locale fait état du mariage de Dionysos et de Déméter. Mais Déméter est la Terre-Mère et, selon l'orphisme, elle est la mère de Dionysos.

130. En principe, le caractère orgiastique est étranger aux mystères. Les mystères d'Éleusis faisaient partie des mystères publics ; les Dionysies triétériques étaient reconnues par l'État ; il existe une troisième catégorie de mystères à demi reconnus ou clandestins, tels les mystères orphiques. Avec l'orphisme, les dieux se transforment les uns dans la forme des autres, ils sont interchangeables. La description du chaos, dans *Les Oiseaux* (414) d'Aristophane (445-385 av. J.-C.), correspond à l'esprit d'un pur orphisme. La notion orphique de « l'œuf du monde » peut permettre de parler de monisme.

131. Rallié également au monothéisme, l'orphisme peut être considéré comme à l'origine d'une métamorphose des mythes homériques.

132. Le Tartare (l'Hadès ou les Enfers) est le séjour des morts. L'orphisme introduisit le dogme de la récompense ou de la punition après la mort. Le dieu Hadès s'appela aussi Pluton.

133. Homère ignorait tout de la personnalité d'Éros. En tant que dieu de la vie et de la génération, Éros est au centre de l'orphisme. Une philosophie de la nature n'est pas étrangère à cette vision cosmogonique. Éros se meut au-dessus des flots :

> Éros, indomptable Éros ! toi qui,
> tantôt, reposes mollement sur de riches tapis,
> et sur les joues tendres d'une jeune fille ;
> Tantôt, franchissant les mers, vas visiter
> la cabane solitaire du berger ;
> Ni les dieux immortels, ni les hommes,
> dont la durée est si courte,
> ne peuvent éviter ton pouvoir.
> Qui te reçoit devient furieux.
>
> Sophocle. *Antigone*, II, 3, 781.

134. Claude Lévi-Strauss a amplement démontré cette évolution et cette multiplication des mythes, par exemple dans *La Pensée sauvage*, Plon, Paris, 1962.

135. Écrivain grec originaire de la Syrie, Lucien (120-180 av. J.-C.) était rhéteur et professeur. Il est l'auteur d'ouvrages satiriques, écrits dans la langue attique.

136. On retrouve ici les principales critiques adressées à Euripide. En plus, on l'accusa d'athéisme et de misogynie. En fait, en ce qui concernerait son manquement envers Dionysos, d'une part, Euripide

avait voulu renouveler l'inspiration religieuse de la tragédie et, d'autre part, au lieu de composer lui-même la musique de son théâtre, il en avait chargé Iophon et Timocrate d'Argos. En ce qui concernerait son manquement envers Apollon, Euripide, en effet, avait introduit la pensée de son époque, en particulier la pensée sophistique, dans la tragédie. En outre, du point de vue dramatique, l'intrigue lui fut reprochée comme insuffisante et nécessitant l'intervention d'un *deus ex machina*. L'exposition avant le drame en guise de prologue n'était pas prisée non plus.

11.

137. Ménandre (342-291 av. J.-C.) écrivit plus de 100 pièces. Il fut le plus important représentant de la Nouvelle Comédie.

138. Philémon (361-263 av. J.-C.), auteur dramatique grec, écrivit des comédies. Il fut le rival de Ménandre.

139. Aristophane fut le plus important représentant de l'Ancienne Comédie. Dans *Les Grenouilles* (405), il envoie Dionysos aux Enfers pour chercher un auteur tragique car il n'y en a plus aucun de vivant. Alors, Eschyle gagne le combat contre Euripide.

140. Euripide connaissait la sophistique ; on en relève des traces dans ses pièces. Par exemple, dans les *Suppliantes*, on peut citer quelques longues dissertations : l'une, dans la bouche de Thésée, sur « la question de savoir si, comme on l'a dit, il y a chez les mortels plus de maux que de biens », et l'autre, dans la bouche d'Iphis, qui se demande « pourquoi les mortels n'ont pas [...] la possibilité d'être jeunes deux fois et de vieillir à nouveau ». Cf. *Théâtre d'Euripide*, IV, pp. 251-252, et pp. 279-280 (Garnier, Paris, 1954).

141. Pythagore (VIe s. av. J.-C.) philosophe et mathématicien originaire de Samos. Fuyant le tyran Polycrate (540-522 av. J.-C.), il vécut à Crotone où il fit école, et d'où il fut banni. Il travailla sur les théories physiques de la musique et professa la théorie de la métempsycose, probablement sous l'influence de l'orphisme.

Héraclite d'Éphèse (500 av. J.-C.), surnommé l'Obscur, philosophe du devenir et du logos, s'opposa à Parménide d'Élée (1re moitié du Ve siècle av. J.-C.).

12.

142. Cf. *Goethes Werke*, Éd. E. Trunz, W. Kayser, 18 vol., Hambourg, 1949-1960.

143. C'est beaucoup plus complexe que ne l'écrit Nietzsche. Si l'on se réfère aux *Méditations métaphysiques* (1641), pour Descartes (1596-1650) à la fin des trois premières méditations, la certitude du *cogito* repose sur l'idée de Dieu qui est la première des certitudes. La succession des certitudes est la suivante : *Dieu est*, donc *je pense et je suis*. La physique sera déduite, dans le *cogito*, à partir de l'idée de Dieu. En effet, Descartes assimile le Dieu géomètre au Dieu moral, et par conséquent véridique. Mais le raisonnement, dans la IVe Méditation, est le suivant :

1. ce que je connais clairement et distinctement est vrai ;
2. ce qui est vrai... est réel.

Selon les *Réponses aux cinquièmes Objections*, ôter l'*existence* actuelle et éternelle de l'idée de Dieu, c'est supprimer l'idée de Dieu : l'ensemble Dieu-Existence est vrai, il est impossible de séparer ses éléments « Dieu » et « Existence » et de dire que cet ensemble n'existe pas. La VIe Méditation explicite : Dieu peut produire les choses que je conçois clairement et distinctement, qui sont donc « vraies » et « réelles ». Les idées des choses matérielles me sont envoyées par Dieu *éminemment*, parce qu'il n'est pas trompeur.

144. Peut-on comparer le *deus ex machina* du théâtre d'Euripide avec la garantie cartésienne de la véracité divine, sans une certaine désinvolture ? Mais il est vrai que, réduits à la caricature, ils finissent par se confondre.

145. Certes, Platon préférait les géomètres aux poètes. Il voit d'abord une contradiction entre la poésie et la philosophie. Ensuite, si la poésie est en elle-même contradictoire, c'est parce que sa création est inconsciente (*Les Lois*, 719c).

146. L'Édonide est une province de l'ancienne Macédoine, qui faisait originairement partie de la Thrace. On appelait les bacchantes Édonides, parce qu'elles célébraient les mystères sur le mont Édon ; d'où, aussi, le surnom de Dionysos : Édonien.

13.

147. Village de l'Attique, célèbre par la bataille qui s'y déroula et qui apporta la victoire (490) contre les Perses aux Athéniens, sous la conduite de leur général Miltiade (550-489).

148. Dans *Les Nuées* (423), une pièce comique tournant les sophistes en ridicule, Aristophane met en scène, pour sa caricature, Socrate, en qui il reconnaît l'un d'entre eux.

149. Socrate se serait substitué aux plus grands génies de la Grèce.

150. En effet, le démon de Socrate n'intervenait que pour lui dire « non » et le retenir d'agir. Cf. Platon, *Apologie de Socrate*, 31c-d et Xénophon, *Mémorables*, I, 4.

151. Allusion à la réunion, à la fin des banquets de l'antiquité, qui était l'occasion de boire et de discuter sous la direction d'un chef de table appelé le symposiaque. L'un des dialogues de Platon s'intitule *Symposion*, que l'on traduit généralement par *Le Banquet*.

14.

152. Notons l'insistance de Nietzsche à évoquer l'œil solitaire.

153. Christian Fürchtgott Gellert (1715-1769) est un poète allemand ; il est l'auteur de chansons et de fables, ainsi que de comédies et d'un roman.

154. Nietzsche critique Platon de « sardisme » : à l'origine ce terme désigne le mélange des dialectes, mais il signifie aussi, comme c'est le cas, le mélange des styles. Nietzsche écrit, plus loin, à propos du dialogue platonicien : « il flotte entre la narration, le lyrisme, le drame, entre la prose et la poésie ».

155. Ce serait là l'explication du style de Platon.

156. Socrate est donc doublement responsable : 1) du théâtre d'Euripide ; 2) du statut de la poésie relativement au style de Platon.

157. Autrement dit : « la vertu s'apprend » et « vertu = bonheur ».

158. Cf. Aristote, *Problemata*, 19, 48 : « le peuple était le vulgaire des hommes qui composent le chœur ».

159. Agathon (env. 425 av. J.-C.), auteur tragique d'Athènes, ne laisse plus au chœur que le rôle d'exécuter des intermèdes.

160. Dans la Nouvelle Comédie, le chœur est étranger à l'action. La comédie de mœurs à tendance moralisatrice en est à ses débuts.

161. Socrate se serait mis à apprendre la musique en prison, comme s'il percevait tout à coup en lui une lacune à combler. C'est, pour Nietzsche, une preuve de la « nécessité d'une perpétuelle rénovation de l'art ».

15.

162. Socrate symbolise l'homme théorique, à l'opposé de l'homme tragique.

163. En Allemagne, Lessing (1729-1781) représente « le moment de l'histoire de l'éveil de la virilité, celui où l'on accorde l'estime au critique » (cf. Kröner XV, p. 422).

164. Socrate est le guide ou le pionnier de la science.

165. Les indications strictement ethnologiques sont rares chez Nietzsche. A l'époque, Albert Hermann Post (1839-1895) avait lancé la notion de jurisprudence ethnologique avec une étude comparée des différents droits des peuples couvrant la surface de la terre. Les îles Fidji sont traitées par Post dans toutes ses œuvres, en référence aux travaux de Waitz (1821-1864) et de Gerland (1833-1919), dont il cite *Anthropologie der Naturvölker*, VI (en particulier, cf. p. 658).

166. Il s'agit de la prudence ou de la raison pratique.

16.

167. Cf. MVR, III, § 52.

168. Cette affirmation de Wagner développe exactement le contenu du § 52 du MVR, III.

169. Ce sont plus de deux pages du passage précédemment cité (Halle, I, pp. 283-285).

17.

170. La philosophie d'Hamlet ne se déduit pas de ses paroles, mais de ses actions.

171. Ainsi, la patrie originelle de la poésie est le mythe.

172. Sous le couvert de la comédie, Aristophane s'érigeait en critique de la culture. Son théâtre s'oriente déjà vers la Moyenne Comédie.

173. On pressent ici le miroir dans lequel le monde apparaîtra dans les derniers textes de Nietzsche : « Et savez-vous ce qu'est ''le monde'' pour moi ? Dois-je vous le montrer dans mon miroir ? » (Kröner XVI, p. 1067).

174. Peinture et description, figuration, sont bannies de la musique.

175. Avec pour lui la grandeur tragique, Sophocle est cependant touché par l'esprit nouveau. La peinture des caractères brime le mythe.

18.

176. Le destin de Faust est celui-là même de l'homme moderne, se structurant à partir du noyau de la science et de la volonté éperdue de savoir.

177. L'homme non théorique est l'homme de l'action tragique. Voir *Conversations de Goethe avec Eckermann*, par Eckermann, 3e édition en 1848 (Gallimard, Paris, 1949).

178. Le mensonge ne peut totalement couvrir la réalité des infrastructures de la civilisation que Nietzsche dénomme comme étant « alexandrine », c'est-à-dire « scientifique », « socratique ». La conséquence aura été l'anéantissement.

179. Cf. Halle, I, Anhang, p. 7.

180. Cf. Goethe, *Faust*, IIe partie, Ier acte. Cf. *supra* note 18.

19.

181. Avec le récitatif et son style apte à la représentation on avait abandonné l'Esprit de la musique.

182. Orphée éveilla avec une lyre l'âme des choses insensibles, sortit de leurs repaires les fauves, et enfin appela les arbres, ainsi que les sources et les rochers.

183. Amphion, l'un des deux jumeaux de Zeus (l'autre étant Zéthos), jouait de la lyre : les sons qu'il produisait étaient capables de mouvoir les pierres.

184. Nietzsche traite donc aussi de la naissance de l'opéra, ce dernier étant un substitut moderne de la tragédie antique.

185. Nietzsche critique la théorie de Rousseau telle qu'elle a été répandue, concernant la « bonté » de l'homme primitif.

186. Nietzsche fait allusion à une particularité musicale en provenance de Florence : le *recitativo cantando*, le « récitatif chanté », un mouvement de la fin du XVIe siècle à l'origine de l'opéra, et qu'il dépeint lui-même par son expression *stilo rappresentativo*, « style représentatif ».

187. Par la combinaison de ses articulations propres, la parole vient arrêter l'élan et la dynamique de l'Esprit de la musique.

188. Voir l'*Esthétique* de Schiller.

189. La musique vocale est remise en honneur, dans la Florence du XVIe siècle, mais en dehors de l'élément religieux. On note à cette époque un renouveau de l'hellénisme.

190. Le mythe germanique est la réserve d'où sort la musique allemande dans sa course de Bach à Beethoven et de Beethoven à Wagner.

191. L'arabesque était ce que Hanslick (1825-1904) retenait comme étant l'essentiel de la musique : voir *Du beau musical* (1854). Hanslick était un antagoniste de Wagner. Mais l'opéra ne représentait pas le modèle musical pour Hanslick.

192. Que l'on se réfère à *L'Art de la fugue*, série de compositions musicales polyphoniques de Jean-Sébastien Bach (1695-1750), écrites entre 1749 et 1750.

193. Le contrepoint est la technique qui combine deux mélodies indépendantes et même plus, telle la fugue.

194. Otto Jahn (1813-1869) philologue, archéologue et critique musical allemand, était opposé à toute interprétation symbolique.

195. Héraclite propose un circuit : « Le feu vient à la vie par la mort de la terre, et l'air par celle du feu ; l'eau vit par la mort de l'air, et la terre par celle de l'eau », fragment 98, in *Trois contemporains, Héraclite, Parménide, Empédocle* (traduction Y. Battestini, Gallimard, Paris, 1955, p. 35).

196. Il s'agit du concept d'énantiodromie, propre à Héraclite. Ce philosophe explique « comment le monde est ramené en arrière et consumé par le feu » (fragment 34a, *op. cit.*, p. 29).

20.

197. Winckelmann (1717-1768), archéologue et critique d'art allemand, écrivit, entre autres, une *Histoire de l'art de l'Antiquité* (1764). C'est Winckelmann qui canonisa l'art grec.

198. Nietzsche s'est occupé du destin de l'enseignement ; cf. *Sur l'avenir de nos établissements d'enseignement* (1872) (traduit par J. L. Backès, Gallimard, Paris, 1973).

199. Là, Nietzsche tente de projeter un événement concernant la civilisation présente et future.

200. Schopenhauer cite *Iphigénie*, IV, 5 ; cf. MVR, IV, § 54 :

« Que la race humaine
craigne les dieux ».

201. Dürer (1471-1528), peintre et graveur allemand, est l'auteur d'un *Traité des proportions* (1528). La gravure *Le Chevalier, la Mort et le Diable*, date de 1513.

21.

202. Nietzsche n'a pas encore lu ce qu'il lira en 1875 : *Les Sentences hindoues* de Böthlingk et les *Sutta Nipata* ; non plus que le livre sur le *Vedanta*, de son ami de jeunesse, Paul Deussen, qu'il lira en 1883. Mais Schopenhauer traite déjà du bouddhisme dans MVR, IV, §§ 63, 66, 71.

203. Selon Nietzsche, il y a donc coïncidence entre l'art tragique et « l'orgiasme suprême de la musique ».

204. Le héros tragique, par principe, ne peut qu'échouer : il se trouve à l'intersection des effets de deux types de loi qui sont *a priori* incompatibles, celle des dieux et celle des hommes.

205. Épris des idées de « nation » et de « liberté », le libéral Gervinus (1805-1871) fut complètement relégué dans l'Empire allemand d'après 1871. Il avait publié en 1835-1840 une *Histoire de la littérature poétique des Allemands*, qu'il réédita en 1840-1844, et dans laquelle il faisait allusion aux Maîtres Chanteurs de Nuremberg — allusion que Wagner remarqua avec profit.

206. Le concept leibnizien d'harmonie préétablie (*harmonia praestabilita*) est abordé par Schopenhauer dans le chapitre XLVI des Suppléments au livre IV du MVR.

207. Le terme rarement utilisé de « perspicuïté » traduit ici la visibilité exprimée par le terme allemand de *Schaubarkeit*. Littré

définit « perspicuïté » comme suit : « Qualité qui fait que l'esprit voit à travers une pensée, le style, etc. »

208. Pour Nietzsche, il n'y a pas de dualité et encore moins d'antithèse entre l'âme et le corps. Il affirme un monisme universel auquel appartient le monisme de l'individu, celui de l'âme et du corps que seuls les mots distinguent.

22.

209. La « perspicuïté » continue sa ronde, mais cette fois en profondeur, comme une faculté de vision qui pénétrerait « au plus profond des choses ».

210. La *catharsis* provient de ces deux sentiments, cf. *Poétique*, VI, 1449b, 10.

211. Voir les *Annales* (1830) de Goethe (première traduction française chez Hachette, Paris, 1881-1884).

23.

212. On en revient à cette dominante des enseignements de l'École de Pforta, que Nietzsche affecte de refuser, et qu'au contraire son critique Wilamowitz défendra pour l'appliquer scrupuleusement.

213. « C'est un rempart que notre Dieu », etc.

214. « Graeculus » est un terme de mépris pour désigner un type de Grec décadent (cf. Cicéron, *Les Tusculanes*, I, 86) ou de mauvais Grec (Cicéron, *De oratore*, I, 102). Cf. *supra*, p. 98.

215. Voir notes 186 et 189.

24.

216. Comme les images du rêve que Freud analysera, le tableau dont traite Nietzsche « dissimule » et « révèle » la signification symptomale qui est la sienne.

217. Le « défilé des tableaux » préfigure le défilé des images oniriques que Freud interprétera.

218. Nietzsche insiste pour que l'art et la science ne soient pas identifiés l'un à l'autre, et pour que l'art ne soit pas considéré comme un effet de causes morales.

219. Le monde ne peut être « justifié » que par la musique qui lui est juxtaposée.

220. Nietzsche évoque la parole d'Héraclite : « Le temps est un enfant qui joue et qui pousse des pions. C'est la royauté d'un enfant » (fragment 59, traduction Y. Battistini, cf. *Trois contemporains, op. cit.*, p. 32).

25.

221. Évocation indirecte d'Héraclite : « Il faut éteindre la démesure plus qu'un incendie » (fragment 48, *op. cit.*, p. 30).

222. En conclusion, il faut une mesure appropriée à la démesure.

CHRONOLOGIE

1844. — Naissance de Friedrich-Wilhelm Nietzsche à Roecken (en Saxe entre Weimar et Leipzig). Son père, Ludwig, y a été nommé pasteur par le roi Frédéric Guillaume IV. Il est lui-même fils de pasteur, comme son épouse, Franzisca.
1846. — Naissance d'Elisabeth, sœur du précédent.
1848. — La République est proclamée en France. Insurrection à Vienne et à Berlin. Assemblée nationale à Francfort.
1849. — Ludwig, de santé déficiente, meurt à la suite d'une chute. Diagnostic : « ramollissement cérébral »... Joseph, frère cadet de Friedrich, suit son père dans la tombe à l'âge de un an. La famille Nietzsche s'installe à Naumburg. Wagner, Herwegh et Bakounine les armes à la main à Dresde. La Révolution est matée.
1851. — Wagner publie *Opéra et Drame*.
1852. — Wagner rédige les poèmes de *L'Anneau du Nibelung*.
1853. — Gobineau publie l'*Essai sur l'inégalité des races*.
1854. — Frédéric Guillaume IV en tournée à Naumburg. Wagner devient schopenhauerien.

1855. — L'armée russe assiégée à Sébastopol par les Français et les Anglais. Nietzsche reconstruit la citadelle pour aider à distance les Russes et rédige un manuel de stratégie militaire. Wagner, à Londres, dirige les Concerts Philharmoniques jusqu'en 1861.

1858. — Franzisca obtient une bourse pour les études de Friedrich. Ce dernier entre à Schulpforta, près de Naumburg, dans un collège protestant où l'enseignement est très libéral, car nombre de professeurs sont partisans des « Lumières ».

1862. — « Confirmation » aux côtés de Paul Deussen. Une enquête est menée à Schulpforta sur les raisons de l'incrédulité régnante chez les bacheliers. Bismarck est nommé *Minister-Präsident* de Prusse. Le *Zollverein* est renforcé.

1863. — Lassalle engage la lutte pour un parti ouvrier indépendant.

1864. — Nietzsche passe son *Abitur*. Gros travail sur Théognis. Premier semestre en philologie et en théologie à l'Université de Bonn. Fondation de l'Internationale à Londres sous l'égide de Marx. Louis II de Bavière offre son aide à Wagner.

1865. — Nietzsche suit les cours de philologie de Ritschl et d'histoire de Sybel. En été, séjour à Berlin, empli de *spleen* ; à l'automne inscription à Leipzig : Nietzsche renonce à la théologie. Découverte de Schopenhauer. Richard Wagner termine son opéra *Tristan et Yseut*.

1866. — Rencontre avec Erwin Rohde. Nouveau travail sur les poèmes de Théognis. Nietzsche devient le protégé de Ritschl. La Prusse écrase l'Autriche à Sadowa. On s'attend à une guerre franco-allemande. Wagner doit quitter Munich : il s'installe en Suisse, près de Lucerne, à Tribschen, aux frais de Louis II.

1867. — Le Livre I du *Capital* de Marx paraît à Hamburg. Nietzsche fait son service militaire à Naumburg.

1868. — Nietzsche se retrouve à Leipzig à titre privé :

il envisage une thèse de philosophie. Rencontre avec Wagner. Enthousiasme.

1869. — Ritschl le fait nommer professeur à Bâle : Nietzsche est dispensé de la thèse ! La ville est au bord de la guerre civile. Leçon inaugurale (en mai) sur Homère et la philologie. Fréquentes visites à Tribschen où Cosima von Bülow (1837-1930), la fille de Liszt, a rejoint Wagner. Mais aussi : déjeuners avec l'économiste Schönberg et promenades avec l'historien Burckhardt. Soirées mondaines. Grandes grèves en France, en Angleterre et en Allemagne. Quatrième Congrès de l'Internationale à Bâle.

1870. — Conférences sur la tragédie grecque. Libéralisation de la loi sur les sociétés par actions en Allemagne du Nord. Candidature Hohenzollern au trône d'Espagne : Napoléon III tombe dans le panneau. Guerre franco-allemande. Défaite éclair de l'armée française. Nietzsche au front après un stage d'infirmier : il contracte une dysenterie. Overbeck arrive à Bâle. Richard Wagner épouse Cosima Liszt. Représentation de *La Walkyrie*.

1871. — La France reconnaît sa défaite, s'engage à verser 5 milliards de francs-or et renonce à l'Alsace-Lorraine. L'unité de l'Allemagne se réalise sous la forme du *Reich*. Nietzsche, en convalescence à Lugano, rédige « Origine et but de la tragédie ». Retour à Bâle. La Commune a été proclamée à Paris, mais elle est noyée dans le sang. Wagner propose à Nietzsche son éditeur pour son livre sur la tragédie, moyennant quelques rectifications. Composition de *Siegfried*.

1872. — Parution de *La Naissance de la tragédie* à Leipzig chez Fritzsch. Conférences sur l'avenir de l'enseignement. Vague de grèves dans tous les grands centres industriels. Wilamowitz-Möllendorf attaque *La Naissance de la tragédie*. Wagner réplique, Rohde riposte. Cosima et Richard Wagner ont déménagé pour Bayreuth. Première pierre du théâtre de Bayreuth.

1873. — Guerre civile en Espagne. Krach de la Bourse à Vienne. Première *Inactuelle* (contre David Strauss). Deuxième attaque de Wilamovitz. Seconde *Inactuelle* (sur l'histoire). Krach des Bourses de New York puis de Berlin. Début de la « *Grosse Depression* ».

1874. — Nietzsche se met à rédiger une *Inactuelle* sur Wagner : il n'y parvient pas. Crise. Publication de la troisième *Inactuelle* (sur Schopenhauer). Wagner termine la tétralogie de *L'Anneau du Nibelung*, musique et livret.

1875. — « *Krieg-in-Sicht* » (guerre en vue) entre l'Allemagne et la France. Répétition générale à Bayreuth. Nietzsche, malade, se fait dispenser : première tentative pour trouver seul la sérénité. Unification des socialistes allemands à Gotha. Insurrection slave dans les Balkans contre le joug turc.

1876. — Inauguration du festival de Bayreuth : représentation de l'ensemble de la « Tétralogie ». *In extremis* Nietzsche a réussi à achever la quatrième *Inactuelle* (sur Wagner). La Serbie en guerre contre la Turquie. Gros succès de prestige pour Wagner mais débâcle financière. Nietzsche n'a pas trouvé son compte à Bayreuth : très malade, il demande un congé universitaire, et part en compagnie de Paul Rée à Sorrente chez Malwida von Meysenburg. Dernière rencontre avec Wagner.

1877. — Nietzsche rédige un gros recueil d'aphorismes. Ultimatum du tsar au pacha. La Russie déclare la guerre à la Turquie, l'Angleterre avance sa flotte en Méditerranée : guerre mondiale imminente. Agitation socialiste contre la guerre. Dühring chassé de l'Université de Berlin. Nietzsche reprend ses cours.

1878. — Parution d'*Humain trop humain*. Attentat contre le *kaiser* en mai puis en juin. Les grandes puissances se réunissent à Berlin pour préserver la paix mondiale. Adoption de la *loi d'exception* contre les socialistes. Marx ennemi public n° 1 en

Allemagne. Stöcker fonde le parti ouvrier chrétien social. Pétition de Zöllner et de Förster contre « le danger de prise de pouvoir par les Juifs ».

1879. — A bout de forces, Nietzsche démissionne de l'université. Il perçoit néanmoins une pension de l'université, gérée pour lui par Overbeck. Séjour à Naumburg. Le danger de guerre perdure. Publication d'*Opinions et sentences mêlées*, puis du *Voyageur et son ombre*.

1880. — Séjour à Marienbad, Naumburg, puis en route vers le sud : Stresa, Gênes. Peter Gast (alias Köselitz), ex-étudiant tout dévoué de Bâle, musicien de vocation, devient son secrétaire attitré.

1881. — Prorogation de la loi antisocialiste. Nietzsche publie *Aurore*. Il découvre Sils-Maria en été. Il y « voit » l'éternel retour.

1882. — Hiver à Gênes. Alexandre II, tsar de Russie, est assassiné par les Nihilistes. Nietzsche est attendu à Rome par Rée (qui a « découvert » Lou Salomé chez Malwida), mais préfère filer à Messine vers des plaisirs peu avouables... Il se retrouve néanmoins à Rome, rencontre Lou. On projette une existence à trois, on remonte vers la Suisse puis l'Allemagne, le temps d'un baiser (?) sur le Monte Sacro. Publication du *Gai Savoir*. Lou et Lisbeth à Bayreuth pour la première de *Parsifal*. On se retrouve à Tautenburg. Tout cela finit très mal — rupture avec Rée et Lou.

1883. — Rappalo. Publication de *Zarathoustra I*. Mort de Wagner (ainsi que de Marx). Publication de *Zarathoustra II*. Séjours à Rome, Sils, Naumburg, Bâle, Gênes ; s'installe à Nice pour l'hiver.

1884. — Deuxième prorogation de la loi antisocialiste au *Reichstag*. L'Allemagne obtient sa première colonie. Publication de *Zarathoustra III*. Séjours à Venise, Zurich, Sils-Maria, Menton. Retour à Nice.

1885. — Grève de 12 000 maçons à Berlin. Rée et Lou y publient respectivement *La Naissance de la conscience* et *Combat pour Dieu*. Nietzsche imprime à compte d'auteur *Zarathoustra IV*.

Séjours à Venise, Sils, Naumburg, Florence. Retour à Nice.

1886. — Troisième prorogation de la loi antisocialiste. Nietzsche publie *Par-delà le bien et le mal*. Alexandre III provoque la « crise bulgare » en offrant son aide aux insurgés des Balkans. Nietzsche rédige le cinquième livre du *Gai Savoir* ainsi que de nouvelles préfaces à la plupart de ses ouvrages. Il veut publier ses œuvres complètes chez Fritzsch (à ses frais). Séjours à Venise, Munich, Naumburg, Leipzig, Sils, Gênes. Retour à Nice. Élaboration de *La Volonté de Puissance*. Mort, à Bayreuth, de Franz von Liszt.

1887. — Rencontre (probable) avec Jean-Marie Guyau. Découverte de Dostoïevski. Rédaction à Sils de *La Généalogie de la morale*. Bismark et le tsar passent un accord secret de neutralité. Retour de Nietzsche à Nice via Venise.

1888. — Mort de Guillaume Ier, puis de Frédéric III : Guillaume II accède au pouvoir (c'est l'année des trois empereurs). La social-démocratie « fête » les dix ans de la loi antisocialiste : drapeaux rouges dans toutes les villes allemandes. Nietzsche publie *Le Cas Wagner, Le Crépuscule des idoles*. Il prépare *L'Antéchrist, Ecce Homo*. Séjours à Turin, Sils. Retour à Turin.

1889. — Nietzsche s'effondre au cou d'un cheval battu. Overbeck vient le chercher. Examen psychiatrique et séjour à Iéna. On diagnostique une syphilis. 150 000 mineurs en grève dans la Ruhr. Fondation de la Seconde Internationale à Paris.

1890. — Le *Reichstag* renonce à proroger une fois de plus la loi antisocialiste. Aux élections la social-démocratie dépasse tous les autres partis avec 1 500 000 voix. Nietzsche est emmené à Naumburg par sa mère. Il ne parle plus qu'avec son piano.

1894. — Elisabeth fonde le *Nietzsche-Archiv* à Naumburg.

1897. — Franzisca Nietzsche meurt. Elisabeth emmène son frère à Weimar.

1900. — Nietzsche meurt le 25 août, en pleine gloire...

BIBLIOGRAPHIE

Œuvres publiées par Nietzsche

1872 *La Naissance de la tragédie.*
1873 *David Strauss.*
      De l'utilité et des inconvénients de l'histoire pour la vie.
1874 *Schopenhauer éducateur.*
1876 *Richard Wagner à Bayreuth.*
1878 *Humain trop humain.*
1879 *Opinions et sentences mêlées.*
      Le Voyageur et son ombre.
1881 *Aurore.*
1882 *Le Gai Savoir.*
1883 *Ainsi parlait Zarathoustra.*
      Ainsi parlait Zarathoustra 2ᵉ partie.
1884 *Ainsi parlait Zarathoustra 3ᵉ partie.*
      Ainsi parlait Zarathoustra 4ᵉ partie.
1886 *Par-delà le bien et le mal.*
1887 *Pour une généalogie de la morale.*
1888 *Le Cas Wagner.*
      Le Crépuscule des idoles.

Œuvres préparées pour l'impression

1888 *L'Antéchrist.*
      Ecce homo.
      Les Dithyrambes à Dionysos.
      Nietzsche contra Wagner.

Œuvre posthume

1901 *La Volonté de Puissance.*

Œuvres de Nietzsche en allemand

La *Kritische Gesamtausgabe* de Colli et Montinari supplante toutes les éditions précédentes, que ce soit celles du *Nietzsche-Archiv* publiées sous l'égide d'Elizabeth Förster-Nietzsche, ou celle, plus récente, de Karl Schlechta.
Elle paraît chez De Gruyter à Berlin/New York en édition classique, mais il existe d'ores et déjà une édition de poche en coffret chez DTV à Munich, la *Studienausgabe.*
Ne sont pas encore disponibles les *Jugendschriften (écrits de jeunesse)* et les *Philologische Schriften (écrits philologiques).* On les trouve en revanche dans la *Historisch-kritische Gesamtausgabe* chez Beck, München, 1933. On trouve les écrits philologiques chez Kröner, dans *les Philologica* en 3 volumes, 1910, 1912, 1913 et dans les vol. IX et X de l'édition complète.

Œuvres de Nietzsche en français

Les *Œuvres philosophiques complètes* (Gallimard) sont la version française de l'édition Colli-Montinari (De Gruyter). A noter toutefois qu'elles excluent les écrits de jeunesse (avant 1870) et les écrits philologiques.
Les éditions Gallimard, qui publient les *O.P.C.,* fournissent leurs traductions nouvelles en édition de poche. On trouve en outre Nietzsche en poche chez Gonthier (Méditations), LGF (Le Livre de Poche), UGE (10/18).

Livres sur Nietzsche

ANDLER Charles, *Nietzsche, sa vie, sa pensée*. Paris, 1921-1930.

BOWIE Andrew, *Aesthetics and Subjectivity from Kant to Nietzsche*. A Manchester University Press Book, 1990.

COLLI Giorgi, *Après Nietzsche*. Montpellier, Éd. de l'Éclat, 1987.

COMMENGE Béatrice, *La Danse de Nietzsche*. Paris, Gallimard, 1988.

DANTO Arthur, *Nietzsche as Philosoph*. New York, Columbia University Press, 1989.

DELEUZE Gilles, *Nietzsche et la philosophie*. Paris, P.U.F., 1962.

GRANIER Jean, *Le Problème de la vérité dans la philosophie de Nietzsche*. Paris, Éd. du Seuil, 1966.

GRUNDER Karlfried, *Die Streit um Nietzsches Geburt der Tragödie. Die Schriften von E. Rohde, R. Wagner, U. von Wilamowitz-Möllendorf*. Olmes, 1968.

HELLER Erich, *The Importance of Nietzsche*. The University of Chicago Press, 1988.

JANICAUD Dominique (sous la direction de) *Nouvelles lectures de Nietzsche*. Lausanne, 1985. Cahiers L'Age d'Homme, N° 1.

JANS Curt Paul, *Nietzsche, Biographie*. Tome I. Paris, Gallimard, 1984.

JASPERS Karl, *Nietzsche. Introduction à la philosophie*. Paris, Gallimard, 1950.

KLOSSOWSKI Pierre, *Nietzsche et le cercle vicieux*. Paris, Mercure de France, 1969.

KOFMAN Sarah, *Nietzsche et la métaphore*. Paris, Payot, 1972.

KOFMAN Sarah, *Explosion I. De l'*Ecce Homo *de Nietzsche*. Paris, Galilée, 1992.

KREMER-MARIETTI Angèle, *Thèmes et Structures dans l'œuvre de Nietzsche*. Paris, Lettres Modernes, 1957.

KREMER-MARIETTI Angèle, *L'Homme et ses labyrinthes*. Paris, U.G.E., 10/18, 1972.

KREMER-MARIETTI Angèle, « Jean-Jacques Rousseau ou la double origine et son rapport au système *Langue-*

Musique-Politique », in Jean-Jacques Rousseau, *Essai sur l'origine des langues*, Paris, Aubier, 1974, 1981[2].

KREMER-MARIETTI Angèle, *Nietzsche et la rhétorique*. Paris, P.U.F., 1992.

LENSON David, *The Birth of Tragedy. A Commentary*. Boston, Twayne Publishers, 1987.

MITTASCH Alwin, *Friedrich Nietzsche als Naturphilosoph*. Stuttgart, Alfred Kröner Verlag, 1952.

MOREL Georges, *Nietzsche : 1. Genèse d'une œuvre; 2. Création et métamorphoses; 3. Analyse de la maladie*. Paris, Aubier Montaigne, 1970-1971.

Quinze années d'études nietzschéennes, Revue des Lettres modernes, n° 76-77. Paris, Éd. Minard, 1962.

RICKELS Laurence, *Looking after Nietzsche*. Albany, State University of New York Press, 1989.

SALLIS John, *Nietzsche and the Space of Tragedy*. Chicago, The University of Chicago Press, 1991.

SAUTET Marc et BOUSSIGNAC Patrick, *Nietzsche pour débutants*. Paris, Éd. La Découverte, 1986.

SILK M. S., and STERN J. S., *Nietzsche on Tragedy*. New York, Cambridge University Press, 1980.

ZAHN Leopold, *Friedrich Nietzsche. Eine Lebenschronik*. Dusseldorf, Droste Verlag, 1950.

TABLE

Introduction 5

Essai d'une critique de soi-même 33

Préface à Richard Wagner 45

LA NAISSANCE DE LA TRAGÉDIE 47

Notes de La Naissance de la tragédie 177

Chronologie 209

Bibliographie 215

Composition réalisée par NORD COMPO

Achevé d'imprimer en février 2008 en Espagne par
LIBERDÚPLEX
Sant Llorenç d'Hortons (08791)
N° d'éditeur : 99215
Dépôt légal 1re publication : avril 1994
Édition 05 - février 2008
LIBRAIRIE GENÉRALE FRANÇAISE – 31, rue de Fleurus – 75278 Paris cedex 06

30/4625/7